维真基督教文化丛书

主编 许志伟
副主编 董江阳 潘玉仪

LOVE AND JUSTICE
A STUDY OF REINHOLD NIEBUHR'S CHRISTIAN ETHICS

爱与正义

尼布尔基督教伦理思想研究　　刘时工 著

中国社会科学出版社

图书在版编目（CIP）数据

爱与正义：尼布尔基督教伦理思想研究／刘时工著．
北京：中国社会科学出版社，2004.4（2009.5 重印）
（维真基督教文化丛书）
ISBN 978-7-5004-4362-9

Ⅰ．爱… Ⅱ．刘… Ⅲ．尼布尔（1776～1831）-基督教伦理学-研究　Ⅳ．B 97

中国版本图书馆 CIP 数据核字（2004）第 002570 号

责任编辑	桑业明　陈　琳
策划编辑	陈　彪
责任校对	陈凤连
封面设计	回归线视觉传达
版式设计	王炳图

出版发行	中国社会科学出版社		
社　　址	北京鼓楼西大街甲 158 号	邮　编	100720
电　　话	010—84029450（邮购）		
网　　址	http：//www.csspw.cn		
经　　销	新华书店		
印　　刷	北京新魏印刷厂	装　订	广增装订厂
版　　次	2004 年 4 月第 1 版	印　次	2009 年 5 月第 2 次印刷
开　　本	880×1230　1/32		
印　　张	8.75	插　页	2
字　　数	216 千字		
定　　价	20.00 元		

凡购买中国社会科学出版社图书，如有质量问题请与本社发行部联系调换
版权所有　侵权必究

内容摘要

莱因霍尔德·尼布尔（Reinhold Niebuhr，1892－1971）是美国最著名的神学家，他的思想和活动深刻影响了20世纪的美国社会，是美国社会变革的推动力量。在思想方面，尼布尔通过重新唤起人们对基督教传统教义，尤其是原罪理论的注意而扭转了当时充斥美国神学界的乐观风气，使美国神学能够在随后到来的危机中得以继续发展。他所倡导的现实主义伦理学影响了一代神学家和政治家，后来更是成为冷战时期美国对外政策的哲学依据。他的人类学被认为是20世纪基督教神学对人类学的最大贡献。除学术活动以外，尼布尔还积极投身于社会活动和政治活动，把自己的思想直接转化为现实力量。终其一生，他建立或参加了至少一百多个组织，创办了多种刊物，成功实现了基督教和同时代知识分子的对话。

伦理学是尼布尔全部思想的核心。他对罪的关注和阐释以及对群体道德和个人道德的区分是他伦理思想中最具特色的部分。从这些思想出发，尼布尔批评了当时流行的种种社会思潮，认为它们普遍忽略了人性中罪的顽固性的基本事实，陷入了道德和历史上的盲目乐观主义，从而在道德和政治上都是有害的。通过深入的分析，尼布尔揭示出一般看来不甚相关的自由主义、马克思主义和实用主义等社会理论具有共同的理论前提。尼布尔主张对政治问题，尤其是表现于国际关系中的政治问题持一种审慎的现实主义态度，一方面以自我牺牲之爱作为一切行为的动力，一方面又要警惕无所不在的道德自义的诱惑,更重要的,不能期望以道德手段解决政治问题,而应该更多地借助于权力的平衡来实现道德理想。

由于尼布尔的思想复杂,观点多变,人们对他的学说产生了种种误解。《爱和正义》一书仔细梳理了尼布尔思想观点的变迁,透过他在社会政治理论上的变化,探寻出他思想中不变的核心部分,即他的伦理学说。该书的另一侧重点在于,在介绍尼布尔伦理思想的基础上,分析比较基督教伦理学和一般理性伦理学的异同,并特别着眼于基督教伦理学与理性伦理学在伦理要素的搭配上的不同。作者认为,通过对两种伦理传统的分析比较,有助于确立一种新的人生信仰和道德资源,而这正是中国道德重建的基础所在。

ABSTRACT

Reinhold Niebuhr, the most famous American theologian in the 20th century, had a great influence upon the social and intellectual life of America through his works and activity. His reinterpretation of the doctrine of original sin changed the optimistic perspective of human and history in American theological area in the 1930s and his doctrine of man is regarded as the most important contribution the Christian theology made to modern anthropology. As a propounder of the Christian Realism, Niebuhr made a strict distinction between the individual morality and the social morality, and insisted that the political problem be resolved by political means rather than by moral means. According to this distinction, Niebuhr investigated the variety of social theories broadly and pointed out that many seemingly different theories such as Liberalism and Marxism share the common ground on the doctrine of human nature which came from the tradition of the Renaissance and as a result of which the modern western crisis occurred. Niebuhr believed that the Christian insight is the indispensable component to heal the western culture.

　　Providing the full picture of Niebuhr's thought, the thesis will focus on his ethics and attempt to compare it with the rational ethics to find out in what aspects the former differentiates from the latter and which elements can be absorbed by the latter in order to reconstruct a new solid - foundationed morality.

丛书总序

当代中国大陆学术界对于基督教思想文化的研究，从20世纪80年代初期算起，迄今已经有二三十年的时间。在这一时期，通过诸多有识之士的努力，可以令人欣慰地说，在这一研究领域内取得了许多令人感到鼓舞的成果。随着这一研究领域或学科的理论发展，以及新一代学者的日益成长与成熟，中国学人已强烈感到在经过了这二三十年的基础性建设之后，有必要使自己进入到一个更高更深和更新的研究与探索阶段。在此一背景下，"维真基督教文化丛书"的推出，就希冀能够以自己深入细致的纯学术研究，成为中国基督教思想文化学术探索之切入和展开第二阶段或更高一阶段研究的有力推动者和标志物。

可以看到，中国学界对于基督教的研究在前一个阶段里往往侧重于从哲学的、历史的、社会的、文学的与文化的角度来研究基督教，即便是在对基督教思想进行学术研究之时，也大都是研究基督教在哲学、伦理学、社会学、政治学、美学、人类学、心理学等方面的思想，而对基督教思想的核心组成部分或主体思想脉络或内在理路推演即基督教神学思想，则往往采取"避重就轻"的态度。这就使得人们会对基督教思想史或者基督教思想史上的思想家的理解与评价不够深入全面，甚至产生偏颇或失当。有鉴于此，"维真基督教文化丛书"将其研究的主题，确定为对历史上的基督教思想特别是对某一思想学派或某一思想家的某些核心性的或影响深远的问题、思想、观念与范畴，做出深层次的系统的研究、剖析与评述。力争在各个具体的研究课题上做到"入乎其内，出乎其外，"有客观的理解，有公允的评价，有对他人的借鉴，也有自己独到的见解，从而成为中国基督教学术研究的一套有宽阔视野、有学术分量、有参考价值、有深远影响的丛书。

本丛书的作者大多属于中国学术界基督教研究领域的新生代。在中国，一个人在完成学业取得各种学历并进入正规的学术研究领域之时一般都在30岁以后；以此为起点，以15岁为年龄段，可以将中国现有的基督教研究学者大致区分为三代人并各有其粗略的特征，第一代是60岁以上的将要或已经退休的学者，他们在其特定的历史条件下对基督教的研究含有更多的政治文化批评与批判的意味；第二代系45岁至60岁的现今占据着中国基督教研究各种领导职位的学者，他们对基督教的研究含有更多的客观中立的意味；第三代系30岁至45岁的代表着中国基督教研究之未来的新生代，他们对基督教的研究更多地含有同情式理解与学术性批判的意味。"维真基督教文化丛书"的这些作者即属于这第三代中国基督教研究学者之列并构成了这第三代学者当中的核心与骨干。此外，他们还具备这样一些共同的特征：他们大都是从事基督教学习与研究的科班出身；他们全都具有博士学位；他们全都在中国最著名的科学院所和大学里从事着科研或教学工作；他们全都具有负笈海外的留学经历。

就上述最后一点而言，也顺便一提本丛书名称的由来。这套丛书的题名前冠以"维真"一词，其中文含义是一目了然的，学术研究对"真"的追求与维护永远都是它的目标所在。不过，"维真"一词对本丛书大部分作者而言还具有另一层含义，因为"维真"一词亦系加拿大"Regent College"这一学院名称的音译，这不仅是指本套丛书的出版得到了维真学院中国研究部的合作与支持，而且也是指本套丛书的作者至少全都曾经在维真学院这一在北美乃至世界享有盛名的研究生院进修和学习过这一事实。俗话说,"十年树木,百年树人";又道是"万事人为本"。中国基督教学术研究有了这些新生代的崛起与跟进,假以时日,必将有更大的发展和更喜人的前景。这就像《圣经·耶利米书》所说,他们"必像树栽于水旁,在河边扎根,炎热到来,并不惧怕,叶子仍必青翠,在干旱之年毫无挂虑,而且结果不止。"

许志伟

2004年春于香港

目　　录

丛书总序 …………………………………… 许志伟（1）
序 ………………………………………… 许志伟（1）
导　言 ……………………………………………（1）
　一、伦理和伦理学 ………………………………（1）
　二、宗教和道德 …………………………………（4）
　三、宗教伦理学和基督教伦理学 ………………（9）

第一章　尼布尔与基督教伦理学 ……………（16）
　第一节　尼布尔生平 …………………………（16）
　第二节　尼布尔的思想传统 …………………（20）
　第三节　尼布尔学说中的神学和伦理学 ……（27）
　第四节　尼布尔伦理学的性质和特征 ………（29）

第二章　尼布尔的人性理论 …………………（37）
　第一节　基督教的人性论 ……………………（40）
　第二节　罪从何来：论人为罪人 ……………（48）
　第三节　原罪·自由意志·道德责任 ………（73）
　第四节　人性论、道德感与现代文化的危机 …（84）
　第五节　原义论与道德完善 …………………（88）

第三章　牺牲之爱与互爱 ……………………（97）
　第一节　启示的真理——道德规范的神学架构 …（98）
　第二节　先知主义和弥赛亚主义 ……………（103）
　第三节　耶稣基督——上帝最后的启示 ……（108）

第四节　牺牲之爱……………………………………（111）
　　第五节　道德规则·道德动力和道德实现……………（124）
　　附：价值共识、道德的保守性和宗教传统……………（130）
第四章　社会群体的结构和道德性质……………………（143）
　　第一节　个人、群体和社会……………………………（147）
　　第二节　社会群体的结构………………………………（151）
　　第三节　群体之罪………………………………………（155）
　　第四节　群体的道德意识………………………………（160）
第五章　正义的理想和正义的实现………………………（166）
　　第一节　爱和正义的关系………………………………（167）
　　第二节　正义的原则和模式……………………………（174）
　　第三节　现实主义伦理学道德考虑诸要素……………（179）
　　第四节　对自由主义的批判……………………………（189）
　　第五节　和平主义的道德失误…………………………（197）
　　第六节　光明之子的乌托邦情结………………………（206）
　　第七节　捍卫民主………………………………………（213）
第六章　历史的道德意义…………………………………（228）
　　第一节　现代文化的历史观……………………………（233）
　　第二节　古典时代的历史观……………………………（239）
　　第三节　基督教的历史观………………………………（242）
结　语：问题与启发………………………………………（247）

序

许志伟

莱因霍尔德·尼布尔（Reinhold Niebuhr）被认为是20世纪在美国最具影响力的基督宗教信仰的捍卫者和基督教现实主义的思想家。他也是20世纪在美国最具说服力的政治现实主义的发言人。国际关系学家汉斯·J. 摩根梭（Hans J. Morgenthau）甚至把他评估为卡苛（Calhoun）以来最具创意的美国政治哲学家。尼布尔在第一次世界大战后至越战扩大期间，塑造了一个独特的并主宰着美国基督教思想的社会伦理观。因为他是力求实践的神学家，重视思想与行动的一致，信仰与政治之不可分割，社会伦理正是表达他的神学信念的最佳途径。他影响了无数英美重要的实务自由主义者；马丁·路德·金（Martin Luther King Jr.）曾在BBC电视访问中承认，尼布尔对其一生有重要的影响。1948年他成为时代杂志的封面人物，他的影响力可见一斑。

尼布尔最重要的神学思想是他对原罪的重新解说，他除了肯定新约保罗和奥古斯丁以来坚持原罪是在人的自由意志里的传统说法外，他更吸收了从帕斯卡尔到克尔凯戈尔到海德格尔等一系列哲学家对人的生存状态的现代分析，这使他的原罪理论成为传统教义和现代思想结合的典范之作。从原罪入手，他辨证了人生问题的根本解决在于耶稣所启示的牺牲之爱。为此，他把牺牲之爱作为道德的最高要求，并以此统摄他的整个伦理体系。因此尼布尔的社会伦理观就是从十字架的爱中而出，而正义就是爱的行动。他认为爱与正义的关系有三个层面：1. 爱是正义的规范的源头。2. 爱是目标，正义是手段。3. 爱是正义的完成。尼布尔的立场可以总结为爱是寻求最佳的社会秩序的动机，而正义是爱的应用的工具。

可以说原罪理论反映了尼布尔对时代危机的神学思考，而爱的要求是他对传统教义的积极回应。尼布尔的另一贡献是他所倡导的现实主义伦理学。基于原罪理论，尼布尔深入分析了社会的构成、社会群体的道德性等问题，他得出的结论是，由社会群体不同个人的特征，我们可能期望道德理想和道德规则能够约束群体的利己行为。从根本上说，社会正义的实现必须依靠政治力量，在政治行为中，道德有其不可克服的局限性。尼布尔将他的社会伦理理论广泛运用于对各种社会思潮和社会现实问题的分析之中。他对自由主义神学、和平主义运动、实用主义理论等分析批评虽未必完全正确，但的确非常具有启发性，而他力图为民主制度重建基础的努力无疑也是十分可贵的尝试。

本书作者刘时工博士以尼布尔的伦理思想为关注对象，且述且论，在"导言"部分对宗教和伦理的关系做出一番概述性的厘定之后，在第一章转入对尼布尔其人及其学术地位、思想渊源的介绍，使尼布尔从众多思想家的群列中浮现出来。第二、第三章是正面触及尼布尔学说的部分，刘博士从他思想的核心处，也就是人性论入手，依其伦理体系的内在关系，从对行为者的分析，引申出个体行为者的行为规范，完成了对尼布尔个人伦理学的述论。刘博士认为在尼布尔的学术关怀中，认识个体的目的还在于认识由个体所组成的社会群体，指出个人伦理学其实是尼布尔社会伦理学的起点。因此，在社会伦理学的阐述中，尼布尔也遵循了从对行为者即社会群体的分析，引申出行为者的道德规范即社会正义的思路，这在本书的第四章作了详细论述。由于尼布尔对社会正义的理解更多的是通过他对相关问题和学说的分析批评表现出来的，故此，刘博士选取总结了能反映他的正义思想的关键性论述以为补充，这就是他对自由主义、和平主义和马克思主义，以及民主制度的基础的评论（第五章）。此外，在尼布尔看来，不论是个人还是社会，其道德意义的展开和完成必然是在历史之中，而不是历史之外，所以历史是道德的舞台；另一方面，对历史是否有意义、历史的意义是什么的理解又决定了个人和社会的道德态度和道德走向。在尼布尔这里，对历史的理解和对人性的理解是一致的，排斥了历史的伦理学就像是排斥了人性论的伦理学一样是不完整的，尼布尔对历史意义的解答如何反映了他的这一想法，本书作者在第六章作了详尽的交代。在全书的"结语"部分，刘博士结合了当时的历史背景，从尼布尔的社会伦理理论的外部，对其进行了总体评价，并重点指出可使其理论失效的现实因素。

尼布尔的思想大部分是通过回应当时社会生活中的实际道德问题、伦理思潮与政治运动中表达出来，因此要全面把握他在某一概念上的全部涵义，绝对不是等闲之事。再加上他大量运用"悖谬式"（paradoxical）的思维和表达方式，使他的著作不易理解。但受过辩证思维训练的刘博士把这种种的困难都克服了，他还把尼布尔种种复杂的思想深入浅出地阐述，使对尼布尔较为陌生的读者对他的思想很容易得到一个颇为全面的理解，实在难能可贵。

2003年11月，于香港

导　言

伦理学·宗教伦理学·基督教伦理学

一、伦理和伦理学

作为哲学的分支，伦理学比哲学更易被人误解，至少在我们今天的社会情况如此。人们不知道伦理学的研究对象和研究方法，往往把伦理学和道德劝诫等同起来，以为所谓伦理学家不过是道德宣传家的别名，是劝人奉行某种既定的伦理规范的鼓动者。更进一步的误解是把伦理学家想象成满口仁义道德的漫画式人物，于是对伦理学的认识上的误差就带上了某种道德批判和情感拒斥的色彩。

误解的原因首先来自"伦理"一词语义的模糊。伦理，以及与其关系密切的"道德"，千百年来经常出现于口语和书写中，是非常有用的词汇。这和那些虽然难于理解但只出现于专业场合的词汇不同，因为后者只供专家们使用，有其专业共同体确定的使用标准，即使出现于专业领域以外，人们也很容易区分出它的专业意义和隐喻意义间的界线，不会引起混淆。伦理和道德与此不同，因为在它们的专业用法和日常用法间没有这样清晰的界线，不能通过求助于使用它们的共同体的方法来确定它们的意义。与之相比，"哲学"甚至要幸运得多，因为哲学的专业性更强，研究对象更明确一些。

定义伦理学令伦理学家们多少有些为难。他们曾做出过种种努力，但结果总是不能令所有人满意。因为和定义哲学一样，某个哲学家的定义差不多只是他所理解的哲学，而不是大家共同理解的哲学。换言之，给出一个哲学定义总是不免落入一种特定的哲学观中，伦理学也同样。20世纪初，G. 摩尔在他的《伦理学原理》中曾如此来定义伦理学：伦理学关注的是人们的行为，但不是全部的行为，因为有些行为，比如物理性行为就不是伦理学而是运动生理学研究的对象。伦理学关注的只是那些与"善"一词的使用有关的行为，即那些善的或不善的行为。那么"善"是什么呢？摩尔拒绝给出进一步的定义，认为善是一种依赖于直觉的、简单的、不可定义的性质。这样一来，摩尔实际上是通过求助于社会成员的共同直觉来定义伦理学，但社会成员的共同直觉需要进一步说明。所以，摩尔没有定义伦理学，他只是对此做了一番说明。

既然定义有此种种困难和缺陷，放弃定义的努力，寻求一个大家共同认可的说明也就显得比较切实而且必要了。与摩尔的说明相比，W. 弗兰克纳对伦理学的说明更为全面，也更贴切，易于被人们接受。弗兰克纳着眼于伦理学的最一般特征对其加以界定：它是关于道德的哲学思考，具体说来，是关于道德、道德问题和道德判断的哲学思考。[1]这是一个十分稳妥的初步说明，符合所有人对伦理学的认识，但并不因此流于空泛，它指示出了伦理学的对象和方法。首先，伦理学是一种哲学思考，既然是哲学思考，就不同于与道德有关的经验学科的活动。比如，我们就不能把人类学家对某种文化类型中伦理关系的观察和描述称为伦理研究，同样，我们也不能把长辈对晚辈、牧师对信徒、教师对学生的道德教育称为伦理学活动，因为它们都不是哲学活动。明确了这一规定性，只要进而确定道德的涵义就可准确把握伦理学这一概念了。

但定义道德同样困难。我们只能先划定道德所在的领域,然后再从中排除那些与道德并列的项目,剩下的那一部分与我们使用道德一词时的意指大致相符。这种方法虽不精确,但已经足以使我们明确道德的意义,区分出什么属于道德范畴,什么与道德无关。

道德[2]首先是一种社会产物,它的产生、延续、裁定、变化、改进都由社会或通过社会完成。在这一点上,道德和习俗有许多共同之处,它们都是从社会共同体中类似自然生成的行为规范,有很强的连续性,社会的基本结构不变,伦理道德也不会大变。社会成员只能选择遵守或不遵守,但不能根据自己的意愿彻底改变它们,尽管这些规范的执行并不依赖于权力机构的强制。这些特点使得道德和习俗都有别于另一种行为规范——法律。应该说,道德的连续性或道德的惰性是社会稳定的需要。[3]改进道德十分必要,但保持道德的连续性,尤其是保持基本的道德原则的连续性更为重要。因为一般而论,改进道德总是出于社会部分成员的自主选择,受制于这些成员的意识形态和理性能力,社会共同体需要为此承担很大风险;而既定的道德已经历史检验,是无数次试错后社会共同体的集体选择。试想智慧深邃如柏拉图,他为雅典人设计的城邦模式和生活模式有多大的可行性,也始终是个不容乐观的未知数。

至于道德和习俗的区别,弗兰克纳认为在于社会意义的重要性不同:道德关注的是具有重大社会意义的问题,而习俗关注的问题社会意义则不那么重大,它们主要出于爱好和便利的考虑。[4]以社会意义区别道德和习俗初听起来似乎十分合理,但其实不然。因为有些习俗确实是社会生活的细枝末节,其增益删减都不会影响社会的性质和格局,但除此之外也有些习俗对一个社会共同体及其文化特征的维持意义重大,所以我们很难在道德和习俗之间分辨哪一个更基本,哪一个更重要。道德和习俗之间的区别毋宁说在于规范的行为范围有所不同,与习俗相比,道德规范的行为更多在于人与人、人与社会以及群体与群体、群体与社会之间的关系。就此而论,伦理学是一种关系学,无关系则无伦理。伦理学通过反思道德的本质和功能,为社会提供人际关系的建构原则。

二、宗教和道德

既然我们用关系来说明道德,看来关系比道德更为基本。在说明的次序上如此,在实际产生的次序上亦如此。关系的产生远远早于人类的产生,在人类产生以前,不仅存在着人类的前身——进化论称之为类人猿的生物和其族群之外的世界的关系,而且存在着类人猿族群内部成员之间的关系。动物,主要是高等动物族群内部之间的关系是否已具有道德属性,这需要伦理学家和动物学家们的进一步研究才能确定。如果可以肯定动物对自己的行为有选择的能力,即如果它既可以听凭饥饿本能或生育本能或其他任何本能的驱使,也可以为了群体或群体中的其他成员而有意识地抑制自己的本能,选择与本能的驱使不同的行为,那么就应该肯定这种动物具有道德意识,它们之间的关系已经成为一种道德关系。道德意识的定义是对道德的定义的必要补充。

尽管道德意识产生的时间不易确定,可以肯定的是,人类很早就具有了道德意识,道德关系很早就存在于人与人之间的关系中。人类学家们的工作充分证明了这一点。

道德调节着人与人之间的关系,规范了人们的行为。通过道德,我知道我应该怎么做,也知道别人应该怎么做;我可以正确期待别人的行为,别人也可以正确期待我的行为。这样,在我的行为选择和别人对我行为的期待之间可以达成一致。由此看出,道德对于维系社会共同体的统一,保证共同体内部的和谐,保持共同体整体的活力意义重大。

　　除了满足人类的好奇心，宗教作为一个群体的共同信仰具有与道德同样的社会功能。这就是为什么每个部落都有每个部落的图腾，每个民族都有每个民族的信仰，每个国家都有每个国家的意识形态的原因。作为一个信念的体系，宗教告诉人们的首先是关于世界"是"什么的知识，它向我们描述了世界的生成，人类的由来，世事的变幻以及祸福的原因，等等。与一般知识体系的不同只在于这些描述预设了一种超自然的力量的存在，宗教为我们提供的解释都与这种超自然的力量相关。我们可以否定这些描述的事实性，认为它们是人们的幻觉，是异想天开，与事实不符，但是我们不能否认它们属于事实判断。按照休谟的划分，价值判断和事实判断截然不同。但是历史事实表明，道德和宗教联系得如此之紧，以至于抽掉道德的宗教和排除了宗教的道德都将丧失其大部分内容，变得不可想象。[5]对宗教和道德历史稍加考察即可证明这一说法。例如，人类早期的道德诫命通常总是和信仰连在一起而以禁忌的形式出现，有信仰上如此做或不如此做的理由，以加强道德诫命的规约力量。这是因为，自主意识的出现是人类的一大进步，但自主意识同时也蕴含着极大危险，因为人一旦摆脱自然本能和社会习惯，他面对的便是无限的可能性，这种可能性既可转换成创造性的成果，也可能给人类造成不可挽回的损失。个体行为者所具有的道德意识以及对行为后果的知识都不足以防范制止这种危险。在此条件下，宗教担负起了社会秩序的保护者的角色。宗教以神圣的方式使社会规范大大强化，并以神明的身份和能力深入每个成员的内心，监督每一个体的行为。宗教的诞生虽是人类精神的创造，但同时也是自然的选择。人类之初，每一种文明都以同样的方式经历了宗教和道德的结合。

　　由此可见，道德和宗教至少在事实上曾经非常紧密地联系在一起。但是过去如此未必以后如此，事实如此未必逻辑上必然如此，这就引发了道德和宗教的关系的哲学讨论，讨论的焦点是道德和宗教哪个在先，是道德依赖于宗教还是宗教依赖于道德。

这其实是个由来已久的话题。早在古希腊时期，柏拉图在《游叙弗伦篇》（Euthyphro）中就借苏格拉底和游叙弗伦的对话讨论过神的命令和道德上的善哪一个在先的问题。基督教兴起以后，这一问题更是引起人们的普遍关注。由于基督教是一种伦理化的宗教，伦理规范和教义教条结合得非常紧密，所以神学家们大多认为信仰在先，道德依赖于宗教。而且不惟基督教的神学家们如此认为，其他宗教的神学家们通常也持此论。所以他们总是特别自然地倾向于把人心不古、道德败坏归结为信仰不行，信心不坚定。这种观点在康德那里被彻底扭转过来，在道德和宗教的关系上，康德选择了道德在先，道德的需要是宗教存在的理由。这是康德在道德—宗教领域的"哥白尼革命"。康德的革命没有终结这一问题，但把讨论推向深入。自康德以后，哲学家们从本体论、认识论以及逻辑和语义等诸多方面讨论了这一问题，分别得出自己的结论。

一般而言，持道德依赖于宗教的观点面临着两个难题。首先它必须解决道德和宗教的在先性问题，或"应当"和"上帝的命令"、"上帝的意志"的在先性问题。既然认为道德依赖于宗教，就是选择了"上帝的命令"或"上帝的意志"在先，行为因其为上帝所命令、所意愿，所以是善的。与之相反的观点认为"应当"或"善"在先，行为因其本身是善的，所以上帝才命令它、意愿它。用上帝的命令或意愿来定义善，其问题在于"善"成了一种太过随意的性质，因为原则上上帝可意愿任何事，则任何事原则上都可能是善的。或许有人会反驳说，上帝原则上不会意愿任何事，而是只意愿那些对人有益的事，那他实际上已经放弃了认为上帝的命令或意愿先于"应当"或"善"的主张，承认在上帝的意愿之外，有确定何者为善何者不善的独立标准。

认为道德依赖于宗教的观点面对的第二个难题是一种非常顽强的经验，这就是不论是哲学史上，还是现实生活中，总有一些无神论者，他们过着有道德的生活（而不是自然状态下的生活），而且他们的道德表现不论从哪一方面衡量都不逊色于无论哪一种宗教的最虔诚的信徒。并且，考虑到历史上多次宗教战争和宗教迫害的直接间接参与者，考虑到宗教的世俗化以及人口众多的中国历史上一直缺乏有神论信仰的传统，我们甚至很难判断在道德上表现好的无神论者和有神论者哪一方面人数更多。我们都熟知一种常见的说法，认为宗教禁锢思想，阻碍道德进步。我们也知道这种说法可以轻易地找到历史和现实依据。

　　基于这些困难，主张道德依赖于宗教的观点站不住脚也就不足为奇了。[6]

　　排除了道德依赖于宗教这样一种很强的观点，并没有否认道德和宗教的相互影响。"应该"和"是"两个领域的区分是一种逻辑的区分，从这一区分出发，只能得出道德和宗教在逻辑上相互独立的结论。我们知道，"应该"的确不能从"是"中推导出来，但"是"对"应该"的影响却是毋庸置疑的。这种影响不仅限于道德原则确定以后的行为选择，比如行为者对境遇的把握和对事件的因果关系的预测都属于"是"的范畴，也就是通常所谓"手段善"的方面；实际上除了那种认为人生来即具有道德感（道德能力或道德直觉）的极端观点外，多数伦理派别都承认"世界图景"的确对道德原则有极大影响。原因很简单，人从来就不仅仅是单纯的道德行为者，不是道德律令的机械执行者，道德意识和其他知识一起构成行为者的信念体系的整体，而构成整体的部分之间必定是既互相影响又保持融贯的关系，整体中某一部分的调整将引起其他部分的相应调整，否则行为者不论在信念上还是在行为上都无法保持自身的同一，从而出现分裂和反常。也就是说，这里不仅采取了元伦理上的认识主义观点，认为伦理判断有对错之别；而且承认伦理判断是一种知识类型，是与行为者的信念整体相关并成为信念整体一部分的知识。原则而论，如果我们知道了一个人对世界的基本信念，我们也就大致知道了他的道德原则。[7]对信仰者来说，宗教教义是他的知识体系的基本构成部分，是他的本体论的承诺，这一部分与其他部分一起为他提供了一幅世界图景，既然如此，宗教信仰在道德方面对一个人的影响也就不仅必定存在，而且是非常巨大的。这一点从同一个人在信仰前后的道德差异可以找到充分的证据。所以弗兰克纳说，如果一个人坚定的相信基督教关于上帝的描述为真，他看不出这个人有什么理由不愿意遵守上帝颁布的道德诫命。

综上所述，虽然不能认为信仰者的道德表现肯定优于无神论者，但就信仰者本人而言，他的道德意识必定受到宗教信仰的深刻影响。至于这种影响是促进了道德还是阻碍了道德，这是一个非常复杂的问题。同一种宗教，有时会成为不公正的社会结构的热烈拥护者，有时又会激励起人们追求正义的热忱，实现社会变革。因此之故，对此问题的解答必须视具体哪一种宗教，宗教的哪一方面以及具体的历史时期而定。任何一言以蔽之式的肯定或否定必定不能概括宗教和道德之间复杂微妙的关系。

这一问题的复杂性不仅在于宗教本身的复杂性，还在于道德理解的不同。就个人而论，信仰影响道德意识；就整个社会而论，宗教影响道德。这仅仅是对社会生活中两个重要组成部分的关系的肯定，对此应该不会有什么疑义。但进一步的问题，"宗教促进道德"和"宗教阻碍道德"，这是什么意思？道德在这里指的是为社会所认可的既定的行为规范，还是道德实在论所理解的独立于人们认可的某种抽象原则。在这两种道德理解间必须做出区别，因为既定的道德准则与实在论的道德观念往往并不一致。常见的情况是，前者正是后者力图破除的东西。所以讨论这一问题，必须首先选定一种道德理解，然后才能分析宗教与道德间的关系。

三、宗教伦理学和基督教伦理学

宗教影响道德的最基本最直接的途径是通过影响信徒完成的。我们已经看到,就社会生活的两个领域而言,宗教和道德是互相独立的关系,但是对以宗教为自己的世界图景的基本组成部分的信徒而言,宗教和道德密不可分。这样,道德在由信徒组成的信仰共同体以内和以外具有不同的世界图景或信念背景。所谓宗教伦理学,指的就是以信仰的真理性为前提的伦理探究。理性伦理学的判别标准是求助于理性和社会共同体的道德共识,比如在衡量某一逻辑一致的伦理体系时,如果它与某种基本的道德共识冲突,即可判定为无效。宗教伦理学与此不同,它的最终判别标准是信仰的真理——宗教经典、教会教义或信仰共同体的共识。宗教对道德影响的大小可以从两方面来考察:宗教伦理化的程度和信徒在社会中的比例、地位。就西方伦理传统而言,由于基督教是一种伦理化的宗教,[8]在很长的历史时期是全体西方人共同的信仰,基督教伦理的影响巨大而深入,成为整个西方社会(信徒以内和以外)道德共识的重要来源。从这种意义上来说,不了解基督教伦理,就不能全面理解西方的伦理传统和道德现状。[9]

基督教伦理学又称为道德神学,其确切意义随"道德"和"神学"两个概念理解的不同而有所变化,概括说来,道德神学指的是这样一门学科:它讨论的是从上帝的超自然启示那里获得的行为原则,以及这些原则在具体事件中的应用。它的来源分别是《圣经》经文、教会教义、正统神学家,例如奥古斯丁、托马斯·阿奎那的教导。

从学科上来看,基督教伦理学是伦理学和基督教神学的交叉。作为伦理学它不同于以认知的方式处理信仰的真理的教义神学，它处理的是被启示出来的行为原则。另一方面，作为神学它又不同于一般意义上的伦理学，因为伦理学是以自然的理性能力讨论世俗生活的行为原则，而道德神学是从人与神的垂直关系维度来讨论人的行为原则，它关注的不只是人与人之间的关系，更为重要的，它关注的是如何提升人，使人获得永恒生命的问题。

基督教伦理学的交叉性从它经常使用的概念可以一眼看出。比如，审判、救赎、感恩等概念都是一般伦理讨论中所没有的。爱德华·朗认为，不应该把基督教伦理学仅仅看做伦理学的一个分支，因为基督教伦理学有一些自身独有的概念，它扩展了一般伦理学的视角，丰富了一般伦理学的内容。[10]比如基督教伦理学对罪的性质、根源、表现形式的深入分析弥补了一般伦理学的不足，它的研究方法也为一般伦理学讨论提供了有益的借鉴。正因如此，了解和研究基督教伦理学不仅是基督教信仰内部的工作，同时也是一般伦理研究的一个必备步骤。

基督教伦理学看起来似乎简单，但实际上涉及的范围很广。它必须借助于其他许多学科来完成自己的工作，一旦离开这些学科，它将变得难以理解。在很多情况下，它需要从其他学科借用一些概念或范畴。基督教伦理学需要首先处理的就是信仰特别是基督的启示和人类的行为原则之间的关系问题。对此问题，不同派别的基督教伦理学家给出了各自不同的答案。[11]尽管这些答案之间存在许多矛盾和分歧，我们还是可以从中找出它们的共同要素。

基督教伦理学具有悠久的历史传统，它和一系列卓越的神学家的名字联系在一起。和神学一样，它也受到教会的极大关注，应该说，它是在教会的鼎力支持和严格监督之下发展起来的。长期以来，罗马天主教会对道德神学进行了不间断的研究。其中瓦兹奎兹（Gabriel Vazquez，1549—1604）是第一个明确提出把它作为一门独立学科的学者,而利古奥利(Alphonsus Liguori, 1696—1787)则被公认为天主教最著名的道德神学家。天主教道德神学的特征在于它的完备的决疑论体系,神学家们从一些基本原则发展出了一整套行为规则,用于指导社会生活的方方面面。由于这一套规则和当时欧洲的封建制度结合得过于紧密,把受历史因素制约的社会结构永恒化、绝对化,为以封建主—农奴关系为核心的社会制度提供辩护,所以历来受到后来者,尤其是新教神学家们的批评。

与天主教的神学家相比,新教神学家们的兴趣不在于为世人制定细致的行为规则,他们宁愿把自己限制在一些普遍原则的讨论上。这是因为在新教神学中,自然神学和启示神学、道德神学和一般伦理学之间的区别不像在天主教传统中那么严格。由于坚持人已完全为罪所败坏,新教神学否认人可以不借助神的启示,只通过自然理性即可获得有关上帝的知识。相应的,它也拒斥通过理性能力获得行为准则的观念。新教神学认为,人与上帝的自我揭示的相遇是人关于上帝的知识的真实来源,人们关于上帝的真实知识以及全心侍奉上帝的热情整个改变了人的行为。如此一来,道德哲学和道德神学之间的区分就变得不那么严格了。取而代之的是一种以上帝的启示,尤其是上帝在基督身上所完成的启示为核心的伦理学。与这些变化相一致,在新教神学中,基督徒的生活首先被看做是对上帝通过基督实现的救赎的感恩,而不再是通过服从启示出来的行为原则而上升到天堂的过程。这也就是新教神学的"因信称义"和它所批判的天主教的因事功而称义的区别。

众所周知,这一转变主要是由马丁·路德完成的。在路德看来,他的改革破除了天主教以律法为核心的新的法利赛主义,恢复了耶稣伦理的本义。路德对伦理发展的贡献不只限于基督教伦理学领域,实际上,他和马基雅维里一起,被认为是推动道德哲学从中世纪跨入现代世界的关键人物,因为这两个人分别以不同的方式突出了"个人"在道德生活中的作用,而"个人"是柏拉图和亚里士多德的道德哲学中没有的形象。[12]

不过,路德在批判天主教道德神学的时候,过于强调他和后者的差异,致使他的伦理主张走向另一极端。路德把神的命令看做惟一的道德规则,把个人看做道德考虑的惟一对象,把个人的内在转变看成与得救有关的惟一重要的事。后来基督教伦理中的个人主义和惟意志主义倾向都与他的这些思想有关。由此而来的后果是,他几乎完全放弃了对社会的道德关注,主张世俗的事完全交由君主管理,基督徒对此的惟一选择就是服从君主的统治,不管这种统治多么残暴,多么不合理。面对当时席卷德国的农民反抗封建统治的起义,路德给予强权者过多的同情,支持他们对农民的镇压屠戮。因为所有的人都是罪人,所有的行为都不能免除罪的污染,如果认为某一行为比其他行为更公正,就是回到了因律法和事功称义的老路,所以路德拒绝对相对的正义做出区分。这样一来,天主教会的权威被削弱了,而世俗统治者的权力却大大增强,信仰得救和世俗社会越来越成为互不相干的两个独立领域,道德的选择和解释不再是教会的特权。在道德理论的历史上,这是具有重要意义的一页,但对基督教伦理自身的发展,路德改革的弊端和其优势同样明显:基督教伦理为此失去了对世俗社会的指导和批判。在以后很长的历史时期,新教神学都不能为教徒提供合乎信仰传统的统一的道德准则,新教教徒无从判断一些基本的道德是非,他们或者简单认同于某种道德标准,或者屈从于社会现实,对社会做出十分被动的反应。19、20世纪以来教会的种种失误,不能不说与此有关。[13]

我们看到,天主教道德神学的失误在于和当时的社会结构结合得过于紧密,成了与现实的社会制度休戚与共的盟友,以致丧失了对现实的批判力。新教道德神学的失误则在于仅仅专注于个人灵魂的得救，放弃了对社会现实的监督批判，听任不义的存在和肆虐。但是天主教和新教的态度不应该是基督教的全部，实际的情形是，一部《圣经》，尤其是先知书，其中不乏对弱者的同情，对强权者的严厉谴责和对社会不义的强烈关注。在这一方面，与世界上其他文化传统和宗教传统相比，犹太民族处于比较领先的地位。有一种说法甚至认为，永不停息地追求更为正义的社会的实现，是贯穿《圣经》的一种基本精神。

在基督教信仰传统中，如何创造出一种新的伦理体系，既保持《圣经》伦理的基本态度，又避免以前道德神学的失误，让一个日渐世俗化的世界听到来自信仰的另一种声音，让一种充满活力的基督教伦理参与到基督教的影响日渐衰落的社会中去，这就成为道德神学家面临的迫切问题，也是尼布尔心之所系的终生事业。

注　释：

[1] W. 弗兰克纳，《伦理学》，p. 7。三联书店出版社，1987。

[2] 从汉语词源的意义看，道德和伦理不尽相同。二者同指社会所认可的行为规范，但伦理更强调规范的外在性、既定性，道德则强调规范在行为者个体上的体现，是内化于行为者、成为行为者的指导的社会规范。这一词源上的差异在现代汉语对两个词汇的习惯搭配上仍有所体现，但意义基本相同。

[3] 根据西季威克，现存的道德准则即使不够理想，但依然有可能是现存条件下最好的道德准则。我相信西季威克的观点可以从人类行为的博弈论角度找到支持，尽管如此，我还是不同意他过分肯定现存道德的观点。在我看来，这种观点忽略了人类对其行为的自我组织能力。

[4] W. 弗兰克纳，《伦理学》，p. 13。

[5] James M. Gustafson, *Religion and Morality from the Perspective of Theology*。这里所说的宗教是在与道德对立的意义上的宗教，其基本内容是诸如"上帝存在"、"上帝创造了世界"、"神爱世人"、"上帝命令我们勿杀

人"等等的事实判断,而诸如基督教信仰中具有的"你应该爱主、你的神"这样含有伦理语词的判断在这里被排除在宗教之外,否则宗教就是包含了道德判断和事实判断的综合体,这样就无法谈论道德和宗教之间的关系这样的问题。

[6] Jonathan Berg, *How could ethics depend on religion*? 载于 Peter Singer ed. *A Companion to Ethics*, p. 525.

[7] 这里与前面认可的从"是"不能推出"应该"的要求似乎不一致,实际上这里区分了两种类型的"是"的知识,一种是作为对世界的基本信念的"是"的知识,另一种是针对某一事件或世界的某一方面的具体的"是"的知识。本文认为从后一种"是"的知识中无法推导"应该"的行为,但从前一种知识中可以推出,否则就无法解释"应该"的依据、来源,除非重新求助于解释不清的神秘直觉之类的概念,而且,大部分的道德争论也将失去意义。我们知道,元伦理中的情感主义特别坚持"是"和"应该"的区分,认为道德语句表达的仅只是陈述者的主观好恶,具有很强的个人性和随意性,不同行为者的道德信念不可通约。但考察最早的情感主义者休谟的情感学说和道德学说将会发现,尽管休谟认为道德语句表达的是陈述者的情感,但他并不认为不同行为者的道德信念不可通约。相反,休谟倾向于认为,不同的人在同样的境遇下有基本相同的道德情感,因为人的自然结构基本相同。正是基于这样的观点,休谟细致分析了影响道德的诸多要素。像休谟持有的这一类的情感主义,我以为称之为自然主义更恰当一些。我相信,对"应该"、"善"等道德语词的起源的考察将支持本文的元伦理立场。

[8] 这一特征在犹太教和儒家学说那里表现得更为明显。所谓伦理化的宗教,指的不仅是道德生活在宗教信仰中的重要地位,更为主要的,"它们是用道德概念而不是崇拜或知识概念来定义神—人关系。我们做什么,我们怎样生活,这些才是重要的,而不是我们崇拜的形式或我们对上帝本质的教义上的断言。"查尔斯·坎默,《基督教伦理学》, p. 58.

[9] 麦金太尔也曾提到,"马基雅维里和马丁·路德都是在伦理上很有影响的作者,但却为道德哲学著作忽略不谈。这实在是一个损失,因为被哲学家们当作讨论的既定对象的那些概念,常常来自这些人的著作,而不是那些形式上更具哲学性质的著作。" Alasdair MacIntyre, *A short history of*

ethics, p. 121。

[10] Long, Jr., Edward Leroy, *A Survey of Christian Ethics*.

[11] Servais Pinckaers 把这些定义归纳为五种，见 *The Sources of Christian Ethics*, p. 4。

[12] Alasdair MacIntyre, *A short history of ethics*, p. 121－131.

[13] 对此，来自基督教神学家的反省或许更有说服力，"……教会使压迫和残酷的战争圣洁化，赋予大规模的破坏行径合法的外衣。基督教过去，并且现在仍然是用来对第三世界国家的人民进行文化压迫的工具，并且继续与世界上的富人和有权势的人结盟，经常被用来对抗穷人和无权势者提出的公正的要求而为他们的财富和权力辩护。"查尔斯·坎默，《基督教伦理学》，p. 47－48。P. 62 的注释 17 表达了来自第三世界人民的困惑，或许其实是轻蔑，"为什么当基督教宣称是一个爱的宗教并劝诫其追随者把财物与穷人分享的同时，富裕的世界却是基督徒的世界。"我想，那些被尼布尔称作有着"苟安的良心"的人或许会说这是历史的原因或基督徒们的劳动致富，只是不知道他们是否把侵略、掠夺、不公平的交易也当成劳动的一部分。

第一章

尼布尔与基督教伦理学

第一节 尼布尔生平

莱因霍尔德·尼布尔（Reinhold Niebuhr）是20世纪美国最有影响的基督教神学家，同时也被誉为自乔纳森·爱德华兹（Jonathan Edwards）[1]以来美国本土最著名的神学家。人们普遍认为，尼布尔的工作改变了美国的一代神学风气，[2]本世纪中期美国神学在危机中得以继续发展，主要归功于尼布尔的努力。从30年代到60年代，尼布尔和他的同胞兄弟理查德·尼布尔的思想统治了美国基督教伦理学界达四十年之久。作为一个神学家，尼布尔所领导的基督教现实主义神学对美国的思想和文化产生了深远影响。尼布尔同时还是一个热诚的布道者和不知疲倦的社会活动家，从20年代末到70年代初，他几乎参与了美国历次的政治活动。在30和40年代，尼布尔建立和参与了至少一百多个组织，其中影响比较大的政治组织有"纽约自由党"（Liberal Party in New York），"美国人争取民主运动"（Americans for Democratic Action）等。组织和参与各种政治活动的同时，尼布尔还积极投身于宣传基督教思想的工作，他是《明日世界》（*The World Tomorrow*）的创办人，是《基督教和危机》（*Christianity and Crisis*）的编辑和主要撰稿人，同时还是《激进的信仰》（*Radical Religion*，后来改名为《基督徒和社会》*Christian and Society*）的编辑。尼布尔一生的学术和社会活动生涯充分体现了他为自己设立的让处于现代文化中的人们重新发现基督教传统教义的现实相关性的目标。瑞士神学家爱弥尔·布鲁纳称赞尼布尔,"在一个为抽象的教条主义所统治的时代里,尼布尔实现了任何人都未曾实现的神学和时代的先进知识分子的对话。"[3]尼布尔同时也是一个具有国际影响的神学家,他的各种著作分别在德、法、荷、西班牙、日、韩等10多个国家翻译出版。

1892年6月,尼布尔生于密苏里州芮特城(Wright City, Missouri)的一个德国移民家庭。尼布尔的父亲古斯塔夫·尼布尔(Gustav Niebuhr)是路德教会福音教派的一名牧师,[4]尼布尔的职业选择以及精神气质深受其父的影响。这个家庭是少有的盛产神学家的家庭,它为美国贡献了四位神学家,除莱因霍尔德和理查德兄弟外,还有他们的姐姐哈尔妲(Hulda),以及曾于哈佛大学任教的理查德的儿子莱因霍尔德·理查德·尼布尔。

从埃尔姆赫斯特学院(Elmhurst College)和伊顿神学院(Eden Seminary)毕业以后,尼布尔于1913年进入耶鲁神学院。[5]在耶鲁神学院,尼布尔受到十九世纪末二十世纪初盛行一时的自由主义神学的深刻影响,成为一个典型的自由主义神学的信徒。后来严酷的社会现实粉碎了尼布尔的自由主义理想,尼布尔把学术和社会生涯的大部分时间用来批判自由主义对人性和社会进步的盲目乐观态度,但他从自由主义神学那里继承的对社会问题的强烈关注以及《圣经》研究的历史批判方法表明他思想里自由主义神学的成分远比他自己意识到的要多。

1915年获得硕士学位以后,尼布尔接受本教派的任命,到底特律贝特尔(Bethel)福音教会作牧师。他没有继续在耶鲁大学攻读博士学位的原因,一是由于他父亲的早逝(1913年)造成家庭经济困难,他不得不尽早工作,承担家庭的责任。另一个原因是他对当时占据耶鲁神学院中心话题的麦金托什(Douglas

C. Macintosh）认识论的厌倦。

从 1915 年到 1928 年，尼布尔在底特律任牧师达十三年之久。十三年的底特律传教经验对尼布尔神学思想的形成起了决定性的作用，几乎每一本有关尼布尔的著作都不忘记强调这一点，有人甚至认为尼布尔以后的整个工作就是对在底特律遇到的问题的解答。[6]尼布尔来到底特律时正值底特律和福特汽车公司迅猛发展时期。十三年间，尼布尔教区的人数从 65 增加到 656，底特律的人口也从五十万激增到一百五十万，并逐渐成为全世界的汽车工业中心。但在工业发展的同时，工人的生活状况却日益恶化。作为教区的牧师，尼布尔亲眼目睹了下层社会人们生活的悲惨。一系列的社会问题促使他重新思考在耶鲁神学院接受的自由主义神学的乐观观点，最后终于导致他与自由主义的分道扬镳，并转而成为自由主义的最激烈的批判者。对此，尼布尔本人如此评价说：

"我今天所持的神学信念开始于我在一座工业城市的传道经验。它们使我意识到我和许许多多的传道人在这座或那座城市所宣讲的琐碎的道德训诫与这座工业中心里残酷的生活现实是多么格格不入。这些布道显然是毫无用处的，它们丝毫不能改变集体活动中人们的行为和态度，尽管它们或许有助于保持个人的温情，缓解个人的压力。

当我后来到了神学院时这些信念以一种学术的方式得以进一步发展。学院里的闲暇使我有机会去发现古典时期的基督教思想里的主流和洞见，很久以来人们已经忽略了这些洞见，但事实上对现代人来说它们仍然是非常重要的，或许对任何时代的人都是重要的。"[7]

1928 年，尼布尔接受纽约协和神学院（Union Theological Seminary）的任命，教授名为"应用基督教理论"的课程，直到 1960 年退休。他的大部分著作即完成于这一阶段。他的婚姻生活也随着教学生涯的开始而展开。1930 年秋天，他遇到在牛津获得学士学位后来到协和求学的乌尔苏拉·凯佩尔康普顿（Ursula KeppelCompton），两人于1931年底结婚。自此之后，尼布尔的许多著作都经过乌尔苏拉的文字修改和润色，因为尼布尔的英语水平显然逊色于在英语环境中长大的妻子。1932年，尼布尔出版了他早期最著名的著作《道德的人和不道德的社会》，在美国神学界及整个社会引起巨大反响。这部著作反映了尼布尔对社会伦理学的最初探讨，也是他的基督教现实主义思想的开端。《道德的人和不道德的社会》中对暴力和非暴力抵抗的分析对马丁·路德·金影响颇大，实际上，可以认为马丁·路德·金是在实践上实现了三十多年前尼布尔关于这一问题的论述。1939年，爱丁堡大学邀请尼布尔主持春季和秋季的吉弗德讲座（Gifford Lecture），使他成为继威廉·詹姆士（William James）、约赛亚·罗伊斯（Josiah Royce），威廉·霍京（William Ernest Hocking）和约翰·杜威（John Dewey）之后获此殊荣的第五位美国人。吉弗德讲座是尼布尔神学思想中最重要的篇章，也是他学术生涯里最重要的成就。两年后，这次讲座的内容以《人类的本性和命运》为名出版了上卷，又两年后，出版了下卷。这两部著作是尼布尔神学思想的系统表述，底特律经验之后的所有思想到此汇成一个中心主题，即基督教对自我的理解。此后的著作都可以看做是对这一主题的补充和具体运用。在尼布尔的一生中，他对具体政治问题和社会问题的看法随着历史条件的改变而不断变化，但作为思想核心的人性理论基本上没有大的变化。

二战以后，尼布尔把主要精力放在国际关系问题和美国的对外政策上，针对当时的国际局势发表了大量文章。我们可以从尼布尔对具体问题的态度看出他的政治立场。尼布尔反对美国参加朝鲜战争，抵制越战，但是坚决支持从意识形态的渗透和军事、经济实力的增长两方面来遏制苏联的扩张，并积极主张发展核武，在核武的保护伞下小心翼翼地维持国际局势的微妙平衡，从而实现国际间的和平。有人评价尼布尔是对美国冷战哲学做出主要贡献的系统思想家。有必要说明的是，尼布尔支持美国的冷战策略纯粹出于对实际后果的考虑，而不是出于对输出美国式的意识形态的热衷。令我们备感兴趣的是尼布尔早在1954年就提出应该接受中国为联合国成员国，并批评美国与蒋介石的联盟。尼布尔的基督教现实主义的智慧和洞见启迪了一代政治哲学学者，美国著名政治哲学家汉斯·摩根索（Hans J. Morgenthau）曾经评论说："我一直认为尼布尔是美国在世的最伟大的政治哲学家，或许也是自卡尔霍恩（Calhoun）之后惟一有创造性的政治哲学家。"[8]冷战时期的美国总统吉米·卡特甚至把尼布尔的著作置于床头，称之为指导他政治生涯的《圣经》。

尼布尔的一生扮演了三种角色：布道者、社会活动家和学者。这三种角色对尼布尔来说不是依次出现，而是同时承担的。[9]很少有人能像他一样涉及并影响那么多的思想领域。尼布尔的性格和他的思想一样充满魅力，他被称为"我们这个时代难以置信的人物之一"。[10]长期的不停息的辛勤工作损害了尼布尔的身体，五十年代初期，尼布尔首次受到中风的袭击。六十年代从协和神学院退休以后，一连串的疾病逐渐限制了尼布尔的体力，他不得不减少学术和社会活动的时间。1971年五月，尼布尔于家中安然病逝。

尼布尔的一段被经常引用的布道词可以视为对他生命和学术活动的最好总结："哦，上帝，请赐我们以平静，使我们接受那些不可改变的；请赐我们以勇气，使我们去改变那些能够改变的；最后，请赐我们以智慧，使我们能够明辨其间的差别。"

第二节 尼布尔的思想传统

从未有人否认过尼布尔对美国思想和美国社会的影响，即使是那些对尼布尔的学说和立场持基本否定态度的人也是如此。他的非凡努力以及努力的后果都实实在在地存在于他活动过的领域。他和他思想上的论敌们一起，已经成为20世纪美国传统的一部分。但是人们对于如何定位尼布尔的学术活动却不是没有疑义：他是一位神学家吗？如果不是，那他从事的活动是什么？如果是，那他又是怎样的神学家呢？

尼布尔本人显然不愿纠缠于这类问题，这从来都不是他的兴趣所在。他曾多次宣称自己不是神学家，这有时是出于自谦，因为比起他的同事，比起他博学的弟弟，他的学术背景和学术训练显然有所不足；[11]有时也是尼布尔的真实想法，因为他肯定不愿意让一种单一的身份限定自己的工作。实际情况也是如此。在尼布尔众多的工作当中，很难说神学就是他工作的惟一重点，在编撰刊物，参与社会活动等方面，尼布尔投入了同样多的时间精力。

这不是尼布尔的问题，却是我们的问题。对此稍作区分有助于我们更好地理解尼布尔的工作性质和学术特点。尼布尔是不是神学家要看我们确定的神学家的标准。如果神学家指的是那些构造出系统神学体系的学者，那么只有卡尔·巴特式的学者才能称得上神学家，尼布尔显然不在此列。他对神学的一些基本问题，比如上帝论、基督论、教会论等等，虽有涉及，也都是三言两语，一笔带过，不成体系。如他自己所说，他对纯粹的神学问题不感兴趣，也从来无意构造系统的体系。

尽管尼布尔不是传统意义上的神学家，但他使用的语言是神学语言，学术活动的目的是向世人阐明"蕴含在古老信仰里的真知灼见"，思想和活动的直接影响也在神学界，为神学家们提供了诸多可供借鉴和研究的方面，在此意义上，称他为神学家是恰如其分的。只不过，他不是那种专家式的神学家，而是思想家式的神学家。

像任何有创造性的思想家一样，尼布尔在思想的采集酿造时期，广泛吸取各种学说，接受来自各方面的影响，力图在自己的思想中将它们融为一体。在他的著作中，我们几乎可以发现当时流行的各种思潮的影响。[12]有些思想经过尝试，很快弃而不用，只留在当时的著作中。比如，尼布尔在读了犹太哲学家马丁·布伯的《我与你》之后，很快就借用马丁·布伯对"我—你"关系和"我—他"关系的区分，完成了《自我和历史的戏剧》(The Self and the Dramas of History) 一书，但是之后就很少再回到这一思想。这一类的著作和文章类似于他的读书笔记。另外一些思想他则受用终身，比如马克思的理论。按照对其思想产生影响的大小，我们可以找出尼布尔思想来源的主要线索。首先来看他的神学传统。在《人类的本性和命运》中，尼布尔考察了基督教历史上各个流派、各种学说，但他神学的思想明显源于使徒保罗—奥古斯丁—宗教改革运动时期的宗教改革家特别是马丁·路德—系。尽管他对马丁·路德等人屡有批评，有时甚至对保罗也有微词，但在神学的基本问题上，他则站在他们一边，并尽力维护这一系的传统。我们看到，尼布尔所阐述的神学命题是这一系的神学家们所不断论述的，正是在这种意义上，尼布尔得名为"新正统主义"神学家。和马丁·路德等人不同的是，尼布尔的"正统主义"是20世纪以后恢复的正统主义，它已融入了许多现代文化的发展成果。和卡尔·巴特等其他新正统主义神学家不同的是，尼布尔接受了更多自由主义神学，[13]以及美国本土的社会福音运动关注现实的影响，这样他才能"既忠实于福音本来的精神和改教运动神学，但同样也是一个敏锐地感觉到我们面对的社会问题并积极寻找解决途径的彻底的现代思想家。"[14]从这种意义上来说，他思想既来源于遥远的过去，也来源于我们今天的社会现实。

在构成尼布尔神学思想来源的诸多神学家当中，奥古斯丁对他思想的完成起了重要作用。尼布尔本人更是把奥古斯丁视为第一个基督教现实主义者。20世纪30年代，随着《道德的人和不道德的社会》的出版，后来被明确称为基督教现实主义的伦理思想已基本成形，它与后来成熟时期的现实主义的区别在于，这一时期的思想没有多少神学背景，也不着意寻求教义上的根据。尽管早在30年代初期尼布尔已经阅读过奥古斯丁的著作，但对尼布尔这一时期的思想几乎没有什么影响。这时的尼布尔更像是站在教会之外，对关注同一些问题的人们发表自己的意见。对奥古斯丁著作的细致研读是在1936年以后的事。[15]奥古斯丁的意义在于，他为尼布尔的道德理论提供了神学人类学上的基础，向尼布尔全面展示了古典神学思想的深刻博大，帮助尼布尔从马克思的理论框架中跳脱出来，由此开始了他思想发展阶段上的第三个时期，也是他的成熟时期。尼布尔对奥古斯丁的借重首先是后者的原罪理论和他对"人有神的形象"的解释。尼布尔十分欣赏奥古斯丁拒绝采取希腊哲学传统，用人的有限性解释原罪，而是坚持了《圣经》传统，从人的意志深处解释罪的产生，把罪看做人对自由的误用。奥古斯丁对权力的态度也为尼布尔所采纳。在《上帝之城》中，奥古斯丁一方面把政府视为恶魔一般的机构，一方面又认为政府是上帝手中的工具。我们看到，尼布尔也以同样的态度对待政府，他一方面呼吁人们警惕政府的罪恶，一方面又指出政府有其不可替代的功能，即使最邪恶的政府也有某种合理性。在奥古斯丁看来，世界就是对立派别之间的休战，尼布尔认为，和平是权力与权力之间的平衡。总之，尼布尔像他的前辈一样，坚持上帝和世界的无限隔绝，但并不因此放弃寻找一种更能体现爱和正义的世界。

　　尼布尔所在的教会名为"联合教会"，结合了路德宗和加尔文宗两种传统。这一信仰背景使得两种传统在尼布尔的思想中都有所体现。在基本教义上，尼布尔继承了路德所强调的因信称义的观点，同时也吸取了路德对理性主义的怀疑以及他的辩证思想。尼布尔赞赏路德能够保持耶稣伦理对社会现实的超越性，但不满路德道德理论中现实相关性的缺失。他在著作中常常批评路德对政治过于悲观，只看到了罪性的顽固性而忘记了精神的超越性，这种人性理论上的偏差使路德看不到在历史中实现相对正义的可能和必要。在政治和社会观点上，尼布尔更倾向于加尔文的思想。

除了这一系正统神学家，另外还有两位现代人物，在神学思想和风格上影响了尼布尔。首先是法国哲学家帕斯卡尔。这位体质孱弱，生性敏感的天才在《思想录》中以忧郁的笔调描绘了人类既伟大又脆弱、既崇高又卑微的悖谬处境，表达了自己对命运的不安，对永恒生命的向往。尼布尔认为帕斯卡尔表达的不只是个人的情绪，而是道出了所有人的忧虑。在他最重要的神学著作《人类的本性和命运》中，尼布尔多次引用《思想录》中的段落，借以说明人类的共同处境。除此之外，帕斯卡尔对人的理性能力的分析，在"知道自己是罪人的义人和相信自己是义人的罪人"之间做出的区分，对尼布尔都有直接的影响。

在现代神学家中，对尼布尔影响比较大的当属丹麦神学家克尔凯戈尔。尼布尔最初接触克尔凯戈尔的著作是在准备吉福德讲座期间，读的是《敬畏的概念》的德文译本，因为此时尚没有克氏著作的英文译本。从30年代后期到40年代初期，克氏几种主要著作的英文译本开始出现，尼布尔对此逐一研读并积极向美国读者介绍克氏的思想。克尔凯戈尔对尼布尔的影响不仅体现在思想内容上，同时还体现在思想方法上。尼布尔不断强调《圣经》是一部神话，是一种象征，对《圣经》的理解不能拘泥于字面意义，也不能以某种理性化的神学体系取代《圣经》神话，否则必将丧失基督教信仰原有的意义。基督教信仰是一种"悖谬式"（paradox）的真理，超越了理性的表达形式和理解能力，只能以辩证的方式阐明。从这些思想中不难看出克尔凯戈尔的影响。实际上可以说，克尔凯戈尔的辩证神学是几位新正统神学家们共同的思想来源。

在思想内容上克尔凯戈尔的影响也是显而易见的。对原罪的重新阐述是尼布尔对基督教人类学的一大贡献，在这里克尔凯戈尔的影响十分明显。与同时代的神学风气不同，克尔凯戈尔坚持保留原罪概念，而且反对从自然因果性或本体论意义的必然性角度解释原罪，因为这样将减低甚至免除人对原罪的责任。在克尔凯戈尔的思想中，罪是人的命运，但罪的责任仍在于人，因为人所面临的"诱惑"没有取消他的意志自由。这些观点和尼布尔的理论异曲同工。但是仅有"诱惑"的处境仍不足以犯罪，罪性需要一个最初的来源，对这样一个棘手的神学问题，尼布尔采纳了克尔凯戈尔"罪设定自身"予以说明。此外，克尔凯戈尔对群体的道德能力持基本否定的态度，这一观点在尼布尔的早期思想中被进一步发扬光大。

尼布尔与同时代的许多神学家保持着亲密的关系，他们对尼布尔的思想发展也带来了一定影响，其中尤以布鲁纳的影响最大。1928年秋天，尼布尔在协和神学院初识布鲁纳，其后两个人一直保持学术上的联系。布鲁纳对罪的阐释很大程度上启发了尼布尔，在《人类的本性和命运》中，尼布尔将来自布鲁纳的火花发展成熊熊烈火。此外，尼布尔与蒂利希、朋霍费尔等著名神学家的交往也十分密切，他们两人都是在尼布尔的帮助下逃离德国，辗转到美国的。但朋霍费尔最终还是决定回到德国，"和德国的基督教民众共度民族历史中的艰难时期"。[16]后来他因参与密谋刺杀希特勒而被捕牺牲。

以上列举的是尼布尔在神学思想方面的来源。在神学思想之外，来自世俗学问上的影响同样改变了尼布尔的思想面貌，其中最主要的当数马克思的社会理论[17]和实用主义哲学。实用主义是美国的本土哲学，尼布尔是美国本土最著名的神学家，这两者之间的关系是一个饶有兴味的话题。人们普遍了解尼布尔对杜威的长期的不间断的批评，[18]对尼布尔和实用主义关系的另一面大多不甚了了。实际上，从很早开始，尼布尔就通过他的老师麦金托什接触到实用主义，[19]他对威廉·詹姆士的哲学思想和关于宗教经验的研究十分熟悉。1914年，在他的学士学位论文《论宗教知识的有效性和确定性》中，尼布尔认为诸多哲学体系中只有詹姆士的哲学既肯定了道德和个人的价值，又不会导向黑格尔式的泛神论，是令人满意的哲学。[20]仔细考察尼布尔的思想会发现，他的哲学气质和实用主义是一致的，也就是说，他接受了实用主义的真理观。这对尼布尔的影响是根本性的。我们知道，尼布尔从来没有研究纯粹神学理论的兴趣，他关注的一直是现实中的人和社会。对尼布尔来说，现实社会是他的问题，基督教传统教义是他找到的问题的答案。尼布尔说过，他之所以选择基督教作为立足点是因为在尝试了其他种种学说之后，发现惟有基督教对人的解释真实地揭示了人的尊严和可悲。这意味着，尼布尔对基督教采取的是实用主义的态度，传统教义不过是工具，基督教的真理性在于它的有用性，在于它有助于现代人理解自己的真实处境，摆脱文化危机带来的精神危机。持有这种实用主义的宗教观，也就难怪尼布尔为宗教提供的是康德式的辩护了。[21]

根据詹姆士，[22]实用主义真理观有两个要点，首先是理论的融贯性，即理论的各部分逻辑一致；其次是理论的效用性，即所谓理论的兑换价值。可以发现，尼布尔在自己的思想中严格遵循了这两项规则。尼布尔后来与杜威的争论不是出于哲学上的分歧，而是出于对社会问题的观点分歧。20世纪50年代以后，尼布尔与实用主义的关系又进一步发展，这就是他思想的第四个时期：自由主义—实用主义时期。这时候，他全面接受了实用主义的社会理论，而不仅仅是实用主义哲学。

实用主义工具论的真理观对尼布尔助益匪浅。尼布尔的神学被冠名以新正统主义，但公认的事实是，尼布尔绝不保守，更不因循守旧，他以思想上的创新闻名。尼布尔视所有追求正义的人为同道，不管他属于何种党派，来自何种信仰。他与天主教神学家思想往还，谋求新教与天主教的合作；与犹太教拉比交流讨论，反对基督教争取同化犹太教徒的活动。实用主义真理观使尼布尔直接面对问题本身，从问题出发，而不是从教义出发。尼布尔倡导宽容、不固执己见，富于自我批判精神的信仰态度，这固然出自良好的教养，博大的胸怀，丰富的人生阅历，更为重要的，它的背后有基本的认知角度、真理标准的支撑。

第三节 尼布尔学说中的神学和伦理学

基督教伦理学涉及神学和伦理学两个领域，神学和伦理学的关系是研究者必须处理的问题。身为基督教伦理学家，首先需要确定在他的学说中，神学和伦理学哪一个在先，哪一个在后；是以神学说明伦理学，还是让伦理学从属于神学。这种选择关系重大。比如，在卡尔·巴特的学说中，伦理学是从他关于上帝的论述中合乎逻辑地引申出来的。对于巴特，必须首先发展和捍卫的是上帝论，伦理学只是上帝论的一部分。这决定了巴特伦理学的性质，表明巴特是以超越的上帝作为道德论证的基础和保证。与巴特不同，在尼布尔的学说中，他把伦理学放在第一位，把神学置于从属的地位。也就是说，在他的学说中，神学服务于伦理学，神学的地位决定于伦理学的需要。

尼布尔的伦理学被称为现实主义伦理学。现实主义伦理学的影响力很大程度上来自于他对历史事件的解释，对现实问题的分析。尼布尔揭示出无处不在的人类的自我欺骗性，帮助人们面对人性和历史的现实。他的这一工作借助于对基督教的重新阐释完成。对尼布尔来说,"启示的真理与其说是信仰的语言与上帝的行为和存在之间的关联,不如说是发现人类经验的深层维度的力量。启示在功能上是启发性的,它的真理得到它所揭示的人类生活的证实。"[23]尼布尔本人对此也直言不讳,"基督的赎罪是对何为生命的一种启示……如果没有十字架的启示,人们将或为人类生存中的善所欺骗而堕入错误的乐观主义,或为生存的悲剧所欺骗而堕入绝望之中。神的儿子的……消息是关于生命的真理。"[24]信仰"启发了经验,反过来又为经验所确证。"[25]尼布尔认为,这一"关于生命的真理"具有道德、社会和政治上的相关性。

既然选择伦理学在先,他对神学的态度就和一般神学家有所不同,对《圣经》和教义的解释、运用表现出较大的随意性。他把《圣经》记载看做一部神话,对这些神话的选择和解释根据批判其他观点的需要而定,而对其他观点的估价则根据它们可能产生的后果而定。

以对救赎和原罪的叙述为例,可以明显看出他根据社会和道德后果选择和解释教义的特点。尼布尔认为,对待上帝之国的正确态度是,上帝之国既不在历史之中,也不在历史之外,而是在历史的终点。这一信念的重要性在于它对希望的确信。有此信念,基督教信仰就会避免对生命的悲观看法。反之,如果没有这种信念将会导致对生命的绝望和对政治的消极态度,而政治上的消极态度是听任社会罪恶滋生的温床。再来看他对罪的阐释。在尼布尔看来,罪的观念的重要性在于揭示了个人和集体的最深层本性。通过罪的观念提供的观察维度,我们可以预测事件的发展。此外,尼布尔对上帝概念的界定也表现出这一特征。尼布尔从未发展出一个完整的上帝论,也从未象巴特那样宣称上帝论对伦理学的权威性。对尼布尔来说,何时引进上帝的观念以及上帝的观念意味着什么都视他的伦理学体系的需要而定。当然,这种说法并没有否定尼布尔神学思想的一致性,只是指出他的学说中神学服务于伦理学这一事实。

通过与传统道德神学的对比可以进一步明确上述观点。一般说来,基督教神学的主流关注的是人的永恒的命运,它把关于人的理论与拯救的教义联系在一起。这当然并不意味着传统的基督教神学完全不关注道德行为和人类历史,而只是说它们附属于关于拯救的教义主题。

这些观点似乎描绘了一幅不那么虔诚的尼布尔的形象。信仰虔诚与否不是我们关注的问题,生活中的尼布尔以及他的内心情感是传记作家们研究的主题。这里讨论的只是尼布尔的理论。尼布尔对神学和伦理学的这种处理方法或许使他失去了一部分基督徒读者,却赢得了信仰以外读者的共鸣。如果尼布尔的目的是实现和时代的知识阶层的对话,那么应该说他的这种选择是明智的。

第四节 尼布尔伦理学的性质和特征

尼布尔的学术思想和政治态度在一生中几经变化,在许多问题上竟然走向自己最初立场的反面。比较典型的,如对待自由主义、和平主义的前后变化。这自然体现了他不囿于成见,善于吸收,勇于变革的性格,[26]但往往令初识者茫无头绪,莫名其妙。

学者们一般按他在社会政治理论上的变化将其思想分为四个阶段,依次是1.自由主义阶段,代表作《文明需要宗教吗?》;2.社会主义阶段,代表作《道德的人和不道德的社会》;3.基督教现实主义,代表作《基督教伦理释义》、《人类的本性和命运》;4.实用主义—自由主义阶段,代表作《光明之子和黑暗之子》。尼布尔思想发展的四个阶段以自由主义始,以重返自由主义终,可以见得自由主义与尼布尔的甚深渊源。实际上,不论是拥护还是反对,尼布尔在这四个阶段里一直没有离开自由主义。与自由主义的关系是贯串他的思想发展的一条明显线索。从这一角度看，这四个阶段就成为：1. 从自由主义的信徒到自由主义理想的破灭，2. 借助马克思主义理论批判自由主义，3. 从基督教人类学的观点批判自由主义，以及 4. 通过实用主义重新认识自由主义。[27]四个阶段标志着四种态度的变化，但是思想的发展是连续的过程，不能截然分开的。在尼布尔早期的自由主义著作中含有基督教现实主义的因素，而即使在他最社会主义的著作里也包含有自由主义政治哲学的因素。

尼布尔的伦理学被冠以基督教现实主义之名。[28]在一般意义上，基督教现实主义（Christian Realism）一词可以用于一战后尼布尔的全部著作。这是因为从 20 年代开始，在处理社会和政治问题时尼布尔即表现出他后来所定义的现实主义的态度，即"将所有那些无法纳入固定规范的社会和政治要素，尤其是自我利益和权力要素考虑在内"[29]的思想方法。在尼布尔的早期著作《道德的人和不道德的社会》中，尼布尔开始自觉地寻找一种新的政治方法，这种政治方法不仅必须"能够正确处理道德资源、人性的可能性以及各种潜在的道德能力"，而且还必须要"考虑到人性的有限性，特别是表现于群体行为的人性的有限性。"[30]基督教现实主义是尼布尔在神学和伦理学上对一战后的文化危机做出的回应。

基督教现实主义有其神学和伦理学上的依据，但其声名传播扩张，终于为人们所熟知更多是通过它的政治理论和政治主张。政治理论上的现实主义与理想主义（idealism）相对。政治上的所谓理想主义"在拥护者看来，其特征在于对道德规范和道德理想的忠诚，而不是对个人或集体的自身利益的忠诚；但在批评者看来，其特征在于对人类生活中抵制普遍有效的理想和规范的力量采取漠然置之甚至视而不见的态度。"[31]与理想主义不同，政治上的现实主义承认以纯粹的道德手段解决政治问题的局限性，反对过高估计道德理想的政治力量，要求充分关注产生政治和经济冲突的社会现实，深入探究事实真相被掩盖的原因和方法。现实主义提醒人们注意这样一个事实，即在对理想的表述中常常隐藏着更为狭隘、更为自私的自我利益，而追求正义的背后常常掩盖着无情的权力斗争。这种欺骗非常有效，有时甚至那些行使欺骗的人也信以为真，认为自己是道德理想的执行者，绝对正义的代言人。现实主义的任务之一是要向所有的欺骗者和被欺骗者揭示事实真相。

基督教现实主义与理想主义相对，但绝不是事事相反，处处不同。在一生的学术和社会活动生涯中，尼布尔从未放弃过爱和正义的理想。可以说，爱和正义是他的伦理学和政治哲学的目标和内在动力。正是这一点，使他区别于后来他的那些政治哲学上的追随者，而后者也总是尽力从现实主义中剔除这一理想主义的成分，使之成为更加彻底，更为"冷静"的现实主义。

除思想内容和政治态度以外，Christian Realism一词也表示出了它在元伦理学上的性质，因为"现实主义"的英文表达realism同时又有"实在论"的涵义。道德哲学上的实在论反对情感主义所谓道德陈述不过是陈述者的情感表达，没有正误之分的观点，认为道德陈述有真假之分，道德陈述的真假独立于我们对事实认识。换言之，道德实在论认为，道德陈述的真假与道德语句的陈述者或陈述者共同体所持的观念无关，但与"客观"事实有关。道德实在论进而可以分为两种类型，一种类型认为道德谓词用以指代非自然的属性，也就是社会科学确定的属性，如人际关系的和谐、社会整体福利的提高，等等；一种认为道德谓词用以指代事物的自然属性，也就是生理学或物理学意义上的属性，如快乐、健康，等等。后一种的道德实在论就是G. 摩尔所批判的自然主义伦理学。

从元伦理学的角度考察会发现，尼布尔所持的正是实在论的伦理观。在对个体道德的考察中，尼布尔认为人有万古不易的精神处境和本性，伦理规范是从人的本性中引申出来的，是符合人的本性的行为规则，它独立于社会规范，与人们对其认同与否无关。在对群体道德的考察中，尼布尔关注的是影响道德选择的各种社会因素，对尼布尔来说，社会因素的性质决定了道德行为的性质。由于社会因素的繁杂多样，各种因素之间相互作用相互影响，所以确定行为的道德性质虽然有迹可寻，但远非一件容易的事，如果我们对事实理解错误，那么我们作出的道德决定必定也是错误的。但不管怎样，有两点是确定的：首先行为有对错之别，其次行为的对错取决于客观存在的各种社会因素。这两点决定尼布尔的伦理学自始至终属于实在论的伦理学。由于"现实主义"更能突出尼布尔学说的影响和特点，所以人们一般选用这一名称概括他的学说。

元伦理学上的实在论立场不只具有学理上的意义，对尼布尔来说，它是一种"良性的形而上学"信念，和他处理政治问题时的现实主义态度巧妙地结合在一起。实在论的立场使他坚信必有一种最佳的道德选择，但它很可能尚未进入人们的视野，在目前的种种选择以外，所以不能心安理得于已经做出的决定，必须激励自己不停息地去发现新的事实，找寻最终答案。

在思想方法上，尼布尔一直拒绝构造自己学说的本体论和认识论，这和他对理性的理解，对精神的绝对超越性的强调相关。他坚持认为由于人本质上是自由的，具有超越任何既定界限的能力，所以任何具有逻辑一致性的本体论和认识论学说必然不能反映生活的全部事实。对尼布尔来说，生活的现实是第一位的，理性是工具，而不是裁定生活的最高准则。理性本身极易受到自我利益的污染，它远没有康德、黑格尔所赋予的那种客观性和绝对性，不能把理性抬高到过去上帝才有的地位。尼布尔为此常常受到包括蒂利希在内的学者们的批评，不过直到晚年他对此也没有丝毫改变之意。尼布尔有"我们这个时代的先知"之名，从学术表达的角度来看，这未必不是一种责备。不论尼布尔这样做的理由充足与否，这至少给人们理解他的思想带来了一定的难度，因为这要求人们不仅要注意他在著作中已经说出的部分，更得注意他没有说出但隐含在文本中的更大一部分。理查德·尼布尔提到他哥哥的思想的难解时曾经评论说"对我来说，他的思想就像一座巨大的冰山，冰山的四分之三藏在水面以下，而且他明确表达出来的部分依赖于这未表达出来的部分。"[32]

大量运用辩证法是尼布尔的思想和表述的一大特点。不过，"对尼布尔来说，辩证的陈述并没有黑格尔式的存在的必然性。它并未表达出一个终极的真理，而只是一种表达方式。"[33] "尼布尔处理问题的比较典型的方法是陈述同一个问题的两个相反的方面，然后将每一方面进一步分解为肯定的和否定的因素，再把基本的肯定方面的否定因素和基本的否定方面的肯定因素相联结，以此来展示基督教对此问题的答案如何能够满足这些复杂的需要……如果以忽视一个因素为代价强调另一个因素，就不免曲解答案的正确性。"[34]

尼布尔学说的另一个特点是论战性。他自己的思想往往是在批评别人思想的过程中阐明的，他称这种方法为"否定的证明"。所谓否定的证明是找出"人类知识的局限，发现人类德性的不完整特征，"[35]从而使基督教的解释获得一种新的相关性，得到有限度的证明。简单说来，就是通过说明你不行，来证明我行。与此对应的是"肯定的证明"，就是把从信仰中得来的见地和从经验中得来的关于生活和历史的真理相联结，以此证明基督教信仰的合理性。在尼布尔的著作中，这两种证明交相出现，要想全面理解他的思想，有必要对照他所批判的对立观点。

注　释：

[1] Jonathan Edwards (1705-1758)，一直被认为是美国最出色的神学

家及哲学家，主要著作有 Freedom of the will, Original sin, True virtue, 等等。

[2] John C. Bennett, A Prophetic Voice In Our Time, 载于 Charles W. Kegley 编, Reinhold Niebuhr—His Religious, Social and Political Thought, p. 57。

[3] Emil Brunner, Some Remarks On Reinhold Niebuhr's Work As a Christian Thinker, ibid. p. 83。

[4] 福音派是由德国移居美国的路德派的一支，1934年与加尔文派的一支合并，形成福音和改革教会。1956年又与公理教会合并，形成基督联合教会。尼布尔是此教会的成员。古斯塔夫于1881年移民美国，1885年结识尼布尔的母亲 Lydia Hosto。经过自己的努力，古斯塔夫很快成为福音教派的领袖人物。

[5] 在进入耶鲁神学院以前，尼布尔在家庭和学校中的第一语言一直是德语。这一经历为他提供了许多学术上的便利，使他可以直接阅读包括特洛尔奇、蒂利希、布鲁纳等人的著作，而不必等待英文译本。

[6] Ronald H. Stone, Reinhold Niebuhr—Prophet to politicians, p. 27。

[7] Reinhold Niebuhr, Ten Years That Shook World 载于 The Christian Century, April 26, 1939。

[8] Reinhold Niebuhr—Prophet to politicians, p. 9。

[9] 尼布尔本人仅是发表在各种报刊杂志上的文章、评论、书评等等即有2,750篇之巨。

[10] Bob E. Patterrson, Reinhold Niebuhr, p. 13

[11] 在 Reinhold Niebuhr—His Religious, Social and Political Thought, 后记中致答词部分，尼布尔表达的显然是这一种意思。

[12] Richard Kroner 称，"尼布尔思想的历史来源十分广泛……西方思想史上几乎任何一个重要人物、任何一个重要流派以及任何一次重要运动都在他的思想上留下了一定的痕迹。" The History Roots of Niebuhr's Thought, 载于 Reinhold Niebuhr—His Religious, Social and Political Thought, p. 254。这种说法虽然不是全无根据，毕竟失之于空泛。每个人的思想都受到整个思想发展的影响，都以整个思想史为背景，只有在这种意义上，才能有上述判断。如果我们不是从思想内容的构成，而是把它理

解为对尼布尔开放、活跃的思想风格的评价倒是十分贴切。不过这一说法没有影响 Kroner 随后的具体工作，他在文中所列举的几个人物都被公认为尼布尔思想的重要来源。本文也将这些人列为尼布尔在神学传统上的来源。

［13］尼布尔与自由主义传统的关系，见本书第五章第四节。

［14］ibid. p. 255.

［15］Charles C. Brown, *Niebuhr and His Age*, p. 59.

［16］ibid. p. 96.

［17］尼布尔和马克思主义的关系在本书第五章第六节专门介绍。

［18］参见 Daniel R. Rice, *Reinhold Niebuhr and John Dewey: An American Odyssey*, Albany, State University of New York Press, 1993。

［19］在耶鲁神学院的众多教师中，自由派经验主义神学家麦金托什（1877—1948）对尼布尔的影响最大。麦金托什的努力方向是把詹姆士的经验主义与基督教联合起来，他认为，宗教真理的标准并不是《圣经》或教会教义，而是人们的经验。

［20］尼布尔的学士和硕士论文都是在麦金托什的指导下完成的。学士论文准备期间，他阅读了威廉·詹姆士的《宗教经验种种》、《实用主义》等著作。他的硕士论文是《基督教对不朽观念的贡献》。

［21］见 Niebuhr, *Does civilization need religion?* 一书以及本文下一节的分析。

［22］威廉·詹姆士，《实用主义》。

［23］James Gustafson, *Theology in the Service of Ethics: An Interpretation of Reinhold Niebuhr's Theological Ethics*, 载于 *Reinhold Niebuhr and the Issue of Our Time*, p. 36.

［24］Reinhold Niebuhr, *Beyond Tragedy*, p. 20.

［25］Reinhold Niebuhr, *The Nature and Destiny of Man*, vol. II, p. 63.

［26］尼布尔的传记作者 June Bingham 正是着眼于他的这一特点，将自己的著作命名为《变革的勇气》(*Courage to Change*)。

［27］Ronald H. Stone, *Reinhold Niebuhr—Prophet to Politicians*, p. 10.

［28］基督教现实主义并不始于尼布尔，而是始于麦金托什（D. C. Macintosh, *Religious Realism*）和霍顿（Walter Marshal Horton, *Realistic*

Theology)所倡导的宗教现实主义或称现实主义神学。但无可否认,尼布尔是这一运动的最杰出代表,以至于提到基督教现实主义时,人们首先想到的就是尼布尔。这一运动的另外重要代表人物为本尼特(John C. Bennet)和兰姆赛(Paul Ramsey)。

[29] Reinhold Niebuhr, *Christian Realism and Political Problems*, p. 119.

[30] Reinhold Niebuhr, *Moral Man and Immoral Society*, p. xxiv.

[31] Reinhold Niebuhr, *Christian Realism and Political Problems*, p. 120.

[32] *Reinhold Niebuhr—Prophet to Politicians*, p. 132.

[33] Hans Hofmann, *The Theology of Reinhold Niebuhr*, p. 13.

[34] William John Wolf, *Reinhold Niebuhr's Doctrine of Man*, 载于 *Reinhold Niebuhr—His Religious, Social and Political Thought*, p. 307.

[35] Reinhold Niebuhr, *Faith and History*, p. 152.

第二章

尼布尔的人性理论

尼布尔的伦理学突出强调个人和群体的道德差异。他曾一度相信道德只存在于个人生活中，存在于个人与个人之间；群体，不论是组织严密的团体或集体，还是关系相对松散、缺乏统一组织的人群或社会，都只具有自然属性而没有精神属性，缺乏道德能力，不能作为道德考察的对象。尼布尔对群体的道德评价后来有很大修正，他承认群体可以同样具有道德能力，但仍然坚持个人和群体作为道德主体的巨大差异。尼布尔的伦理学因此可以分为两个部分：对个人的道德考察和对群体的道德考察。前者可以称为尼布尔的个人伦理学部分，后者可称作他的社会伦理学部分。

尼布尔伦理学两部分的分法有伦理学传统上的依据。传统上一般把伦理学分为社会伦理学和个人伦理学两部分，这是因为人同时具有社会性和个体超越性两种性质，伦理学因其考察的角度不同而有不同的内容和结论。有人反对把个人伦理学独立出来的做法，认为所有的伦理学都应是社会伦理学，因为作为道德行为者或称道德主体（agent）的个人从本性上来说是社会性的，人不能离开他人、脱离社会而存在，人的存在只能是与他人共存，人并不具有最终的个人性（privacy）。这种说法强调了人的社会性特征，具有一定的合理性，因为当一个人行动时，他的所作所为必然会影响到他人，他的选择和决定必然产生一系列社会后果。而且，一个人的行为不可避免地受到他所置身其中的社会以及他所接受的历史传统的影响。此外，人很多时候是作为某个群体的一员或代表而不只是单独的个体来完成其道德行为的。上述三方面的理由为人是社会性的存在的观点提供了充分的依据。但所有这些事实并不能证明全部的伦理学都只应是社会伦理学，也不能表明个人伦理学和社会伦理学之间的传统的区分不重要或无意义。

人处在与他人的关系之中，人与人之间相互联系相互影响，这是生存的基本需要，也是人所共知的基本常识。这可称作生存的水平维度（horizontal dimension）。同样不可否认的是，每个人不管与他人的关系如何紧密，不管如何依赖于社会，他同时又都是独立、惟一的个体，有自己独立的意识和权力（power），能够借助于精神和意志的自由超越既定的行为规范和社会模式，实现自我，完善社会，推动历史发展。这可称作生存的垂直维度（vertical dimension）。很难说这两个维度哪一个更在先，哪一个更基本，可以肯定的是生存的垂直维度为个人伦理学的存在提供了依据。个人伦理学和社会伦理学不能截然分开，但二者关注的重点毕竟有所不同。社会伦理学将目光集中于群体行为和社会制度、社会结构，而个人伦理学则把目光集中于单个的行为者，即个人，它关注的是个人的道德自律、品德的形成、德性的培养，等等。它与所谓德性伦理关注的角度、研究的范围基本一致。个人伦理学同样也关注人与人之间的关系，关注个人与他人相遇时的态度和行为，与社会伦理学不同的是它所关注的主要是个人与个人单独相遇时所做出的道德反应，这种道德反应一般不需以社会制度和社会群体为中介，而是直接做出的具有一定程度的私人性的反应。换言之，个人伦理学关注的是我作为我自己，我代表我自身的道德行为，而不是我作为群体的一员或代表的行为。在个人伦理学中社会制度和社会结构的因素同样也需要加以考虑，但不是关注的重点。

社会伦理学区别于个人伦理学的最显著特征在于它对人类生存的社会维度的强烈关注，特别是对超乎个人的实体（super-individual entities），也就是具有一定程度的统一性的人类群体的关注。社会伦理学并不把个人排斥于研究范围以外，但它所关注的个人不是一个以独立的个体形象出现的自我，它关注的或者是个人对超乎个人的社会群体做出的道德反应，或者是作为某个社会群体一员、与他所在的社会群体的其他成员采取一致行动的个人。总之，社会伦理学所关注的个人是一种呈现出显著社会性特征的个人。

社会伦理学讨论的问题一般可分为三大类。其一是个人和他所属的社会群体的关系。个人参与到社会群体之中，他的生存和自我实现都必须通过社会群体完成，从这个角度来看，社会群体容纳和帮助了个人，是服务于个人的工具；但另一方面，群体由许多独立的个人组成，作为一个统一体它必须限制有时甚至威胁着个人，以保证群体意志的实现，这样一来，个人和群体就经常处于一种紧张关系之中。社会伦理学的任务之一就在于研究如何协调个人和群体的利益，建立一种社会机制，使它在保障个人自由和维护社会秩序之间保持平衡，避免走向专制或出现无政府的混乱状态。

社会伦理学中的另一类问题是对群体的道德属性的讨论，包括群体行为的社会基础、群体的责任、集体的罪行，等等。群体由个人组成，群体的善恶根源于人性的善恶，否则无法解释群体的善恶从何而来。尽管如此，群体还是有不同于个人的行为特征，而且，融入群体的个人也不可避免地表现出道德上的巨大变化。因为这些缘故，社会伦理学有必要考虑是否根据群体的道德特征制定不同于个人的伦理规范，如何避免群体的暴行，以及有时大到一个国家的群体如何为自己的罪行负责，等等。如果说个人伦理学需要考虑的东西更基本,那么社会伦理学考虑的东西则更复杂。比如关于集体的罪行问题。我们知道,个人的责任随着个人消失而消失,但群体的存在一般远比个人为长,比如国家就是由一代一代的人组成的,如此一来就出现了群体的责任的期限问题,一个国家是否要为上一代人的罪行负责,如何负责,等等。

第三类问题是对群际关系,即社会中的各种组织和团体之间的关系的讨论。社会伦理学需要关注这些群体的确切性质、它们之间的固定界限以及它们之间合作的可能范围和性质,等等。

尼布尔的伦理学对个人伦理和社会伦理同等重视。在个人伦理学部分,他评析了近代以来流行的各种学说在人性理论上的得失,借用基督教神学术语,创制出一套别具特色的人类学理论,探讨了人性可能达到的高度和罪的深度。这是尼布尔全部伦理学说的核心和基础。在尼布尔看来,人性的性质和界限决定了个人道德行为的性质和界限,也决定了群体的道德性质和界限。出于这一看法,尼布尔在考察社会伦理问题时,总是不断回到人类学中来,对对立一方的人性理论进行一番剖析,通过指出它对人性理解的欠缺来证明这一学说或立场的失误。这几乎成为尼布尔的固定套路。

第一节 基督教的人性论

在导言里我们已经知道,伦理学不是一门独立的学科,它是哲学的分支,是对道德问题的哲学思考。它不仅在方法上依赖于哲学,而且它的前提和基础的确定也仰赖哲学。比如对道德功能的认识,确定价值的方法,道德价值和自然价值的关系,道德判断的证明标准等问题都是需要哲学解决的伦理学的基本问题。除此之外,伦理学还需要哲学为它确立一种人性理论,有时甚至是形而上学的宇宙论作为伦理学的基础。事实上,任何一种伦理学说都以一种人性理论为基础,不同的只是有些伦理学说的人性理论比较简略或隐蔽,比如功利主义,有些则相当繁复且系统,比如斯多亚学派、斯宾诺莎的伦理学都是如此。

尼布尔的人性理论也被称作他的神学人类学。这是因为尼布尔对人性理论的表述采用了基督教神学的语言,对人性组成因素的分析也参照着《圣经》进行,而且他的目的之一也是要发挥基督教传统教义对时代的影响。这些特点都使他的人类学在表述和内容上有别于哲学的人类学,但正如他的基督教伦理学区别于一般的基督教伦理学,他的神学人类学同样有这一特点,最主要的原因在于,他以可能产生的后果而不是经典文本为最终的判别标准。他的人性理论换成另外的表达方式未必会更有力,[1]但肯定会更清晰。

尼布尔对一代神学风气的改变是从对人性论的阐发开始的,他对当时流行的各种学说的人性理论,包括基督教各派神学,持否定批判的态度,对这些学说影响下的社会现实忧心忡忡。在尼布尔看来,人类自我的迷失以及现实潜藏的巨大危机与自然科学的发展密切相关。文艺复兴以来,科学的发展使人类对自然有了进一步的了解,对自然的依赖性也不像中世纪以前那么强烈。人类因对自然的认识和征服而萌生出一个假象,以为对自然认识的深入同时也意味着对自身认识的深入。这种信念并不全错,就人是一种生物性的存在,人的身体是自然的一部分而言,科学的确帮助人进一步认识了自己。这是一种前所未有的成就,成就之巨大甚至使人隐隐生出人即将脱离自然,可与自然分庭抗礼的期望。但另一方面的情况没有如此乐观,因为自然科学的发展不能替代对人的处境、价值和德性的认识。相反,由于盲目崇拜科学,无限夸大科学的效力,把历史发展和道德进步混为一谈,对人自身的认识却比科学兴盛以前更混乱。仔细分析现代文化中的人性理论,就会发现它们或者自相矛盾,或者与历史事实,尤其是与现代历史事实不符。

科学的发展对人性理论的影响也由科学与宗教的关系而来。不论宗教学家如何尽力拉近科学和宗教的关系,科学与宗教的冲突是不争的事实,科学发展的早期尤其如此。长期以来,人们已经习惯于科学的步步推进,宗教的节节退缩,缺乏科学和历史事实支撑的宗教终于连它的人性论一起为现代人所淡忘。在尼布尔看来,这是宗教自身的失误造成的,责任在人而不在科学,但不管怎样,失去来自信仰的对人性的洞见,这确是现代人的一大损失。现代社会的危机由此产生:一方面,科学使大规模的社会组织成为可能,也就使大规模的社会冲突成为可能;它在提升生活的同时,也扩大了人的破坏力。另一方面,由于丧失了来自信仰的洞见,沉浸于历史进步梦想的现代人对于人性的危险毫无所知。对此,一个生动的比喻是,一个不懂事的孩子却手握利器。

指出流行学说的种种失误,为的是推出尼布尔自己的理论。它们之间的优劣可由尼布尔提出的两个否定性(negative)的标准加以判别:衡量一种人性理论正确与否,一是看它是否违反逻辑,一是看它是否符合事实。标准是同一的,任何理论,不管它来自哪里,都可以同等判别,不会因它来自信仰或来自科学而有所不同。

不但如此,尼布尔还提出,任何一种人性理论的基本前提都是一种假设。例如,古希腊以柏拉图和亚里士多德为代表的理性主义和以德谟克利特为代表的自然主义的人性论都以形而上学的假定为前提,而基督教的人性论以超自然的信仰—上帝的作为和启示为前提。这样,基督教人性论和其他学说之间的比较,是同为一种假设的人性论根据同一标准进行的比较。至于信仰和理性的关系,尼布尔认为,"一方面,宗教信仰不能与理性冲突,也就是说,意义的终极原则不能与理性的融贯(coherent)原则相冲突；另一方面，宗教信仰也不能隶属于理性，接受理性的判断。"[2]

基督教人性观的信仰前提可表述如下：基督教相信一个创造世界的上帝。上帝不只是赋予无形的质料以形式的心灵，他同时也是生机（vitality）和形式（form），是一切存在的源泉。世界因上帝而存在，世界并不是上帝，但既然世界是上帝创造的，世界本身是好的。基督教的创世说和拯救说都强调人是肉体和精神的统一，人并不因为自己的自然属性和有限性而有罪。

基督教人性观的一个特点是强调人必须从上帝的观点去理解，因为人具有"神的形象"。作为上帝的最后启示，基督既启示了上帝的品格，也启示了人本质上的性格，即人只能在上帝里面才能找到自己的真实规范。基督教信仰认为，上帝既是绝对超越的，同时又与整个人类历史息息相关。上帝的超越性和与人类历史的相关性为基督教人性论提供了依据，它使基督教人性论既避免了赋予现世的有限存在以永恒绝对价值的妄尊自大，又不致因此而走向否定世界和人生的意义的虚无主义。

在此前提之下的基督教人性观可归纳为三个基本方面：首先，人有神的形象，强调人的精神的自我超越性；其次，人是被造者（creature），强调人的有限性和依赖性。基督教之外许多人性学说开始时往往也承认这两点，但随着理论的展开而终于把握不住二者之间的平衡，最后或用自然依赖性取消精神自由，或用精神自由概括整个人性。基督教把人视为这两方面的统一体，而且能够坚持始终，知道即使"当人处于最高的精神地位时，他仍然是一个被造者；而即使在他自然生活的最卑劣的行为中，他仍显示出若干神的形象。"[3]

人同时秉有自然和精神两方面的性质的后果之一是他必然犯罪，这是基督教人性观的第三方面。和希腊哲学传统不同，基督教不把人的肉体和有限作为罪的原因，而是从人格的最深处理解罪,认为罪存在于人的意志里。正由于此,人对于罪责无可推托,所以"基督教有一颗不安的良心(uneasy conscience)。只有在基督教信仰的立场上,人不但能了解罪恶的真实性,而且也可避免将罪恶归于别的事物而不归于人本身的错误。"[4]

尼布尔所述基督教人性观的三方面皆来自《圣经·创世记》,基督教神学各派在这里都基本一致,尼布尔的创见在于他对这三方面的重新诠释。

人有神的形象 《圣经》里所谓人有神的形象当然不能理解为人和神容貌相似,因为神是没有形象的,这一点十分明确,不同的只是形象作何解释。因为神的形象是人有而动物没有的,所以只要解释为人独有的具有正面价值的特征或能力即可符合。神学里也因此而说法不一。不过一般解释为人有和上帝一样追求公义的品格。尼布尔采纳的是奥古斯丁的解释,把神的形象理解为人的精神的自我超越能力。按思维对象的不同,尼布尔把意识分为由低到高的三个层次:最初级的是超越自然过程的意识。在这一层次,人能够脱离自然的限制,置身于自然过程以外,通过制造和使用工具使自然对象化。这一能力把人和其他动物区别开来,所以,一般由此来定义人。第二个层次是构成一般概念的意识能力。这种能力使人不但能够超越自然,还能够超越包括人类历史在内的整个世界,使世界对象化。凭借这种能力,人创造了历史和文化。最高层次的意识是自我意识。在这一层面上人不但能站在自然和世界之外,还能够站在自己之外,以自己为思考对象,自我的概念由此诞生。因为自我意识能够不断超越既定的思考对象,把思维层层推进到更抽象更深入的层面,所以在这一层面上人能够直接面对自由、永恒和无限。尼布尔把思维的这种无限超越能力称为精神(spirit),并认为前两种意识能力都可统摄于精神,是精神的不同侧面的表现。基督教神学认为,精神的自我超越能力意义重大,只有通过它有限的人才能思考、认识无限的神。自然中不存在无限，而人的精神竟可以达到无限，它一定来自神，是神的形象无疑。

"精神的超越性"是尼布尔神学人类学中的重要概念，他以此来解释"神的形象"、"原罪"、"原义"等神学概念。在他的著作中，自我超越、绝对自由、神的形象和精神的超越性意义相同，[5]可互换使用。考察尼布尔对这一概念的使用可以看出，所谓精神的超越性，并不是不同于理性的另一种意识形式，它指的其实是思维的不断抽象能力，实际上仍然是一种理性的能力。

但这种认识上的能力其意义远远超出认识领域，而与人的道德实践和信仰领域相关。尼布尔认为，基督教人性观坚持必须从上帝的观点来理解人，原因即在于精神的超越性。精神的超越性赋予人以意识上的绝对自由，任何以有限的存在为对象的学说或信仰都不能满足精神对无限的渴求。基督教所谓的偶像崇拜，就是错把有限存在当作无限之物。尼布尔把偶像崇拜归纳为两种形式：其一是把某种特殊的自然或历史的生机中心当作生命的意义的核心，比如对部落、民族或国家的崇拜；另一种是把一种"次要的意义与融贯原则"当作生命的终极原则，比如解释人生的自然因果说和各种理性原则说。自然因果说以自然界的因果关系来统摄世界的意义，这种以机械系统解释世界的方法必然无法理解人类的精神自由，从而导致精神的沦丧。以理性原则为终极意义原则其错误较为隐蔽，但仍然落于偶像崇拜的结局，因为"超越自身的心智绝不能合理地使自己成为解释的终极原则，并以之说明心智与宇宙的关系。人之超越自己这一事实，必使人去追求一个超越世界的神。"[6]因此，如果没有信仰提供的对无限者的假设，"人类若要逃避偶像崇拜，就只有否定人生和宇宙了"[7]。

人有神的形象一说对基督教伦理影响很大，它从信仰和神学上确定了人的地位，规定了人与自然的关系，肯定了人的价值和尊严，基督教的许多道德和法律主张的依据直接来源于此。人有神的形象在尼布尔的伦理学中地位同样重要，它对应于尼布尔学说中的最高伦理规范"牺牲之爱"。正是由于神的形象是人不可丧失的基本方面，所以尽管牺牲之爱在历史中不可能实现，尼布尔还是坚持把它作为最高道德要求。

人是被造者 人有神的形象，这是人与神的共同之处，但人同时又是被神创造出来的，是被造物，这是他与动物的共同之处，也是基督教人性观的第二方面。人是被造者强调了人的有限性，人受到来自自然和社会两方面的限制，无时无刻不处于有限性的束缚之中。从出生起人就带着自然的烙印，受到诸如种族、血缘、自然生存的种种需要的限制。人必须"终身劳苦，才能从地里得吃的……必须汗流满面才得糊口"。不仅如此，人的结局也被注定，他"来自尘土，必将归于尘土。"[8]真够悲惨的。可以见得，在自然生存层面，人虽为动物的管理者，但和动物并无根本的不同，不同的只在于人有精神，知道自己终生劳苦，到头来不免一死。这都是人的有限性的明证。

人的一个自然倾向是不满意于有限性，把有限性和负面价值联系在一起，进而把有限性视为罪恶的原因。出于两方面的理由，尼布尔坚决反对这种观点。首先从神学的角度看，尼布尔认为，基督教信仰一贯的宗旨是并不把人的自然性和有限性视为罪恶，因为人的生命的有限性、依赖性以及世界的种种缺陷都来自上帝的创造，若认它们为恶，则恶从上帝来，这当然是信仰所不能接受的。从人的立场来看，生命和世界的残缺当然不好，但从上帝意志中的整个创造计划来看，它们并不为恶。所以《圣经·创世记》记载说，在完成创造世界的工作之后，"神看着一切所造的都甚好。"[9]不以有限为罪恶的原因同样也有道德上的考虑。因为如果认定如此，将会降低人对罪恶的责任，减轻人的负疚感。

尼布尔认为，甚至肉体的死亡也不能理解为罪的结果，因为按照《圣经》的主要观点，肉体的死亡只为表明上帝的威严和人的软弱之间的差别。肉体的死亡本是人的自然有限性的必然结果，是人来自尘土的应有之义，不是上帝对人的罪施加的惩罚。[10]

基督教人性观强调身体和精神的统一为其个性（individuality）观胜于其他学说的个性观提供了可靠的前提。尼布尔认为，个性是身体和精神统一。自我之存在必先以我的身体的存在为基础，身体的特殊性为自我的确立提供了最初的条件。我首先因种族、血统、出身等一系列的自然特征而和他人有所区别。"自我与自我间的差别，首先在于维持各自生存的物质性的有机体之间的差别，以及每个人过去的特殊的历史间的差别。"[11]身体的特殊性为个性提供了基础，但不是全部，个性的更大部分来自精神。由于精神的超越能力，人能够在诸多自然冲动之间自由选择、组合，所以即使在相同的自然环境和相似的遗传条件下，人们之间仍然可以表现出很大的差异。相较于其他学说，犹太－基督教的个性观更能理解人的个性差异，并为肯定和保持个性的意义提供了条件。

个性观的优势是尼布尔为基督教辩护的又一重要理由。尼布尔以偶像崇拜之由已经排除了多种信仰体系，但除此之外仍有许多信仰或学说像犹太－基督教一样避免了以有限之物为价值核心的错误，它们和后者的区别在于它们的个性观上的失误。比如，斯多亚学派以及佛教等东方神秘主义正是因为忽略了这一点，所以在最后不加分别的神秘的同一境界中丧失了自我。[12]

为强调身体和精神的统一的确是《圣经》个性观的主要观点，尼布尔以《新约》中耶稣的复活为进一步的证据。与创造论的立场一致，耶稣的复活从另一个角度说明了精神与肉体的合一，因为福音书的记述表明，耶稣的复活不仅是精神的复活，而且还是肉体的重生。基督教相信，耶稣的复活指明了人最终的命运,所以按照基督教的理想,人的获救不是使人的个性消失于普遍性之中,而是自我意志服从神的普遍意志,所以"基督教的理想不是否定自我,而是实现自我。"[13]

基督教人性观的前两个方面说明了人的基本处境,但这是人的自然处境,没有道德属性。人的处境的双重性之后果"人是罪人"是人性观的第三方面。因为罪的出现,人从自然状态中脱离出来,道德性质和道德问题因此才有意义。所谓罪是道德的前提的说法意义即在于此。

第二节 罪从何来：论人为罪人

尼布尔常说,基督教对人性看得更高些,也更深些。看得更高些是因为基督教相信人不仅是人,他还兼有神的形象；看得更深些是因为基督教不回避人的罪性,相反却把罪视为人生的常态。这是基督教区别于所有其他信仰、学说的特异之处,它对西方文化的形成和西方人的文化心理结构有极为深刻的影响,同时也是基督教神学的一个主要话题,诸如拯救、称义等一系列神学、伦理学问题莫不与此相关。

近代以来,人本主义运动不断高涨,它们颂扬人的尊严和伟大,肯定人的世俗生活,提倡理性自决和个性解放。实际上,重视知识,崇尚理性已经成为这一时期的时代精神。人本主义运动把人从宗教的长期桎梏中解放出来,对中世纪以来基督教神学贬抑和蔑视人的态度起了纠弊的作用。但是正如尼布尔所说,由于人本主义要反对的对手过于强大,所以它总是不自觉地夸大原来的立场,以增强它的批判力度。人本主义影响所及,科学昌明,社会发展,宗教对世俗生活的影响日趋低落,基督教关于原罪的教义也越来越成为被遗忘的话题。相信历史进步,相信科学的发展可以解决一切社会问题成为这个时代的共同信仰,这种乐观情绪甚至感染了基督教神学。19世纪以来影响广泛的新教自由主义就把历史视为一步一步地克服罪恶，逐渐建立上帝之国的过程。

前面我们说过，贯穿于尼布尔思想发展的一条线索是他与自由主义，特别是新教自由主义的关系。尼布尔走出耶鲁神学院时还是一个典型的自由主义信徒。一战后的社会和文化危机以及尼布尔本人的"底特律经验"使他从自由主义的乐观态度，尤其是饶申布什领导的社会福音运动对历史进步和人性完满的乐观信念中摆脱出来。尼布尔渐渐发现自由主义的乐观主义的失败根源在于它的人类学。它缺乏对人类生存的罪恶的理解，它的完美主义倾向没有考虑到植根于人性深处的罪的力量。而在基督教原罪理论的传统教义那里，尼布尔发现了"为现代人所遗忘的永恒真理"。从此以后，他以重新焕发基督教原罪论的影响，唤起人们对罪的敏感警觉为己任，并以此作为对治现代文明的弊病，恢复基督教本应具有的独立于时代的文化氛围的批判精神的重要手段。人们普遍认为，尼布尔对基督教神学的最大贡献在于他的人类学，而对罪的阐释是他人类学中最具特色的部分。

尼布尔的思想，尤其是社会政治主张变化多端，早期对待问题的态度到了晚期会出现截然变化。但他关注的对象以及思想的核心其实变化不大。对基督教原罪观念的重新阐释及其人类学思想的充分展开始于20世纪30年代中期的《基督教伦理学释义》，完成于30年代末40年代初的吉福德讲座时期，这也是他政治哲学发展的第三阶段，即以基督教现实主义批判自由主义阶段。在他思想发展的最后一个阶段，即实用主义—自由主义阶段，他的政治观点开始趋于保守，从对马克思主义所预言的社会革命的期待和对资本主义的批判，转而拥护美国式的资产阶级民主制度及经济政策。但在尼布尔晚年思想的代表性著作《人类的本性及其社会》里，尼布尔明确承认，与以前相比，他只是在语言使用上有所变化，以回应来自基督教神学界之外的政治哲学家们的批评，他对人性的分析和立场没有改变。他仍然认为《伦敦文学时报增刊》(London Literary Times Supplement) 的评论，"原罪观念是基督教信仰中惟一可被经验证实的教义"是正确的。[14]由此可见，从其思想的成熟时期一直到晚年，尼布尔对人性的基本分析，对精神自由、原罪、牺牲之爱以及神的拯救等问题的看法没有根本变化。[15]通过表明基督教传统教义与人类的现代困境的相关性，尼布尔完成了他的护教工作。他成功地向现代人表明，基督教对人类处境的分析依然具有深刻的启发意义。他对基督教人性观的传统教义中被忽略因素的重新发现给现代人以深刻的印象。20世纪人类历史的发展已经表明，他对自由主义的批判很有见地。

对人性的可能限度的充分认识是现实主义伦理学的基本要求。从30年代开始，尼布尔对国内和国际的许多社会政治问题都有过精辟分析和准确预见，而这首先来自于他对人性的深刻洞察。对人的罪性的深入了解也使尼布尔对现实中潜伏的危险至为敏感。借助于他的罪性理论，尼布尔能从一般分析家不敢想也想不到的细微之处发现罪恶的阴谋之网。比如，他是最早认识到国家社会主义和斯大林主义的意识形态里的专制主义因素的人之一。对于尼布尔，原罪论发挥了显微和望远的功能，他对现实的分析和对未来的展望几乎从未沾染过一丝盲目乐观的色彩，与最终的结果相比，有时他的分析预测的确显得过于谨慎。所以这一部分也一直是他的思想中最具争议之处。许多人都批评他对人性的看法过于悲观，他也因此被称为悲观主义者。通过分析可以看出，对尼布尔的这种批评很多出于对他思想的误解，或是由于只看到了他对人类行为的各个层面的罪的强调，却忽略了他对人类互爱的无限可能性的信念。

造成这种误解也有出版方面的原因。因为集中分析人类之罪的《人类的本性和命运》上卷首先出版，而分析爱与正义的下卷于两年后才出版，而且影响也不如上卷。尽管把尼布尔定义为一个悲观主义者失之片面，但从这一侧面我们也可看出尼布尔对罪的严重性的强调十分成功。

罪的产生 《圣经》从宗教和道德两方面说明罪。从宗教方面来说，罪是人违背神的意志，企图僭越神的地位，以自己为神；从道德方面来说，罪是不义（unrighteous），是人以自我存在为中心，将别人置于自己的意志之下。基督教神学相信，宗教的罪和道德的罪同出而异名，宗教的罪是道德之罪的根源，道德的罪是宗教之罪的延伸。尼布尔认为，罪是人一方面限于自然的有限之中，另一方面又具超越世界和自我的精神自由这两种因素的必然结果。

尼布尔分析说，人兼有自然有限性和精神超越性，这使他在自然中的处境与众不同。我们看到，动物和人一样是有死的，但它们从不为此忧虑，因为它们永远也意识不到自己的处境和必死的命运。众生之中，普天之下，只有人才能够预知自己处境的危险，"人所知道的超乎他所处的自然环境，他常以全局来体会当前的形势。"[17]尼布尔把人的这种处境称为"自然和精神的交汇"。根据《圣经·创世记》所述，人类的始祖亚当夏娃是在蛇的挑唆劝诱下和神产生了疏离，完成了人类最初的堕落。基督教神学把蛇解释为魔鬼的工具和象征。尼布尔认为，如果不是出于蛇的恶意曲解，人的处境本身并不构成诱惑（temptation），不足以成为亚当夏娃堕落的原因。《圣经》的故事表明，在人犯罪之前世界已经出现了不和谐，有了邪恶的存在。至于邪恶存在的原因，《圣经》没有进一步说明。尼布尔认为"堕落的故事里缺少一个充分发展的撒旦论"，邪恶的预先存在意味深长。

蛇的引诱为人减轻了一些责任，但人却不能以此为借口原谅自己，因为诱惑并不必然导致罪。诱惑是人面对的客观事实，对此事实的主观反应是忧虑（anxiety）。尼布尔以爬上桅杆的水手为喻，描述忧虑之所由来。桅杆上的水手所闻我见超越一己之限，似可与无限天际相接，但身下的万顷波涛却又不断提示生命之脆弱。如此上穷碧落，下临深渊，实在是不忧虑也难。人的忧虑似乎与生俱来，而且没有止境。他总是不停地为衣食生计、功名成就而忧虑，他忧虑自己，也忧虑他人，忧虑今生，也忧虑身后。正所谓"人生不满百，常怀千岁忧"。他也知道忧虑不能"使寿数多加一刻，使身量多长一寸，"但还是不能免除忧虑。忧虑使人不安，但忧虑本身也不是罪，因为忧虑可以凭借信心澄清，"我们可以因相信上帝之爱中的最终安全胜过自然与历史中的不安"[18]而趋向于不犯罪。忧虑之不是罪也可以从它同时是创造性和破坏性的基础看出来，"人之忧虑有两方面的原因：一是因为他虽然是有限的和依赖的，但他的有限性和依赖性尚不至于使他昏聩到不知道自己有限的地步；忧虑的另一个原因是因为他不知道自己的可能性的限度。他不能以为自己所做的已经臻于完全，因为他的每一成就都预示出更高的可能性。人的一切行为都预示着似乎无限的可能性，尽管其中无疑有一定的限制，但我们却不能从我们的有限见解去窥探它们。所以在人类的每一种活动范围内，没有什么是我们可以安然接受的成就。"由此而论，忧虑本身不但不是罪，把握得好，他还是创造的动力。忧虑之转化为罪是因为人的意志选择了悖逆上帝之路，他"企图将无限的价值赋予人生的有限与偶然"，[19]只有这种行为才是由忧虑而生的罪。

忧虑产生罪的根源在于人虽是有限的，但精神的自由却使他能够不断超越有限，在一定程度上领悟到整体，他的错误在于狂妄地以为自己就是他所领悟到的整体。如果这仅仅是一种过度估计自己能力的行为，那还只是认识上的错误，与信仰和道德无关。尼布尔强调说，这种行为之罪在于里面实际上含有故意欺骗的成份，"人无限地爱着自己，然而他有限的生存不值得这样忠贞，所以，为使他的忠贞站得住脚，他就必须欺骗自己。"[20] 人何尝不知道自己的有限，他深知生命短促，世事无常，功业盖世终不免身名俱灭，也知道他的知识只是相对的，他的种种努力总面临空虚无意义的深渊。他亟须克服不安，战胜忧虑，又不得其门而入，所以就"故意无知"，"违反上帝为人定下的界限"，欺骗自己相信他有限的生命和事业有绝对、无限的价值；他既然相信自己是生命意义的中心，于是"牺牲别人以求自己安全"[21] 也就顺理成章。《圣经》里记载人悖逆上帝于前，随后马上就有夫妻反目，兄弟相残，可见两种行为关系紧密。前一种行为是宗教意义上的罪，后一种是道德上的罪。二者的共同之处在于都以自我为中心。

可以看出，尼布尔对罪的产生的分析是一种生存论的方法。所谓生存论的方法指的是"以具有生存的种种可能性的单独个人为起点分析人类的处境的方法"。尼布尔没有沿用传统的方法，把罪的产生解释成由亚当夏娃所创作的历史事件，认为人类之有罪是因为遗传了始祖的罪。尼布尔批评说，原罪的遗传说否定了人的自由意志，削弱了人对罪应该承担的责任，而且这也是现代人不可能接受的解释。尼布尔把整个《圣经》看做一部神话，既然是神话，就不能当作历史事实，而是应该从生存论的角度加以解释。只有这样，才能超越神话的前科学的局限，把握神话背后人们奉为神圣的对生命和超越性的理解。

尼布尔认为，《圣经·创世记》里的堕落故事实际上是我们每个人命运的象征性写照，就我们每个人都处于"自然和精神的交汇"而言，我们和始祖亚当面临着同样的诱惑。

在解释罪的来源时，尼布尔对人类的精神状态的描述，对诸如"忧虑"、"不安"的强调，容易使人以为尼布尔把人类的本性还原成了心理学的特征。对此，T. 麦纳玛（Theodore Minnema）

辨析说，这些词汇的确经常出现于心理学著作，但尼布尔对它们的运用却不是按照心理学的方法。心理学一般是把"忧虑"、"不安"等情感作为经验对像进行描述和分析，而尼布尔对它们所做的分析超出了这些情感的经验内容，指向了生存论的维度。心理学研究人类意识里的情感内容并使之概念化，生存论研究人类意识的情感内容的目的是找到人性里不能概念化的终极维度。[22]

罪的表现 尼布尔分析了罪的产生，认为罪是人为了掩盖自己的有限性而"故意无知"，欺骗自己和他人，以无限的价值赋予有限的生存，从而在宗教的意义上产生僭越之罪，在道德的意义上产生不义之罪。罪根源于的生存处境，是人性基本结构的"必然结果"，这表明人的处境之危险和罪之顽固。基督教以罪为人生常态，不仅在于罪根的难以拔除，还在于罪责形式多样，变化万端，隐身匿形于人的一举一动。忧虑诱使人几乎发自本能地逃离处境的尴尬，而单凭人自己的能力只可能有两种选择：或者无限夸大精神的超越能力，以掩盖自己的有限；或者索性放弃精神自由，沉浸于生命的有限过程中，以"故意忘却"自己的有限。前者落于"骄傲"（pride），后者落于"放纵"（sensuality），[23]这是罪的两种基本形式。然而究其根本，放纵之罪也可以归于骄傲，因为放纵是对生命过程的"有限价值做无限崇拜"。放纵和骄傲的纠结进一步增加了罪的复杂性，同一行为，比如情欲或醉酒，有时可以表现为放纵，有时可以表现为骄傲。可以看出，这两种罪的产生都是因为未能正确处理人性里的两种因素，在强调一方的同时忽略了另一方的存在，以忽略一方的方式消除有限性和无限性之间的矛盾，借以掩盖生存的忧虑，逃避真正的自我。

与纵欲相比，骄傲更为基本，因为纵欲也是从骄傲来的，骄傲的危害也更为严重。纵欲之罪表现比较明显，也更容易受到人们的指责，社会的批判。骄傲之罪有时表现得相当明显，有时则十分微妙,难以辨察,需要仔细分别。尼布尔把骄傲分成四种形式,分别是(1)权力的骄傲(pride of power),(2)知识的骄傲(pride of knowledge),(3)德性的骄傲(pride of virtue)和(4)精神的骄傲(pride of spirit)。这四种形式的骄傲在人类的实际行为中缠结交叉,无法截然分开,同一种行为往往表现出几种形式的骄傲。

(1)权力的骄傲 与权力相关的骄傲可分为两种,一种是已经获得权力的人所表现出来的骄傲,另一种是由那些正在追逐权力的人所表现出来的,它们的共同特点是把权力视为获得安全的根本保证。前一种骄傲是在有权势的人那里可以经常见到的自以为是、自命不凡、妄尊自大、唯我独尊,以为凭自己的能力足以应付一切自然变迁、世事变幻,"他不知道生命的偶然性和依赖性,他相信自己就是生存的主宰、价值的裁判者和命运的支配者"。[24]权力既成为他生命的意义,保有权力也就变得无比重要。他比别人更知道权力的价值,担心一旦失去权力将变得一无所有,于是本来使他获得安全的权力现在带来的是每时每刻的不安。因为每一人都是权力的潜在争夺者,所以他把每一个人都当作自己的敌手。这进一步加重了他的不安。巩固权力的最好手段是获取更多的权力,这种信念又驱使着他不断侵略别人,扩张自己。这是一种典型的暴君式的人格。

后一种骄傲是在那些尚处于进取阶段的社会阶层身上所特别表现出来的对权力的过度热衷,"自我觉得不够安全,于是攫取更多的权力以获得安全。他因感觉自己尚未受到足够的尊重和畏惧,所以在自然和社会中寻求自身地位的提高。"[25]可见,权力的骄傲不是那些身居高位者的专利,它同样沾染了那些在权力斗争中暂处下风的人,以及那些尚且没有权力的人。在历史中我们不止一次地看到来自社会底层的人们的暴虐,他们对权力的高度热衷不亚于其他任何阶层。

尼布尔认为，后一种骄傲是现代文明中最显著的一种罪恶，这种求权意志（will to power）的扩张几乎成为这一时代的精神特征。它不仅表现在现代人的社会关系上，还特别表现在人与自然的关系上。求权意志的扩张改变了现代以前人与自然之间的和谐。人依赖于自然，同时又主宰、管理自然的古典观念一下子被人征服自然、占有自然的现代观念所取代。有两种更基本的观念影响了人与自然的现代观念。现代社会以人作为世界的核心，把自然看做满足人各种欲望的资源仓库，以为万物皆备于我。另一方面，他把生存的忧虑转移到人与自然的关系上，把积聚财富作为获得安全的保障，于是就有对自然资源无休止的掠夺和无止境的开发，结果是他所占有的自然资源远远大于他的自然需要。资本主义初级阶段资产阶级表现出来的自私贪婪正是这种求权意志的极度膨胀。

尼布尔常说，动物从不攫取超过生存需要的资源，只有人才会越过自然的限制，把生存意志一变而成权力意志。这一方面表明了精神的超越性，一方面说明精神的超越性总是不免成为自私的来源。

(2) **知识的骄傲**　　知识的骄傲可以和权力的骄傲紧密相连，因为几乎任何一种社会力量都把带有自己阶级的意识形态特征的知识视为最正确的知识，由此而论，知识绝非人们通常所认为的那样是完全客观的知识。不仅社会历史学科如此，甚至连最逼近客观的科学有时也不免受到来自意识形态的污染，这种情况在科学史上不乏其例。但知识的骄傲不限于此，它有更广泛的意义，因为其实"人类的一切知识都妄以为自己具有超过实际的真实性……以为自己是终极真理。"[26]这种狂妄连以寻求智慧为己任，素以热爱智慧著称的哲学家也不能免。哲学史上一个耐人寻味的现象是有为数不少的哲学家都以为自己的学说是整个哲学的终结。尼布尔认为这种现象一半是由思想家们自知其学说不是终极真理的不安促成,一半是由思想家们意识到他们的个人利益已经和学说混杂在一起的不安良心促成。和权力的骄傲一样,知识的骄傲同样含有故意欺骗的成分。所以,所谓固执己见之固执往往不是来自认识能力的局限,而是来自人惧怕自己被证明为错的不安,否则他也不会拒不接受相反的意见和经验。难怪有物理学家沉痛地宣称,一个新学说被普遍接受,必须等到所有持老学说的人死掉之后才可能。

尼布尔认为,从知识的骄傲里面可以最明显地看出精神的自由和罪、和人的创造性的微妙关系:"如果人不具有能超越其处境的自由精神,他就不会关注绝对真理,不会被诱惑将一己之见视为绝对真理。如果他完全浸没于自然的必然性和偶然性之中,他就会只有自己的真理而不会被诱惑将自己的真理和绝对真理混淆起来。只是那样的话也就根本没有真理了,因为这样一来,个别的事件和价值不能和整体有意义地相连。如果人是完全超越的,他也就不会被诱惑将暂时的必然性和一时的机智视为真理,从而败坏了真理。他也不会去否认他的知识的有限性,以逃避时刻威胁他的怀疑情绪。"[27]

(3) **德性的骄傲** 道德上的骄傲也可以和知识上的骄傲相连。这是因为人们习惯于把所有具有正面价值的事物联想在一起,于是多情地相信美貌的人必定善良,高尚的人必定幸福。那些自以为拥有真理的人同样也倾向于设想自己同时拥有伦理上的美德。但是德性的骄傲不为有知识的人独享,它可表现于社会各个阶层的每一个人,"道德上的骄傲显现于一切自义(self-righteousness)的判断中,判断别人不义是因为别人不符合他的武断的标准。人既以自己的标准来判断自己,所以总发现自己是善的……别人是恶的。"[28]人们虽然未必知道价值判断不同于事实判断的特点,但对这一特点的不自觉运用却达到炉火纯青的境界。所以道德上的骄傲不单可以与知识分离,有时候更可以用来充做被普遍认为知识贫乏的阶层骄傲的理由。常见的说法是，我们无权无势，但我们拥有知识；我们无知无识，但我们拥有美德。

道德骄傲的实质在于人将自己有限的德性看做终极的义，将自己相对的道德标准当成绝对的标准。比起权力的骄傲和知识的骄傲来，道德上的骄傲更有隐蔽性和欺骗性。这就是《福音书》里耶稣严厉批判法利赛人，认为所谓的义人比税吏和罪人更远离上帝的原因；也是路德坚持因信（faith）而不是因善工（good works）称义的缘故。他们无疑看到了合乎道德规则的行为本身的不可靠，知道"德性经常只是隐蔽的恶"，而且，"如果虚荣心不拉着德性一块走，德性走不了那么远"。[29]所以他们着眼于外部行为的内在原因——人的意志，力求从根本上克服骄傲之心。

自义的欺骗性大，危害性也大。历史上无论是种族、国家还是宗教的纷争都与自义相关。我们知道，凡是有人的地方就有道德，道德渗透于社会的每一角落，也深植于社会成员的意识之中。无理由的侵略和公然的掠夺与普遍的道德原则相悖，一般会受到道德意识的抑制，即使最终违反，也总会感到不安，此所谓良心的谴责。个人行为如此，大规模的社会行动更是如此。所以，任何大规模的社会行为必来自他们所相信的道德上的支持或许可，也就是说必须具有他们所认可的道义上的理由。侵略和掠夺，在旁观者和被施加的一方看来绝不会是合乎道义的举动，但侵略者一方不会这么认为，他们已经欺骗自己相信，他们的行为在道德上是正确的。熟悉现代战争史的人对此决不会有异议。

（4）精神的骄傲　　尼布尔对骄傲的揭示层层深入，由最明显的权力的骄傲到比较隐蔽的知识的骄傲和德性的骄傲，直到人性最深处的骄傲，即精神上的骄傲。基督教神学一般用精神特指人认识神、与神沟通的能力，尼布尔在这里沿用了这一用法，认为精神上的骄傲突出表现于宗教信仰中，指的是人借信仰自抬身价，褒贬他人的做法。精神的骄傲是自私之罪的最后隐身之处，必须对其深入辨别,细细分剖才能充分知悉罪的奥秘。

尼布尔认为信仰乃是人的自然追求,是"精神的自然果实"。人正是通过信仰这一意义的核心肯定生活的价值,赋予生命以意义。每个人都有自己的意义核心,因而每个人都有自己的信仰。与其他信仰相比,基督教从根本上排除了人上升为神的可能,把人自比为神视为严重的僭越之罪。尽管如此,人的骄傲还是可以通过种种曲折的途径表现出来,所以,"与其说宗教是人的内在德性对上帝的追求,不如说是上帝和人的自负之间的最后战场"。[30]

通过对天主教和新教的反思,尼布尔表现出一种深刻的反省精神。尼布尔认为,天主教的骄傲主要表现于它的教会论。天主教把教会当作上帝之国,把教会颁定的一切教义都当作绝对真理,到了近代更有教皇永无谬误论,所有这些表明了教会的自比神明,都证明了路德对教会的批判的正确。

天主教如此,新教的情况也不更好。新教固然破除了教会在信仰上的绝对权威,但新教所主张的"平信徒皆为祭祀"的观点为每一个人自比神明打开了方便之门。不仅如此,尼布尔还提醒人们注意隐藏在宗教改革的神学口号背后的权力意志,认为即使连人人都是罪人这样的主张都和宗教改革家们对抗论敌,争取权力的自私之心相连,由此可以见得信仰多么容易成为骄傲的工具。所以,尼布尔说,精神的骄傲没有限制,甚至在上帝面前悔罪都可能成为证明自己比别人更虔诚更纯洁的手段。对骄傲的高深莫测,拉罗什福科也曾感叹说,"骄傲像其他的激情一样有它的古怪之处。我们在承认我们有过猜忌心时感到羞愧,而我们又以有过这种羞愧和能有这种羞愧而感到骄傲。"

我们已经知道,宗教对信仰者的道德意识具有深刻影响,至于这种影响是促进了道德还是阻碍了道德,需要进行分门别类的考察。而且,可以确定的是,考察的结果也只能告诉我们宗教的哪一部分促进了道德，哪一部分阻碍了道德，而不会是一个单纯的肯定或否定。一直以来，与全面否定宗教的道德功能的观点相伴随，也总有一种观点，刻意强调宗教对道德意识的促进，把宗教当作一种彻底安全的道德资源，从而忽略了宗教所隐含的道德危险。现在，借助于尼布尔的分析，我们可以明确宗教所隐含的这种危险：宗教容易带给人们精神上的骄傲，而精神上的骄傲又孕育着知识和道德上的狂妄和固执，从而带来行为上的偏执和不宽容。

我们知道，宗教为信仰者提供了一套基本的价值标准和世界图景，对信仰者而言，这些基本的价值标准和世界图景就是终极真理，是惟一正确的绝对知识。它排除了自己错误的可能，同时也排除了其他信仰正确的可能，所以信仰在原则上是排他、独断的。信仰原则上的排他性当然并不直接导致不同宗教的信徒之间或信徒与无神论者之间的互相排斥，因为几乎每一种宗教都或者是从其他宗教中产生或者必须与其他宗教共生，过于强调排他性不利于自身的生存和壮大，所以那些能够发展壮大起来的宗教在强调自身的绝对真理地位的同时，也对自己的排他性加以适当抑制，强调对异教徒的友善和对敌人的宽容，同时也在教义上约束信徒身上易于滋生的排他行为，为不同信仰的和平共存提供了可能。

但这远远不能完全排除不同信仰之间或同一信仰的不同教派之间的冲突。根据尼布尔的说法，人之寻求信仰，是因为他意识到自己有限性的处境和必死的命运而产生忧虑，为克服这一生存的忧虑，他将自己有限的生命以及生命中的每一事件与作为生命和世界的意义核心的无限者相连，从而获得永恒的价值。这就是信仰的意义。忧虑的克服在于彻底的信仰，通过彻底的信仰，人们获得了生命的意义和安全感，可以亦步亦趋地践行信仰的绝对要求，不论是"登山训众"里的要求还是佛教的"六菩萨行"。

从记载来看，不论哪种宗教，历来不乏信仰坚定，品行高邈，超越世俗之见的信仰者，他们的确成功克服了生存的忧虑，堪称圣徒或得道之士。然而大多数信仰者却没有如此幸运，对他们而言，由于种种原因，信仰的知识远不如生存的压力真切，和圣徒们服务于信仰的生存不同，他们持有的是服务于生存的信仰。彻底的信仰既不可能，克服生存忧虑也就难以实现，这样他依然在不安的阴影中生活。忧虑不能通过信仰而克服，也不会因为没有信仰而忘却，通过扩张权力，广泛占有生存资源，解除生存的物质上的压力，人们可以获得暂时的安全感。但是生存资源毕竟有限，广泛占有必然引起分配上的矛盾，这样冲突也就在所难免。为一己私利巧取豪夺，与人于己都是说不通的理由，做起来总不能名正言顺，理直气壮，这时宗教就成为一个方便、有说服力的理由。人们把自己的利己行为说成是服务于绝对真理、绝对价值的行为，这样，宗教原则上的排他性就和人的自私利己结合了起来。于是以绝对真理的名义，掠夺和镇压就可以公开实施。正是在这样的意义上，尼布尔对宗教提出极为严厉的批评，"最凶恶的阶级统治就是宗教的阶级统治⋯最恶劣的不宽容即宗教上的不宽容⋯最丑恶的自我标榜是宗教上自我标榜。"[31]

应该看到，不论是在历史上还是在现实中，宗教所表现出的这种危险并不罕见，不同宗教或同一宗教的不同教派之间最常见的一种现象就是自诩惟有自己才是正统的，惟有自己与神或绝对真理最接近，"神的形象、标准和正义与自己的道德标准总是比与敌人的标准更接近些。"

宗教对道德意识的这一负面影响是一种潜在的危险，它常常发生，但并不必然发生，否则也就不会出现那些信仰和品德上超凡脱俗之士了。大多数宗教在保持原则上的排他性的同时，也提供了一种对待他人和事实的宗教式的谦卑，它们一般肯定所有的人的生命价值，同时教导信徒反躬自省，不能"只看到你兄弟眼中有刺,却不想自己眼中有梁木"。只有怀有这种谦卑的态度,人们才会保持对经验的开放心理,从而不断去寻找解决道德冲突的新方法。至于那些宣称信其教则得救,不信其教则下地狱的狭隘教义,肯定会导致轻视其所属信仰以外者的生命价值的危险倾向,是达尔文所说的"可诅咒的教义"。

近代以来,越来越多的哲学家致力于清除宗教对人类精神的禁锢,传统的神学教条被视为原始迷信的孑遗并逐渐失去了充当哲学主题的资格。在温和的哲学家那里,信仰的内容被怀疑,在激进的哲学家那里则被批判,甚至被轻蔑。尽管如此,包括斯宾诺莎、休谟、穆勒在内的多数哲学家还是看到了宗教的道德教化功能,肯定了宗教存在的价值。不过需要辨明的是,这些哲学家对宗教的肯定,多是出于当时的社会条件,着眼于现实状况而做出的有限肯定,而非脱离现实条件的纯粹肯定。在他们做出判断的时代,学校教育尚未普及,一般平民的文化素质不高,宗教差不多是他们精神生活最重要的部分,而且很重要的一点,他们承继的是同一种信仰传统。在这种情况下,以信仰行教化就成为自然而现实的选择。如果上述条件有所改变,如果这些哲学家处在教育普及,科学发达,不同信仰共存竞争的时代,相信他们的判断选择肯定也会有所不同。

需要指出的是,精神的骄傲不只表现于正式的宗教上,它还表现于一切不具明显宗教形式的隐蔽的信仰上,因此可以说,尼布尔的分析具有非常广泛的意义。在尼布尔看来,无论哪一种信仰和学说,只要被信仰者当作绝对的真理加以信奉,都具有一种宗教的意义和功能,从而都不能免除精神上的骄傲的危险倾向。如果天真地以为消除了宗教也就消除了精神骄傲的根源,必定受到社会历史事实的批判。试看上个世纪两个大国之间的几欲置对方于死地的对抗,固然出于权力和利益之争,但其中因精神骄傲而来的意识形态因素同样显著。在此过程中,双方都把自己国家的价值观念视为人类的普遍价值，都以为惟有自己国家肩负着人类解放的希望。

从上述的介绍分析可以看出，尼布尔以及基督教所说的骄傲和日常语言里骄傲的意义并不完全一样，前者特指赋予自己拥有的有限之物以绝对价值的错误，而日常语言里的骄傲泛指因自己的某种优势而生的喜悦。所以前者的反义词是谦卑——承认自己的有限和不足，后者的反义词是自卑——因自己不具优势而沮丧。二者的共同之处在于都是通过比较自我与他人的所有物而生起的对自我的肯定。

那么宗教意义上的骄傲是不是就局限于上述四种表现呢？远远不是，实际上，骄傲如此顽固又如此普遍，以至于凡是人所具有的可加以比较的东西都能成为骄傲的原因。如此一来，骄傲的表现就远非尼布尔列举的四种类型所能涵盖了。不仅如此，骄傲之无所不在还表现于甚至存在差别的双方都可因此而生骄傲之心。生活中不乏此类荒诞的对立：有人因自己的知识而骄傲，有人却因自己的无知而骄傲；有人因自己有所不为而骄傲，有人却因自己无所不为而骄傲。拉罗什福科嘲笑说，"有些自视甚高的人使不幸成为一种荣耀，他们想说服别人和自己相信：只有他们才是配得上命运折磨的。"阿Q以为别人还不配有癞痢头就是这同一心理的极端发挥。可见骄傲之强大甚至足以改变人们对一般价值的认识。

放纵之罪　　骄傲之罪在于人以自我为中心，把自己有限、相对的见解如知识、道德、信仰等绝对化，以取代对真正的生命之源的追求，从而导致自我的迷乱和生命的不和谐。骄傲是一切罪恶的原因和核心。与骄傲表现不同的放纵之罪，其特征在于放弃精神自由，沉浸于生命的有限过程，特别是感官享乐中，借以忘却生存的忧虑。放纵之为罪的实质也是骄傲，因为它离弃了真正的生命之源，"对生命的有限过程做无限之崇拜"。与骄傲的一般表现不同，放纵的追求对象是"内在的冲动与欲望"，即感官享乐，其结果是丧失人格的内在和谐。

一般而言，放纵行为表现明显，对个人和社会的危害也明显，容易识别，也容易受到社会的批判和人们的唾弃，所以诸如骄奢淫逸、酗酒饕餮等纵欲行为普遍受到社会习俗的抑制或禁止，多数宗教也把它们视为纯洁生活之大戒。在自然资源短缺、社会财富匮乏的时期，情况更是如此。

在诸多自然欲望里，情欲可说是最引人注目的一种。饮食男女本来同为人类族群自我保存的基本需要，不过饮食是每人每天之必须，因其基本，故人们视为常态，处之自然。情欲则有所不同。首先，它不是每天之必须，而是人到一定年龄以后的自然需要。而且，个人抑制情欲的行为也不致妨碍他的生存。其次，情欲虽为族群延续之必须，但人类的情欲之旺盛远超出繁衍后代的功能需要，与自然界其他动物大不相同，似乎必须以自然功能以外的原则加以解释。[32]另外，情欲是自然欲望中最强烈的一种，其强烈程度足以改变一个人的判断力。而且，情欲之满足总是深刻影响到他人。由于这种种原因，情欲总是一方面特别受到关注，一方面又不被视为如饮食那样的生活常态。人类无疑很早就注意到了情欲的创造性和破坏性共存的事实，所以各个民族在普遍存在的生殖崇拜之外，总是同时伴随有大量的性禁忌以为约束。或许正是由于情欲本身的这些特点，加之受到希腊理性主义重理性轻肉体传统的影响，基督教里历来有视情欲为罪恶的观念，从保罗到奥古斯丁到托马斯·阿奎那都是如此。有些神学家和宗派更发展到把情欲当作首要的罪恶，以至于人们要怀疑这些神学家本身机能上出了问题，出于嫉妒，所以才变本加厉地禁止别人获得快乐。历史上基督教压制自然情欲的态度带来一系列社会问题，也造成心理人格的极大扭曲。

尼布尔认为情欲以及其他自然冲动都属人的肉体性特征，按照他的一贯思想，它们虽然表明了人的有限性，但本身不是罪。而且，《圣经·创世记》通过上帝造男造女的记载，明确表达了不以情欲为罪的态度。笼而统之地视情欲为罪的观念不仅与《圣经》中对情欲的肯定态度不符，而且也容易掩盖情欲背后真正的罪。尼布尔分析说，基督教历史上一干神学大师特别注意到情欲与罪的关联充分显示出他们的目光敏锐，他们的错误在于误把与情欲常相伴随的罪加给了情欲本身。尼布尔认为，由于情欲本身的特殊性质，它往往被自我逃避或自我抬高这两种心理倾向所利用，从而或堕为放纵之罪或堕为骄傲之罪。

同一行为兼有两种罪性在醉酒一事上表现得最为明显。人之好酒贪杯与醉酒之后自我意识的变化有关：一种人（或所有人的某一阶段）酒醉之后对自我的意识迅速增强乃至膨胀，一种人（或醉酒的另一阶段）自我意识逐渐淡漠以致散失。于是有人借酒消愁，拼得一醉，逃避到宠辱俱忘，人我不分的虚无之境，此通常所谓懦夫之醉或隐士之醉；也有人借酒哄抬身价，三杯下肚豪气冲天，无所不能，朦朦胧胧中已成为世界生存之中心，人类精神之巅峰，此所谓英雄之醉或豪士之醉。

与纵欲和醉酒情况相似，人类其他放纵行为也同样可以兼有两种罪性。人类行为中骄傲和放纵的混合使罪的表现更趋复杂，也使人类的自我认知更加困难。尼布尔指出，同骄傲一样，放纵行为里同样也有故意不诚实的因素。

需要特别指出的是，按尼布尔的定义，放纵之罪应远不止于声色犬马一类的感官享乐，任何放弃精神追求，沉浸于生活琐碎的行为都属放纵行为。如此看来，那种自艾自怨、自轻自贱、自甘沉沦、自暴自弃的行为表现虽与一般感官享乐迥然有别，但二者的精神起源、罪性特征却毫无二致。

"顺从肉体冲动的狂乱行为"[33]的罪性无疑十分明显，而且触目惊心，容易引起人们的注意。而历代神学家认识上的失误也使这一问题颇富挑战性，因此也就更加吸引了尼布尔。或许正是这一原因使得他把注意力全部集中于对此类放纵行为的分析，没有提到放纵之罪中上述类型的行为表现，从而也就忽略了虽不直接导致不义但却顺从、纵容不义的一类心理倾向。

罪的理论引发的争论　　在罪的两种类型的表现中，尼布尔一直强调首要的罪在于骄傲，与骄傲相比，不论是在发生的次序上还是在现实的后果中放纵都是次要的罪。而在对放纵之罪的分析中，尼布尔又只注意了其中过度追求感官之乐的行为，对社会底层人群中普遍存在的自暴自弃、不思变革的行为注意甚微。与这种分别、侧重相一致的是他在论述个人的道德行为和社会正义的实现时，一般多着眼于如何利用道德、宗教、社会权力的平衡等因素抑制骄傲之罪，对如何对治放纵之罪没有专门论及。或许在尼布尔看来，既然放纵的根源也在于骄傲，抑制了骄傲也就根治了放纵。在此问题上，尼布尔特别受到来自女性主义（Feminism）以及解放神学（Liberation Theology）的批评。

女性主义者认为，尼布尔对人性里面骄傲之罪的强调与奥古斯丁、马丁·路德等一系列经典神学家的论断一样，都体现出一种从传统的男性角度认识整个人性的特点，这一特点使所有这些神学家都忽略了女性的特殊社会处境以及由此造成的女性与男性心理上的巨大差异。尼布尔所描绘的骄傲之罪其实是一种男性的罪，即只属于男性的罪，这种罪与大多数女性毫不相关。在现实生活里，女性不是表现为以自我为中心，自我膨胀，自我崇拜，而是更多地表现出放弃自我，丧失自我，逃避自我的倾向。她们被要求或主动追求以别人的生命为中心，为家庭而牺牲自我。男性和女性对待自我的态度大不相同，他们的罪的处境也就大为不同，因为"男性因其膨胀的自我不满足于成为他自己，他想成为比自己更伟大的人；女性没有那个膨胀的自我，她的问题在于找不到自我——她未能充分地估价自己的能力。"[34]

女性主义的基本观点是反对男权世界，反对男性霸权，主张男女平权，极端一些的观点主张站在女性的立场以女性的眼光重新建构世界。在女性主义运动兴起以前，性别的问题很少成为伦理学的主要话题，这应该看做女性主义对伦理讨论的一大贡献。从某种意义上说，性别对伦理讨论之重要还胜于诸如阶级等其他因素，因为有人之初乃有性别，乃有性别关系，性别之于个人，于人际关系，于社会结构至关重要，人类历史同时也是两性关系变化调整的历史。尼布尔乃至尼布尔之前的神学家们对罪的分析如果真的如女性主义者所说只是出于传统男性的角度，那么这种分析的普遍性和相关性将受到极大的削弱。

来自第三世界的解放神学对尼布尔的批评与女性主义的批评内容相似，但角度不同。他们不是从性别对立的角度划分自我膨胀和自我丧失的归属，而是从社会地位和财富占有的现实处境角度区分两种心理倾向。他们认为尼布尔对人性的分析散发出一种民族优越感和阶级特质的气息，他的描述和分析与占世界人口大多数的人们的实际生活经验和精神需要不相符。尼布尔所描述的自我是"一个积极的，充满活力并为忧虑所驱使的自我，他具有高水准的个人整融性（personal integration），或许正是尼布尔时代一个成功的美国市民的典型。尼布尔的建议大多是针对这类人，劝告他们采取一点自我批判和自我克制，以对其人格力量进行建设性地疏导。"[35]对多数西方人来说，尼布尔的诊断和处方或许有效，但对西方以外为生存而苦苦挣扎的人们来说，尼布尔抑制骄傲的种种策略不仅文不对题，简直背道而驰。依照女性主义的批判，尼布尔的伦理学应该称作"男性伦理学"，而依照解放神学则应称作"中产阶级伦理学"。女性主义和解放神学以外，另外一些学者对尼布尔忽略"逃避自我之罪"也提出了类似批评。[36]

解放神学是 20 世纪 70 年代兴起于拉美的神学运动，他们在神学上特别强调穷人作为上帝儿女的地位，主张更多地关注处于贫困状态下的人类大多数，帮助他们从社会、经济和政治的不平等地位中解放出来，恢复他们做人的尊严，并对自己的命运自觉地负起责任。在他们看来，解放是拯救的别名，而所谓拯救在现实中就表现为实现社会公义，从物质和精神上使穷人获得解放。相对与传统的神学，解放神学是一个相当激进的神学运动，不过他们相信这种激进主义"不仅是最符合《圣经》世界观的主义，而且似乎还是惟一向世界上的穷人和被压迫者提供真正希望，向人类生存提供真正希望的基督教反应。"[37]由于道德关注的重点和神学旨趣上的相近，解放神学十分注意借鉴吸取基督教现实主义的立场和观点，而对后者在道德和社会正义实践中的薄弱环节也特别敏感。

我们已经知道，神学人类学是尼布尔伦理学的核心，而关于罪的理论则是他的人类学的基础部分，对罪的认识就是他对人的道德潜力和道德障碍的认识，与他整个伦理思想的走向密切相关，尤其是与其中的伦理规范和社会正义问题关系更为紧密。如果对罪的基本认识有所欠缺，甚至如女性神学和解放神学家所批评的，受到性别潜意识、种族潜意识和阶级潜意识的三重束缚，他的伦理学说的说服力和适用性就会十分有限，而他为实现社会正义提供的策略构想也就亟须得到其他理论的补充修正。总之，尼布尔基督教伦理学的相关性很大程度上取决于他对罪的分析是否具有超越性别、种族和阶级的普遍性。

必须承认，女性主义和解放神学所提到的迷失自我的心理倾向确是多数女性和广大贫困人群中普遍存在的现象，从他们身上难得见到通常所谓成功人士的洋洋得意，趾高气扬，也不容易发现他们对权力或其他与骄傲相关的东西的热烈追求。从他们身上更多见到的是屈己，忍让，退缩，偶尔的放纵，或经常的自暴自弃，与通常所谓骄傲沾不上边。尽管如此，它们不能就此证明尼布尔的理论是错误的。

我们知道,尼布尔对罪的分析阐释不是从现实经验的角度,而是从生存论的角度进行的,这一点十分重要,因为他的分析是基于生存的基本因素逐渐展开的,他揭示的事实是人类生存的基本事实,他描述的心理倾向是人类普遍的心理倾向。我们看到,尼布尔采纳的人类基本生存因素里不存在性别、种族和阶级的差别。对尼布尔所确定的生存的基本因素来说,这些差别都是后天偶然的差别,不会添加也不会取消他-她的精神超越性或自然依赖性。所以,尼布尔提示出的是每一个人都具有的心理结构和心理倾向,男人和女人、穷人和富人在现实生活中的心理特征和行为表现的差异不是来自于这些基本心理倾向的差异,而是来自于现实处境的差异。所以,如果我们同意尼布尔把人的生存因素归为精神自由和自然有限两方面,如果我们对尼布尔就此开始的分析过程不存异议,我们不能因现实中的某些现象而否认他的结论。而且,从表述来看,女性主义和解放神学的批评有误解了尼布尔的因素,他们混淆了骄傲的日常用法和尼布尔的特殊用法。

公正地说,强调骄傲之罪的普遍性不是尼布尔理论的缺陷,而是他思想的深刻之处。因为他不是就罪的现实表现来论述罪,而是从深层心理着眼分析罪。在论述罪的均等性(equality)时尼布尔曾说过,骄傲之罪并不为那些有权势的人和统治阶级所独有,它是人类的普遍倾向,"昨天被鄙视的穷困软弱的人一旦得势凌驾于迫害他们的人,立刻表现出他们一向所憎恶的,以为是对方天生的罪恶的那种骄傲和权力意志。每一个遭受不义迫害的人都误以为他所遭受的苦难来自对方特有的罪恶。这就是软弱者的自义……一旦历史发生转折,弱者变为强者,他们的道德自义便会加强他们的残暴。"[38]道德上的属性在不同阶级具有不同表现这一事实很早即为人们注意到,比如亚里士多德就曾指出过,巨富倾向于傲慢和自负,赤贫者则倾向于恶毒和下贱。而在马克思那里，资本家是道德罪恶的化身，无产者则成了实现社会正义和人类解放的力量。尼布尔与他们的不同在于他透过这些现实表现的社会历史性的差异，追溯到了超历史性的一切罪恶之源。在尼布尔的眼里，骄傲之罪是潜伏在每一个人心底里的怪兽，一有机会就会出来作恶，如果因为它暂时蛰伏就贸然推断它不存在并放松戒备，其反噬之害必将更剧。历史中大量的弱者残暴复仇的史实有力支持尼布尔关于骄傲之罪的普遍性的论述。亨利·克拉克曾经评论说，尼布尔"可能没有意识到处于我们文化中的女性需要的正是鼓起勇气肯定她们自己这样一个特殊问题，但他把骄傲和僭越视为全人类面对的普遍危险却没有错……尼布尔忽略了一些重要的心理事实，但他对自我中心主义在道德和精神上的危险的论述却是正确的，他对人类的本性和命运的分析适用于每一个社会里的每一位男性和女性。"[39]

尼布尔特别强调骄傲之罪同样也有现实正义方面的考虑。作为一种心理倾向，骄傲比放纵更富攻击性，也带有更多自觉性；而作为一种罪恶，骄傲比放纵有更大的隐蔽性和欺骗性。骄傲的这些特性表现在现实层面，使它比放纵之罪的社会危害更大。我们已经知道，骄傲之罪混合了许多意识形态的特征，最易产生骄傲的阶级是那些在社会中占统治地位的有权阶级，"代表权势的文明为权势辩护，而这种辩护包括以各种道德标准来为统治阶级的道德和精神骄傲服务。"[40]如此看来，争取实现社会正义的首要步骤是彰显出人心里，尤其是有权势的人心里的骄傲，剥除与权力混合在一起的道德和精神的骄傲，重新审视他们的权力的合法性。而且，对权贵们拥有的权力的合法性的质疑，也是唤起被压迫被剥夺者人格觉醒和平等意识的最佳手段。

此外，尼布尔还分析了通常人们列为放纵行为的许多表现，比如追求生活奢侈，场面豪华等等，这些举动固然可以给当事者以感官的享受，视听的满足，但稍作分析即可清楚，人的肉体欲望其实非常有限,原本不需要如此大费周折就可满足。权贵们的举止如此夸张的原因决不在于他们的身体欲望超乎常人,非肉林酒池不得一饱,而是因为这些行为里包含了太多骄傲的因素。他们的穷奢极欲与其说是为了满足口腹之欲,不如说是为了满足他们炫耀权力,壮大声威的骄傲之心。人们总是喜欢讥讽那些在权力和财富上爆发的人,原因就在于这些得志者往往具有遮掩不住的炫耀权力的急迫。

实际上,按照尼布尔对放纵的定义和对其起因的解释,多表现于女性和底层民众的这种逃避自我之举本应包括其中,因为尼布尔所谓的放纵就是将自我投入到有限的生活过程,放弃精神自由,逃避生存忧虑,而这也正是女性主义和解放神学所强调的不敢面对自我,不敢肯定自我。根据尼布尔的理解,肯定和实现自我意味着达到精神的内在和谐以及生命与生命之间的和谐,它不可能通过放弃人的精神性或否定人的自然性来完成,而是要通过效仿十字架上的基督的牺牲之爱才能实现。所以可以说,原则上尼布尔已经将逃避自我的行为列入了放纵之罪。

但是女性主义和解放神学从女性或穷人等社会弱势群体的角度对尼布尔的修正性的批评绝非没有意义,更不是无中生有。因为虽然原则上尼布尔把逃避自我包括于放纵之罪,但他在论述放纵时只着重分析了情欲这一基督教神学认识混乱的话题,对西方文化中女性的特殊问题和西方社会以外广大穷人的普遍问题没有触及,这不能不说是一大失误,因为这至少表明在人类学领域他没有注意到这一类型的行为。他的罪的理论也因此失去了对那些逃避自我的人们的提醒警示。尼布尔的这一理论盲点或许果真如解放神学家们所指出的,是由他的意识形态的局限所致。尼布尔对社会底层的困苦生活并不陌生,而且抱有极大的同情,改变他们的生活状况正是他努力的目标。他所缺的可能是对他们处境的感同身受,站在他们的立场分析看待他们面临的问题。尼布尔服膺于马克思的阶级分析和意识形态理论，并且灵活运用于对马克思理论自身的批评。尽管如此，他自己终于也未能摆脱意识形态的局限。

　　不论是尼布尔伦理理论中的放纵之罪，还是女性主义或解放神学所说的逃避自我，它们在心理上有共同的发生根源和表征，而在争取社会正义层面上则共同表现为容忍不义，容忍别人对自己正当权益的侵夺，对在历史中寻求和实现相对正义态度消极，甚至全然放弃。从策略上来说，实现社会正义无疑必须从抑制掌权者的权力和唤起被压迫者的权利意识两方面着手。这两方面不仅是同一事业的两个方面，而且实际上是同一步骤的两个侧面，因为谈到所谓抑制掌权者的权力，就有一个由谁来抑制的问题。仰仗掌权者出于道德自觉和慎重后果的考虑而自我约束、自我抑制当然不是完全不可能，但终究靠不住，不能作为平等的最终依据。权力总是需要由权力来制约，而制约权力的权力只能来自那些表面上没有权力的大多数——他们的集体的不服从和反抗其实是潜在的最大的权力。而他们之所以能够不服从必须在意识到他们本可以不服从以后才可能，所谓觉醒就是指具有了这种平等的意识，知道掌权者的权力不具有天然的合理性。"理论一经掌握群众，也会变成物质力量"，群众一旦有了平等意识，他们拥有的潜在的权力就成了他们所掌握的现实权力。从这种角度来看，社会存在不义，人与人之间存在不平等，是由压迫者和被压迫者共同造就的，二者负有同等责任。因为正是被压迫者的容忍和服从客观上助长了压迫者的"权力的骄傲"，为非正义的存在甚至加剧提供了可能。也就是说，被压迫者绝非我们以前所想象的那么纯洁无辜，他们的确在遭受他人的骄傲之罪对他们的压迫，但同时他们自己也参与了对自己的压迫，因而有与压迫者合作的罪。由于强权者的骄傲与被压迫者的服从和默许同时并存，忽略这一种形式的罪无疑是一大失误，在这种理论指导下的为实现社会正义而采取的策略也必定是不充分的。

纵观尼布尔为正义而奔忙的一生，我们发现容忍不义，消极退让恰恰是尼布尔特别批判并视为正义之大敌的一种"不负责任的态度"。从20世纪30年代初一直到珍珠港事件爆发，尼布尔曾与教会内外的众多和平主义者有过一场持续十多年的著名论战。尼布尔批评和平主义者在争取社会正义的斗争中不敢肯定自我利益，放弃承担道德责任，幻想在一个充满罪恶的世界中作完全无罪的人。其结果是"纵容和鼓励了他人的自我膨胀，从而导致了非正义的产生和加剧。"[41]由此可以表明在社会伦理学领域尼布尔对否定自我、逃避自我的心理倾向的警觉和批判。尼布尔对工人争取合法权益和黑人争取种族平等运动的支持也可为尼布尔的态度提供证明。

第三节 原罪·自由意志·道德责任

许多人把尼布尔的神学思想看做美国神学对以卡尔·巴特、爱弥尔·布鲁纳为代表的欧洲新正统神学的回应。这种看法有一定道理，因为尽管尼布尔与这两位欧陆神学家之间存在许多分歧和争论，但他们的神学基本倾向确有一致之处。发轫于卡尔·巴特的新正统神学敏锐地注意到基督教自由主义以及所有类似的神学过于倚重一个时代特有的文化，从而存在和这种文化一起被抛弃的致命危险。考虑到一战以后欧洲文化潜伏的巨大危机，这种危险更为突出。新正统神学力图保持基督教区别于其他文化形态的独特性和独立性，重新确立信仰的权威性和超越性。它通过对宗教改革家、奥古斯丁以及教会教义的强调，尤其是通过对《圣经》惟一、上帝至上等思想的强调，来完成这一使命。其名为"正统"，因为它力倡要返回到古典基督教的神学主题，尤其是宗教改革时期的神学主题。从这一意义上来说，它是最传统最古典的，但这并不排斥它同时也是最新颖最现代的，因为这一运动孕育于自由主义神学盛行时期，运动的领袖都接受过自由主义神学传统的熏陶，运动本身也吸收了自由主义的许多原则，其中有些还是相当激进的原则。[42]正如它的名字所示，新正统神学的成就在于调和了新的发现与旧的传统，协调了古典信仰与现代科学，发展出一种既能保持信仰特质，又不与现代科学观念相冲突的能为现代人接受的神学。

除了神学倾向、思想方法和神学传统上的基本一致外，新正统主义内部的神学家之间也存在着明显的差别和分歧。比如，尼布尔非常反对卡尔·巴特突出强调上帝的超越性，忽视上帝的内在性的做法。神学上的这种做法因其对伦理学具有的负面影响而为尼布尔所不取。对尼布尔来说，新正统主义的意义首先在于为他提供了一套学术语言和神学立场，使他能够居高临下地点评现代文化戏剧中的各种角色。如果尼布尔真如我们所说把新正统主义当作伦理讨论的工具的话，那么他在利用这一工具的同时，无疑也受到了它的制约。表现在伦理思想上，就是保留了原罪的说法，坚持认为罪是必然的。

罪的不可避免性与责任 原罪说是基督教的传统教义。保罗在《罗马书》中说，"罪是从一人入了世上，死又是从罪而来的，于是死就临到众人，因为众人都犯了罪。"[43]奥古斯丁据此将罪解释为由遗传而来，"世人的本性在初造时诚然是无罪无暇的，而今世人既由亚当而来，他所具有的本性，不再是健全的。"[44]奥古斯丁主张，人的意志因始祖亚当的罪而完全败坏，失去了自由选择的能力，从此便只有作恶的自由而没有行善的自由。人若想获得拯救，必须依靠上帝的恩典才有可能。上帝的恩典首先表现为上帝之子耶稣基督在十字架上的赎罪之举。

尼布尔继承了基督教传统教义关于原罪的提法，用罪的必然性来解释原罪之"原"，以替代原罪的遗传说，因为原罪遗传说

第二章 尼布尔的人性理论

一方面宣称罪是人不可避免的命运，一方面又坚持人应该对罪负责。这种解释不仅在逻辑上自相矛盾，而且与人类的实际经验也不相符。如此荒谬不经之说，不足为现代人所信。沿袭其一贯的方法，尼布尔放弃了生物学或历史学的解释，着手从生存论的角度重新解释原罪与道德责任之间的关系。

尼布尔将他对原罪的诠释浓缩成一句悖谬式的表达："罪并非必然的（necessary），但却是不可避免的（inevitable）"。他认为这一表述既肯定了人的自由意志和道德责任，又保留了传统教义里关于原罪的提法，强调了罪的严重性。

"罪并非必然的"和"罪是不可避免的"乍听起来前后矛盾，因为"必然"和"不可避免"一般可以互换，其细微的差别也只在于"必然"在语气上强一些，"不可避免"相对稍弱。但这一点语气上的差别还不足以使这一表达避免矛盾，更不足以传达尼布尔原罪论的全部意义。

所谓罪不是必然的，是指罪不是产生于人的本体论的结构，也不是人的客观处境的必然结果。在人性学说里尼布尔一再强调，人的本性里无论是自然的有限性还是精神的超越性，无论是人所面对的诱惑处境还是由此产生的心理忧虑，其本身都并不是罪。这些因素充其量也只是罪产生的背景条件。在此处境下，人只要诚心敬拜自身以外的无限者，就可以从根本上克服忧虑而不致犯罪。按尼布尔的定义，在这种处境下，即使机缘不巧，不识上帝不信神明，也犹有可为。只要他调整人生态度，安于自己的命运，不自欺也不自弃，秉公义待人，合中道行事，随时以省，从心理根源上避免赋予有限者以无限价值，同样也可不犯罪。所以，人在自然和精神交汇的客观处境面前，绝非无可奈何，无能为力。保持适当的态度，"不求改变命运，只求改变自己"并未超出人的意志能力。从这种意义上说，罪不是必然的，不论是宗教意义上的罪还是道德意义上的罪。否则罪的责任就在上帝，而不在人，因为人在上帝给定的处境中无所措手足，进亦是罪，退亦是罪。似乎上帝创造了一个必然堕落的世界逼迫人犯罪。实际的情况是，上帝创造的世界和人本来都是好的，是人的自由意志败坏了它们，所以人应对此负责。

所谓罪是不可避免的，尼布尔特别辨析说，"罪属于人的天性是就其普遍性而言，并非说它是必然的。"[45]即便如此，尼布尔还是没有解释清楚其中的差别，因为普遍和必然两个概念同样也可互相转换，如此的表述只是原有表述的另一种形式。从总体上把握尼布尔的思想，我们或许可以从统计学的角度来理解他所说的普遍性和不可避免性。如此一来，这一表述指的是人犯罪的压倒性的倾向性，或发生的极大可能性：人人都有犯罪的倾向，并且绝大多数人将这种倾向变成了现实。用这种方式，它强调了罪的严重性。

罪不存在于人的本性中，也不在人的处境里，但人还是不免犯罪。罪在人的意志里。人在处境中因为意志的选择错误而犯了罪，选择的错误不是由于人的智慧限制，而是因为人的不诚实，由于自私而"故意欺骗"自己和他人。和康德一样，在尼布尔的思想里，只有善良意志才是真正的善。在康德那里，善良意志要求的行为是合乎理性普遍性的行为，而在尼布尔这里，善良意志要求的是自我牺牲的爱的行为。在尼布尔的思想里，出于牺牲之爱的行为即使结果不是尽善尽美，也不失其善性；而违背牺牲之爱的行为，即使利益他人，也依然是恶行。这样的评价标准并没有简化道德考虑，降低道德要求，因为对尼布尔来说，完全出于牺牲之爱而行为的可能性实际上微乎其微。究其原因，还在于忧虑深重，罪性微妙，在自由和有限之间保持平衡殊为不易。人虽不必然犯罪，但往往犯罪；虽不故意犯罪，但行出来即是罪。所以罪的不可避免性也可以理解为保持无罪的极度困难。

罪是不可避免的意思是人往往犯罪，往往犯罪的意思是人一落于行动，即有罪性的掺入，说明人在行动中难以摆脱罪的诱惑。如此一来，有必要对人的意志过程进行分析，厘清其中哪一部分纯洁无瑕，未为罪所蒙蔽；哪一部开始有罪性渗入，左右意志的选择。尼布尔以两种形式的自我即"行动的自我"和"思想的自我"来分别这两种意志状态。行动的自我指的是人在筹划行动时的自我，此时的自我为利益、希望、恐惧和雄心等诸多欲望所驱使。思想的自我指的是筹划未开始以前或对行动的自我反思时的自我。两种形式的自我不是精神的自我和自然的自我之间的区别，而是精神的不同层次的自我的区别。当自我行动时，他埋头在有限的过程中，渴望着过程的终点，着迷于步骤的更替，极易倾向于把自己面对的事业当成人间的头等大事。换成另一种语言，这就是以自我为中心，为有限的成就要求绝对的价值，把自我需要与终极真理和绝对价值混同起来。所以，就人的心理倾向而言，对事业的热忱很容易衍变成自我骄傲，这也是罪性的微妙之处。

当人从具体的行动中抬起头来，把自己的所作所为还原为历史过程的一个环节，人类事业的一个片断，思想的自我也就超越了行动的自我，恢复了批判检讨行动的自我里混合的自私和狂妄的能力。在尼布尔看来，自由就在这里，"人的精神自由的最后证据，就在于它自己知道它的意志对善恶的选择是没有自由的……人在发现他的不自由时才是自由的。"[46]至此，我们看到尼布尔在原罪、意志自由和道德责任间找到的新的平衡：原罪在行动的自我里，因为它往往犯罪；自由在反思的自我里，因为它最终超越了自我；人有最终的自由，所以道德责任不能取消。

思想的自我在反思时发现了行动中的罪性，这可能会使他警惕，以更大的诚实对待以后的行动，但这并不足以保证以后的行动不掺杂新的罪性。自我在新的行动时还是会限于新的欺骗，产生新的罪。因此，思想的自我的超越性并未取消罪的"不可避免性"。

尼布尔坚持保留原罪的提法有警醒世人，反省文化潮流的现实考虑，也有维护、发扬传统教义的信仰考虑。他要求自己的重释既突出罪的顽固，又不取消责任，既不违反逻辑，又与人类经验相符。这几乎是一个不可能完成的任务。按照尼布尔的解释，不论是道德上的罪还是宗教上的罪，都是由行动的自我产生的，因为行动的自我不仅是行动中的自我，当自我限于自私的冲动时，即使它没有任何行动，这时的自我也属于行动的自我而不是思想的自我。尼布尔认为行动的自我对善恶的选择没有自由，它几乎必然会限于罪恶，差别只在于罪恶的程度不同。这就是为什么罪是"原罪"。但是这里有一个问题。意志是选择行为的能力。罪是在行动的自我的意志中，在行动中人没有选择不犯罪的能力，故行动的自我的意志不需对罪负责。根据尼布尔，要负责的是思想的自我，因为这里有真正的自由。但是思想的自我是没有参与行动的反思的自我，尽管它能够发现行动的自我的局限，却不能以对有限的自我的洞察克服行动的自我的自私。换言之，思想的自我实际上只是认识的自我，没有行动的意志，因为它一旦选择行动就变成了行动的自我。行动的自由意志是责任的前提，思想的自我不具有行动的选择能力，因此应该对罪恶负责的仍然是行动的自我。但既然尼布尔认为行动的自我无法摆脱罪性，说明行动的自我没有自由选择的意志。而人在没有自由选择的条件下的行为是没有责任可言的。尼布尔的重新解释并不十分成功。

在现代伦理学中，自由意志已经被归为形而上学问题而很少受到关注。早在斯宾诺莎时代，他就已成功论证出自由意志与道德责任无关。即使不存在自由意志，同样也可以要求行为者为其后果负责，因为只有如此，才会使后来者因惧怕惩罚而避免作恶。斯宾诺莎之后，西季威克也详细论证出自由意志在伦理学中属不必要的假设。但这都是就理性伦理学而论的，对神学伦理学自由意志却是一个排除不掉的问题。因为神学里设定了一个至善、全能的上帝，同时又设定了人的原罪和罪责。莱布尼茨通过可能世界的说法调和了神的至善和世界中存在的自然之恶的矛盾，奥古斯丁通过自由意志说调和了上帝的全能和人类的道德之恶之间的矛盾。但不论怎样努力，原罪、上帝的公正和人的罪责之间的矛盾总难以得到圆满的解释。

其实，尼布尔以大量篇幅做出的努力都是在解释罪的难以避免，而不是罪的不可避免。如果尼布尔放弃原罪的提法，采取我们上述解读他的理论时所用的方法，以"趋势"代替"必然"，以"往往"代替"不可避免"，不仅不会产生这一问题，而且会是更完美的罪的人类学分析。尼布尔自己有时也意识到了这一问题。在《人类的本性和命运》中，尼布尔有时也把原罪以量化的方式解释为罪的大量存在，而不是所谓的不可避免。在晚年的著作中，尼布尔承认原罪的提法是一个错误，他说他的目的本来只是强调人的自私的顽固性和普遍性，"从历史和象征的意义上说，这种观点没有错误，错误在于试图以现代文化所厌恶的神学语言来批判现代的乐观主义。"[47]这也表明，原罪的说法更多来自于尼布尔当初表述上的失误，而不是他的基本思想的失误。这或许就是G.沃特所说的，尼布尔的思想中不乏引人入胜之处，但他似乎缺乏将这些思想清楚地表达出来的能力。而且他也过于偏爱悖谬式的表达方式，似乎离开了这种表达方式根本就不会思维。[48]或许，尼布尔认为基督教的真理太高深，不如此不足以体现它们和一般真理的差别。

尼布尔以原罪论分析了罪产生的心理根源。我们知道，一般伦理学主要以行为或原则为考察对象，但同样也关注行为动机，尤其在对某个人或某一行为进行道德评价时更是如此。在现实生活中，我们正确地认为，那些结果虽然令人满意（或合乎道德原则）但动机不良的行为在道德上不值得肯定。除道德评价以外，道德教育更需着眼于道德动机的培养、完善。道德如果单只关注行为必定失于片面，因为其实没有独立的行为，行为总是行为者的行为，是与行为者的心理动机相对应的。这也就是弗兰克纳所主张的道德原则和道德品质互为表里，互相补充的意思。[49]所以，我们看到，不论是以功利主义为代表的目的论，还是以康德等为代表的义务论，在他们所主张的严格的道德原则之后，总是活跃着一颗热忱的向善之心。不过，尽管如此，一般伦理对心理动机和意志过程的关注还是远远不及佛教、基督教等宗教伦理。宗教伦理一般总是从信仰的角度考察道德，而信仰的最直接最真切之处莫过于意志里面。比如，一般伦理不会追究心理里面的罪，但宗教伦理对此决不放过。所以，宗教伦理似乎比一般伦理考察的范围更广，更深入。

原罪、实际的罪和道德责任　　不论采用何种解释，原罪论要告诉我们的都是罪是生活中的常态，真正无罪的人即使不是绝无仅有，至少也是凤毛麟角。人的平等似乎首先是原罪面前的平等。原罪是意志里面的罪，是一切实际的罪的根源。从意志里面的罪到实际行为里面的罪还有相当距离，其间种种内外因素都会影响原罪的发挥。所以每一实际行为里面的罪性都有程度上的差别。基督教伦理也并不因为人在原罪面前的平等和罪的普遍存在而混淆罪性的程度之别，而是在"原罪"与"本罪"之间进行了必要的区分。本罪又称"现犯罪"，指的是人在行为里面表现出来的实际罪性。原罪和本罪之间的区分和张力对基督教伦理的发展影响重大。因为原罪，故每一人类成就每一人类设施都不可能是完美的，都有深入检讨，更进一步完善的余地和必要。因为本罪，故人们就不能以原罪之名而取消道德进步和相对正义的价值，使基督教伦理在原则上避免了出世主义的倾向，也为基督教伦理关注现实，关注相对正义的传统精神之实现提供了保证。

基督教伦理关注现实的传统并不是在每一个神学家身上都能

得到体现。作为尼布尔神学传统重要组成部分的马丁·路德对此问题的处理就欠妥当。马丁·路德因为坚持"在上帝眼里无人能够称义"而对历史中相对的正义关注不够，甚至忽略了历史中相对正义和相对罪恶之间的重大差别。而且，按马丁·路德的说法，人类隶属于双重国度：他既属于尘世，又属于天国；既属于易朽的世界，又属于永恒的国度。与此相应的，人既要服从世俗的法律，又要领受永恒的福音。在属灵世界，人直接面对上帝，而在世俗世界，则完全受世俗官员和法律权威的管辖。马丁·路德的区分有利于世俗权力的独立，问题在于他赋予世俗权力太多神圣性。他把国家视为由上帝创设的机构，是上帝意志的工具，其权威直接来自上帝。这样，由国家所出的一切都带有了来自上帝的神圣色彩，都是人们必须服从、不可更改的绝对命令，从而失去了批判和改进或反抗的可能。基督教伦理中原罪和本罪之间的张力在这里丧失殆尽。马丁·路德为此常常受到尼布尔的严厉批评。

与马丁·路德的做法相反，自由派神学因其怀有人性论上的乐观态度而对原罪说不甚提起，从另一个角度破坏了基督教伦理在原罪和本罪之间的张力和平衡。在尼布尔看来，自由派神学的伦理立场决定了它不能真正认识人类生活中罪恶的力量。马丁·路德和自由派神学是尼布尔在正义问题上展开其论述的两个端点，他要在前者的悲观主义和后者的乐观主义之间寻找平衡。

不过尼布尔没有就此发展出一套新的理论。他的做法是分别从这两个端点论述同一件事。在论述正义原则时如此，解决具体问题时也如此。他一方面坚持原罪说，希望以此作为对人类的道德现状和骄傲自满心理的不停息的挑战；另一方面又坚持对"不同形式的罪恶之间的巨大差异、圣徒和罪犯之间的根本不同"[50]加以区分，以此来鼓励人们承担起历史责任，消除人与人之间的不平等，促进社会正义。在尼布尔的著作中，原罪和本罪之间的关系被表述为"罪（sin）的均等性（equality）和罪责（guilt）的不均等性（inequality）"。

"罪的均等性"是指原罪而论的。在宗教的意义上，指的是人背离作为生命的源头、核心和目的的上帝，在伦理的意义上指的是人丧失了生命与生命之间的最终和谐。尼布尔的全部著作和一生的活动都集中在寻求如何将基督教信仰中的"神的爱"（agape，又译"圣爱"）与正义联系起来，也就是如何在历史中实现上帝在耶稣基督身上所昭现出来的牺牲之爱。[51]

基督教伦理以牺牲之爱为最高伦理规范，但牺牲之爱是一种超历史的标准，在历史中永远只能是"不可能的可能性"，因为其不可能，所以每个人都是罪人；又因为其可能，所以才有罪责的差别。

罪责"由罪而生，是人必须负责的客观结果。"[52]不排除这样的情况，在上帝眼里同样有罪的人在现实生活中恰恰具有同等的罪责，但更多的时候人们的罪责各不相同。罪责不同，承担的责任当然也就不同。罪责不同，对行为者的道德评价也不相同。尼布尔认为，坚持罪责的不均等性与《圣经》的观点是一致的，因为不论是《旧约》还是《新约》，对那些有权势有地位的人和那些心怀骄傲的人的谴责更为严厉，认为与贫穷而谦卑的人相比，他们犯有更大的罪。而且，"在上帝的眼里，对强暴骄傲的人的审判和对贫穷困乏的人的应许并不只显现于最后的审判，这种审判同样要在历史中显现。"[53]

人心中常有一种懒惰倦怠的倾向，表现在知识和道德问题上，就是常常因为不能达到一个绝对的标准而放弃对相对正确、相对完美的寻求，满足于模棱两可，似是而非的空泛的一般性判断，或者堕入相对主义或虚无主义之中。这种做法就像是一个人知道自己不能永生，于是索性放弃了有限的生命一样愚蠢。人皆有罪本来是用"上帝的眼光"看世人得出的结论，从这里得不出

第二章 尼布尔的人性理论

人应该饶恕一切罪恶的超历史的要求,因为人虽有超越历史的精神能力,但他生活在历史之中,他应该对自己的行为负责,同时也应该承担追讨别人的罪责的责任。一个道德认真的人,不是一个善于饶恕罪恶的人,而是一个始终忠实于自己的道德判断,至死都"一个也不饶恕"的人。虽然他明知每个人的判断都可能有误,但他不应该逃避到不作判断中去。尼布尔关于原罪的均等性和罪责的不均等性的论述正可以治疗在精神上逃避现实逃避判断的怯懦之举。

在尼布尔的思想中,与相对的罪恶对应的是相对的正义,与普遍必然的原罪对应的是超越的牺牲之爱。尼布尔的这两部分思想是完全一致的。区分原罪和实际的罪是从否定性的方面论述如何实现正义,区分牺牲之爱和相对正义又是从肯定的方面论述如何抑制罪性。

尼布尔以量化的方式处理原罪与实际的罪之间的关系引起神学家们的争论。W.J.沃尔夫指出,罪的均等性的说法失去了原罪论本来具有的深刻涵义,也未能完全表达出《圣经》中"所有人皆为罪人"所突出的严重性;以显现于历史中的原罪的客观结果来衡量罪责的方法也无法揭示出那些隐藏于人们内心深处的尚未显现的严重的罪恶。可以看出,沃尔夫其实是在用一个神学家的标准来要求尼布尔,但我们已经知道,尼布尔真正关心的却不是这一类的神学问题,而是构造一种充满活力的道德理论。T.麦纳玛也曾经指出过《圣经》与尼布尔伦理思想的不一致,他认为《圣经》中的原罪观念和尼布尔体系里的正义之间存在着无法解决的问题。[54]不过我们看到的是,尼布尔在自己重新阐释过的原罪理论和正义理论(或实际的罪的理论)之间找到了连接的桥梁。

在这里我们看到,尼布尔对问题的论述和处理问题的方法颇可商榷,但尼布尔面对问题所采取的态度却无可争议。不论是在罪的问题上还是在正义的问题上,他在绝对和相对之间做出的区别都能帮助我们在现实中保持合适的态度:它使我们放弃了对达到绝对的解决方式的幻想,使我们努力寻找他所说的近似的解决,这样就避免了与绝对的解决方式相伴随的乌托邦式的狂热主义和偶像崇拜,把社会和道德进步看成逐步积累,不断完善的过程。

第四节 人性论、道德感与现代文化的危机

尼布尔思想形成的年代正是社会动荡、危机四伏的时期。现代观念在这一时期或被颠覆或被推向极端,各种思潮交替出现,互相攻讦,原本被普遍接受的价值标准基础不再,甚至表面的统一都无法维持,人生和历史的意义受到深刻的怀疑,现代人遇到了前所未有的精神挑战。现实和理论的困境激发了尼布尔思考现代文化,为现代文化寻找出路的责任感。他把现代文化产生危机的根源归纳为自我的迷失和容易满足的良心(easy conscience)两个方面,并从这两方面入手逐一评判现代文化中各种流派的得失。

尼布尔处理文化运动和神学观点的方法别具一格。他对追踪不同思想间的细微差异,划分思想发展的复杂线索等纯学院化的工作不感兴趣。为了叙述和讨论的简明扼要,他一般总是根据自己感兴趣的特定的概念或主题对思想学说进行分类。比如在处理现代文化中关于自我问题的学说时,他就是从理性主义和自然主义的共同特点出发,直接针对它们把握生命意义的基本原则,进行总括式的批判。理性主义或自然主义的失误就是所有归属于这个流派的哲学家的失误。这样一来,就免去了具体分析每一个理性主义或自然主义哲学家的细致繁难的工作。不过由于那些伟大的哲学家必然具有的思想的复杂性,这种总括式的批判有时不免

有失公允。有人曾经批评尼布尔的文化批判是无的放矢,是在"对稻草人作战"。但这种分类方法无疑给予尼布尔以极大的便利,而且也是他的文化批判具有很大威力的重要原因。因为通过这种方法他能直接切入广阔复杂的文化运动的核心,提升出推动这种运动的中心问题,暴露出其中存在的弱点。对每一个哲学家的思想而言,这样做当然有简单化的倾向,但就一个流派的总的趋势及逻辑后果而言,这种方法依然不失其合理性。这充分体现了尼布尔作为一个思想家而非专家的学术特点。我们将会看到,在批判自由主义和阐释基督教历史观时,尼布尔运用了同样的方法。

自我的丧失 尼布尔根据现代哲学是将其解释生命的"意义原则"置于自然之中还是精神之中而把它们分为"生机的"和"观念的"两种类型。他从基督教传统以外的现代思想对人性的解释中找出四种困难:(1)自然主义和理性主义关于人的生机(vitality)和形式(form)的关系问题[55]的无休止争论;(2)浪漫主义对理性主义的抗议使这一争论更趋于复杂化;(3)现代文化中个性概念的丧失;以及(4)现代文化无视历史史实,试图消解或降低罪恶的严重性,导致现代人产生容易满足的道德感。

尼布尔认为,人是由自然和精神两方面所构成,对自我的把握和对生命意义的解释自然也必须从这两方面着手。文艺复兴以来现代文化在人性观上的失误就是因为未能充分考虑两方面间的辩证关系。其中以康德和黑格尔为代表的理性主义接受了始自柏拉图的哲学传统,突出强调人的理性自由,以理性涵盖全部的人性,把理性当作生机和形式之源,其结果是忽视了人的自然冲动和人对自然的依赖性,把理性抬高到上帝一样的地位,以理性宰制人的自然冲动,从而削弱了人的自然生机。现代文化的另一派别是以弗兰西斯·培根和蒙田为代表的自然主义,他们继承了德谟克利特和伊壁鸠鲁的哲学传统,试图从自然角度来理解人性,其结果是把人等同于机械性的有机体,把人的意识还原为生物性的意识之流。自然主义同样也承认理性的功能,不过他们将理性等同于机械性的因果必然性,他们眼里的理性从不超出自然,是自然的一部分。他们因此忽略了精神的深度。这一派的自然主义由于对机械性的理性的肯定被尼布尔称为理性主义的自然主义。

现代文化中后起的一种形态是以卢梭和尼采为代表的浪漫主义的自然主义。浪漫主义源自古希腊的酒神崇拜、赫拉克利特的哲学和希腊悲剧,它的共同特点是维护自然生机,关注理性层面以下生机冲动的复杂、深邃和强大,把自然生机而不是机械的因果必然性当作一切创造作为的动力之源,或把自然界的形式当作道德、秩序之源。浪漫主义运动中以尼采的思想最为彻底、有力。尼采抗议理性对生机的压制,主张生命本能的健全表达,并以权力意志这种自然生机本身作为解释生命的最终原则。

尼布尔把马克思主义和精神分析学派也列入了反抗理性主义的浪漫主义洪流。其中精神分析学派采取自然主义立场,以生物性的本能冲动解释人的作为,揭示了潜意识的无孔不入和人的精神冲突。马克思和尼采、弗洛伊德的共同之处在于同样看到了理性的欺骗性,但他超越了前两者从个体性和自然性的角度理解人性的局限,改以从集体的和经济的角度解释人性和历史。在尼布尔的眼里,马克思主义的人性观和历史观是现代文化中与基督教最为接近的一种学说,它不仅知悉精神的微妙和自然生机的强大,而且在生机和形式之间保持了极佳的平衡。马克思对前人学说的批判富有智慧,只可惜这种智慧未能贯彻到底。所以马克思主义的汇入在壮大浪漫主义运动的同时,也使现代文化更加混乱。

现代文化中人性观的混乱局面除了各种思想的争锋以外,还反映了社会各阶层的意识形态之争。尼布尔认为 17 世纪以前的理性主义代表中世纪以来已经取得社会统治地位的保守阶级的利益，而17世纪的自然主义代表着新兴资产阶级对封建阶级的反抗。但资产阶级在18世纪上升为社会主流阶级以后，他们又吸纳了理性主义为自己的既得利益辩护。尼采和马克思的浪漫主义则分别代表了社会的中下阶级和无产阶级对既定社会秩序的反抗。所以思想争论的背后其实也是阶级的利益之争。

由于人性论上的错误，关于自我的观念成为现代文化亟欲保存但终于失去的东西。理性主义之丧失自我在于以理性统摄自我，使自我消解于理性的漫无边际的普遍性。偏向于理性主义的自然主义虽然能够发现自然环境的差异赋予每一个体的独特性，但因其对精神超越性的忽视无法理解自我的真正基础。作为前两者的反动，浪漫主义在肯定自然生机的同时，也努力维护自我观念。它赋予个性以绝对的意义，结果产生了一个对自我表现毫无限制的自我。这一自我无疑极不稳定，因为原本有限的自我不能承担浪漫主义加之于身的无限崇拜。历史表明，一旦这种个体的自我转换成国家或民族等群体的自我，往往表现为集体的专制和残暴。[56]

容易满足的道德感 基督教从自然和精神的交汇处挖掘罪恶的根源，结果发现罪根植于人的意志深处，并且难以拔除。基督教的罪恶理论孕育着一种永远无法平息的道德负罪感，因为罪恶的由来不能归于人之外的自然因素，也不能归于人的有限性，只能归于人的自私之心，而克服自私之心本来并非人力所不能为。所以对于罪恶，人有无可推诿的责任。原罪论带给人的沉重的负罪感令现代人颇感不悦，现代文化纷纷逃离这一原罪谶语的阴郁氛围，着手构造相对轻松的罪恶理论，以解除长期以来的精神压抑。理性主义认为罪恶源于人的自然欲望，可以通过普及教育和提高理性能力加以消除。自然主义和浪漫主义则希望通过回复到自然的和谐来战胜罪恶。尼布尔发现，尽管现代文化在人性论上存在着种种差异甚至对立，但在拒斥基督教的原罪教义上却令人惊异的一致,它们对历史的发展和罪恶的根除普遍表现出乐观的态度,并且把产生罪恶的原因不约而同地指派给历史中的某些特殊因素。于是宗教制度、专制政体、经济体制、阶级压迫、官僚体系等等,都成为现代文化寻找到的罪恶的直接原因。但所有这些因素都只能说明社会历史中某种特殊的罪恶的原因,却"不能说明如果人性中未曾有邪恶,它们何以能够在历史中发生",因为"人类历史中某一种邪恶的表现,不能视为普遍的邪恶倾向的来源,相反,它应是一种更深入的邪恶之源的后果。"[57]现代文化对罪恶的轻松态度催生了现代人的容易满足的道德良知,他们不再认为罪恶与人类历史相始终,而是寄希望于在历史中的某一时刻通过人类之手彻底消除罪恶,实现人类的道德完善。这种道德上的乌托邦理想减轻了现代人在罪恶面前的负疚感,但同时也增加了他们对自己的事业和道德标准的自义之心,成为新的罪恶滋生的土壤。

第五节 原义论与道德完善

原义(justitia originalis)论是尼布尔人性理论的最后部分。原义论在基督教神学里占有重要的地位,因为没有原义论就无法解释何以有原罪,也无法解释人被原罪熏染之后如何还能够接受基督教信仰,追求道德完善,获得全新的生命。以伦理学的术语来说,原义指的是具有意志自由的道德行为者遵守爱的规范,实现爱的要求的能力或渴望。在叙述的次序上原义论应放在原罪论之前,因为从基督教神学而论,原义的状态指的是亚当堕落前纯朴无邪,与上帝不相疏离的状态。从一般伦理学的逻辑而论,也是只有首先有了原义状态,才可能有原义的丧失,即原罪。因为"罪"与"义"对比存在,没有义的标准就没有罪的认定,否则罪就只能是一种自然特征或强加之词。尼布尔把原义论放在原罪论之后可能出于两方面的考虑。首先是为了以原罪的先声夺人棒喝充满乐观情绪的社会风气。其次，尼布尔对原义的解释与一般神学的解释也有所不同，在尼布尔的解释中，原义与原罪是两相伴随的精神要求或心理倾向，而非此先后彼的历史阶段。所以并不需要非把原义置于原罪前面不可。在尼布尔的人性理论中，原义的概念和原罪同样重要，只有通过二者的辩证关系才能解释基督教人类学的自我观念的能动性。

和尼布尔以精神的无限超越性解释"神的形象"不同，传统神学一般用原义来解释"神的形象"，在这里原义指的是人追求公义追求道德完善的意思。传统神学相信原义曾经存在于亚当堕落前的历史阶段。和处理原罪概念一样，尼布尔没有把《圣经》里人类无罪状态的记载解读成一种发生于历史进程中的静止状态，而是把它扩展为人类生存状态的一个象征。尼布尔反对原罪彻底败坏了原义的说法，指出天主教和新教在这一问题上的错误，主张原意是人从未曾失去的品质，否则不仅会带来神学上的矛盾，而且也与人类的道德经验不符。那么人的原义在哪里呢？尼布尔说原义就在上面提到的为原罪承担责任的"思想的自我"那里。

原意是精神自由的最高要求，但意志一涉及具体行为，就受到罪的干扰，所以原义虽仍存于人的本性中，却不能完全表现在行动里。尽管如此，从为罪所玷污的行为中还是能够寻出原义的踪迹，发现原义的影响。原义与原罪相反，既然原罪是自我以自己为中心而产生的骄傲，所以凡是与此相反的对生命之源的顺服，对他人的友善都是原义的成分。尼布尔认为，完全的原义状态是顷刻间的事情，当思想的自我超越个人局限，着眼于人类总体的一刻他即回复精神完美的状态。除此之外，从人类普遍存在的不安的良心也可以知道原义存在的确实性。尼布尔一再提到的良心（conscience）带有很强的道德直觉主义色彩，所谓良心不是社会伦理规范内化为行为者的道德意识，而是人基于本性的自然要求。[58]尼布尔认为，罪败坏了人的意志，蒙蔽了人的理性，但却不能败坏人的本性，因为"人的基本结构是永远也不能改变的，恰如目盲不能将眼睛从人体的结构去掉一样。"实际上，目盲恰恰提示着视力的存在。尽管"人性中的精神自由能叫人的行动违反人性的基本结构"，[59]但是与违反本性必然相伴的是心灵的不安，因为违反本性在这里受到了要求遵守本性的自然倾向的反抗。渴望顺从本性的自然倾向正是原义。

原义和原罪的对立不是人的本性的对立，而是遵守本性的意志和违反本性的意志之间的对立。遵守本性对人是一种德性。正如人的本性中有自然和精神两方面的因素一样，尼布尔认为遵守本性的德性也分为两个方面，其中与人性的自然方面相符合的是自然法（natural law），它能够"规范人的生活功能，使他本身的各种冲动达于和谐，使他在社会的关系中不超出自然秩序的范围。"[60]尼布尔曾经多次批判自然法理论，目的在于明确自然法的适用范围，澄清自然法的"自然"特性。他认为自然法理论的错误在于过于相信人的理性能力，以为靠人的理性能力可以引申出人性的全部规范。自然法对人性中精神自由的因素重视不够，而且误将许多特殊的历史因素视为人性的固有特征。[61]在尼布尔看来，自然法与精神自由之间保持着一种既肯定又否定的辩证关系，一方面，自然法的订立和执行体现了精神自由，另一方面，精神自由又使人能够超越一切自然法，直接面对无限和永恒。尼布尔把基督教神学称为宗教信德的"信"（faith）、"望"（hope）、"爱"（love）作为与人性中精神自由相符合的德性，认为这三者能够表达出原义的基本特征，是原义的律法内容。因为信、望、爱不是描述人类本性的静态词汇，不含有强加于精神自由之上的固定形式，而是与精神自由的动态性质一致的对人的行为方向的动态表达。

下面来看尼布尔对信、望、爱的内容以及它们何以是与精神自由相符合的德性的解释。首先信不是对经验对象的信,也不是对某种知识前提的信,而是对生命的价值和历史的意义以及世界的最终和谐的超乎经验的信。它是有意义的生活的前提。由于人的精神指向无限,不会满足于有限价值和有限存在,所以只有无限者能满足精神的信的需要。在基督教,这个信的对象是上帝。对基督徒来说,相信上帝的佑护是自由生活的必要条件,因为如果没有精神上溯性的对上帝的信靠,自由所引发的忧虑必将引诱精神向下导向罪恶。望是由信所生的对未来的信心和期待,它的目光投向生命和历史的尽头,期待奥秘的揭示,相信最终的完善。由于怀有"望",无限的时空和无限的可能性才不至使人心神不安,萌生人生虚无之感。爱由信和望而来,是信和望的实现,同时也是精神自由的内在要求,"认识上帝不是超越人的本性的特别恩赐,而是精神自由的本性所必需的。"[62]。人如果对世界和未来没有信心,他就不敢承担超越自我,关怀他人的风险,也就不能达到唯爱使然的对他人人格的尊重。没有爱,他人对于我或者只是可资役使的工具或者是共同资源的争夺者;只有爱,才能在那些"被精神的独特性和惟一性所分隔的人们"之间建立真正的和谐与统一。[63]

信、望、爱这三种德性一起构成同一种德性,这就是"灵魂和上帝的完全契合,灵魂完全顺从上帝的意志,并因此使自身的一切冲动和功能彼此和谐"[64]尼布尔认为原义的律法内容就是爱的律法,即爱上帝和爱邻人。其中爱邻人是尼布尔为个人伦理确定的规范。

尼布尔对原义的新解释使他的伦理学超出了基督教信条的限制,获得了同一般伦理学一样的解释效力。我们知道,从奥古斯丁到马丁·路德,由于过于强调原罪的严重性,主张人的意志因原罪而完全败坏,原义完全丧失,人类只有依靠信仰,依靠上帝自上而下的恩典，才能重新获得自由选择的能力。其中隐含的意义是，道德必须以信仰为前提，人只有通过信仰，只有首先信仰，才可能过上有道德的生活。

这种把人间的一切罪恶和不幸都归为亚当当初的一念之差的做法，实在与现代人的信念无法调和。而以基督教信仰为高为大为惟一的理由也难以令人信服。尼布尔的原义论反驳人性完全败坏的观点，主张罪虽为常态，但义亦未尝丧失，原罪和原义之间保持着巨大的张力，人每时每刻都面临罪与义的灵魂争斗，都可以选择罪，也可以选择义。人从未失去过上道德生活的能力。这样的观点无疑削弱了恩典的重要性，因为人行善事不再需要仰仗上帝的恩典。在尼布尔的解读中，恩典的作用不是使道德成为可能，而是使道德完善成为可能。

尼布尔把原义看做超越历史的瞬间状态，使它与人类的行为保持一种辩证的关系。原义超越于历史，但又并不处于身陷历史中的自我的范围之外。自我能够意识到原义，但却无法实现它的要求。原义的辩证特征还表现在它的内容上，原义的内容不是在历史中可观察到的简单的可能性，而和历史相关。尼布尔以耶稣对律法的总结"你要爱你的主，爱你的邻人。"来说明这一特点。"你要……"表达的是一种命令，这表明命令的内容的完美不存在于历史中，否则，它就不必是命令。但"如果人在罪的处境中绝对不能意识到这种最终的完美"，[65]命令"你要……"就没有了意义。

注　释：

[1] 采用神学语言无疑加强了一些观点的表述力度，比如为强调罪的顽固性和普遍性而采用"原罪"概念就有这种效果。不过一些问题也因此而来，在我看来，诸如"罪并非必然的但却是不可避免的"之类模糊甚至矛盾的说法本可以避免。

[2] Reinhold Niebuhr, *The Nature and Destiny of Man*, vol. I, p. 165.

[3] ibid. p. 150.

[4] ibid. p. 17.

[5] 在尼布尔的早期著作，比如《道德的人和不道德的社会》中，他以"理性"一词指代精神的自我超越能力。在《人类的本性和命运》中尼布尔开始正式区分了意识的三个层面。

[6] ibid. p. 165.

[7] ibid. p. 166.

[8]《圣经·创世记》，第三章第十七节，第十九节。

[9]《圣经·创世记》，第一章第三十一节。

[10] 尼布尔认为保罗"罪从一人入了世界，死又是从罪来的"（《罗马书》第五章第十二节）一说带有希腊思想的二元论特征，与《圣经》的主要观点不十分一致，容易引起混淆。

[11] ibid. p. 54.

[12] 从尼布尔对所谓东方神秘主义的不多论述中，可以看出他对印度教、佛教等东方宗教所知有限，不过他所提出的个性观的批评角度，倒是东方宗教需要面对的一个关键问题。

[13] ibid. p. 251.

[14] Reinhold Niebuhr, *Man's Nature and His Communities*, Preface.

[15] 尼布尔晚年在和蒂利希的一次谈话中以罪尤其是原罪为例，认为如果想和现代人交流，应该避免沿用传统的语言。他说如果使用"普遍的疏离（universal estrangement）"来替代原罪的概念或许更易为现代人接受。Paul Tillich, *Sin and Grace*, 载于 *Reinhold Niebuhr and the Issues of Our Time*, p. 35。

[16] *The Nature and Destiny of Man*, vol. 1, p. 182.

[17] ibid. p. 182.

[18] ibid. p. 183.

[19] ibid. p. 203.

[20] ibid. p. 182.

[21] Theodore Minnema, *The Social Ethics of Reinhold Niebuhr*, p. 112.

[22] sensuality 有淫荡、好色之意。有译为情欲的,似不妥,因为情欲一词本身不含褒贬,而且尼布尔也反对视情欲为罪恶的观念。根据尼布尔的本意,译为放纵,有随波逐流,不思进取的意思。

[23] *The Nature and Destiny of Man*, vol. I, p. 188.

[24] ibid. p. 189.

[25] ibid. p. 194.

[26] ibid. p. 197, 198.

[27] ibid. p. 199.

[28] 拉罗什福科,《道德箴言录》。

[29] ibid. p. 201.

[30] ibid. p. 201.

[31] 人的情欲超出繁衍后代的自然需要是自然法理论不能解释的事实。尼布尔认为这可能来自精神对自然冲动的夸大,因为自然冲动一旦和精神因素掺杂在一起,就有扩张的趋势。尼布尔的解释道出了部分事实,就是对于人来说,不存在纯粹的自然因素。不过我相信更精彩的解释来自生物社会学家们的努力。比如,在 D. 莫利斯(Desmond Morris)看来,情欲除了繁衍的功能外,还有提供社会组织的动力的功能。

[32] *The Nature and Destiny of Man*, vol. I, p. 234.

[33] Daphine Hampson, *Reinhold Niebuhr on Sin: A Critique*, 载于 *Reinhold Niebuhr and the Issues of Our Time*, p. 49。

[34] Dennis McCann, *Christian Realism and Liberation Theology*, p. 127, 转引自 Henry B. Clark, *Serenity, Courage and Wisdom*, p. 155。

[35] William John Wolf, *Reinhold Niebuhr's Doctrine of Man*, 载于 *Reinhold Niebuhr—His Religious, Social and Political Thought*, p. 317, 以及 Robin W. Lovin, *Reinhold Niebuhr and Christian Realism*, p. 43。

[36] 查尔斯·坎默,《基督教伦理学》,p. 236。

[37] *The Nature and Destiny of Man*, vol. I, p. 226.

[38] Henry B. Clark, *Serenity, Courage, and Wisdom*, p. 169.

[39] ibid. p. 226.

[40] Reinhold Niebuhr, *Moral Man and Immoral Society*, p. 261.

[41] 利文斯顿,《现代基督教思想》,第669页。

[42]《罗马书》第五章第 12 节。

[43] Augustine, *Treatise on Nature and Grace*, p. 238.

[44] *The Nature and Destiny of Man*, vol. I, p. 242.

[45] ibid. p. 260.

[46] *Man's Nature and his Communities*, p. 23.

[47] G. Wurth, *Niebuhr*, p. 9.

[48] 弗兰克纳,《伦理学》, 第 136 页。

[49] *Reinhold Niebuhr—His Religious, Social and Political Thought*, p. 513.

[50] Gordon Harland, *The Thought of Reinhold Niebuhr*, p. 25.

[51] *The Nature and Destiny of Man*, vol. I, p. 222.

[52] ibid. p. 224.

[53] Theodore Minnema, *The Social Ethics of Reinhold Niebuhr*, p. 18.

[54] 生机 (vitality) 与形式 (form) 和自然与精神并不同义,因为有自然的生机和精神的生机,同时也有自然的形式和精神的形式。生机意指推动生命超出自身,从一个中心到另一中心的活力或能量 (energy); 形式意指既定的或生机选择的目标、方向、统一性。

[55] *The Nature and Destiny of Man*, vol. I, p. 92.

[56] ibid. p. 98.

[57] 尼布尔自己或许并未考虑他的思想隐含的意思:人只要深入地反躬自省就可以找到符合本性的伦理规范。所以基督在十字架上的启示对人其实只是一个启发,一种对已有知识的确定。

[58] *The Nature and Destiny of Man*, vol. I, p. 269.

[59] ibid. p. 270.

[60] 尼布尔拒绝自然法观念时真正反对的其实是与自然法观念相连的这样一种见解,即认为人性完全服从于一些固定的结构,可被置于可识别的界限内。关于尼布尔和自然法的关系, 见 Paul Ramsey, *Love and Law* 载于 *Reinhold Niebuhr - His Religious, Social and Political Thought*, p. 143 和 Robin W. Lovin, *Reinhold Niebuhr and Christian Realism* 以及 Gordon Harland, *The Thought of Reinhold Niebuhr*, p. 29。

[61] ibid. p. 271.

[62] *The Nature and Destiny of Man*, vol. I, p. 271.
[63] ibid. p. 285.
[64] ibid. p. 286.

第三章

牺牲之爱与互爱

在神学人类学部分，尼布尔在保留基督教传统教义的基础上，对基督教人性理论进行了一番非神学的重新诠释，确立了他的整个伦理学说，不论是个人伦理学还是社会伦理学的基础。人性理论的确立对尼布尔的整个学说意义非凡，从某种意义上说，他的全部伦理学说、社会政治和国际关系理论都是他的人性理论的自然发展和延伸。这是因为尼布尔在元伦理学上持一种自然主义的立场，对他来说，人首先具有确定不移的自然本性，可以通过社会科学或自然科学或其他的方式，比如神的启示加以认知。自然本性的基本内容一经确定，接下来就可以从这些基本内容出发引申出符合本性要求的伦理规范。在尼布尔看来，人的本性决定了伦理规范的内容和性质，也决定了道德实现的可能限度。

从上一章我们知道，基督教人性理论包含三个要素，这三个要素的相互作用、相互制约决定了精神的可能高度、罪的深度和人在现实中的行为表现。在解说人的本性的时候，我们看到，尼布尔不是从人性的实际表现出发，而是从人性中的某一要素出发，也就是从精神的超越性出发，衡量评判人性的总体性质和倾向，从而保留了罪的教义，解释了原罪之原。在确定伦理规范的时候，尼布尔沿用了同样的方法，他不是从人性的实际表现和总体性质、总体构成上引申出他的伦理规范，而是选择了精神的超越性为基点，从"人具有神的形象"得出超越于历史的"牺牲之爱"是个人伦理的行为规范的结论,然后又以人的自然有限性和罪性解释人何以不能实现这种绝对的"牺牲之爱"的要求,何以必须以"互助之爱"作为可以于历史中实现的伦理规范。

人性中的另外两个要素——人的自然有限性和罪性不仅是牺牲之爱降身为互助之爱的原因,同时也是尼布尔的伦理学和神学的锲入点。按照尼布尔的说法,牺牲之爱本是精神自由的自然要求,所谓自然要求可以理解为一旦确定前提即可以通过逻辑或理论推导获得的结论,这是一个通过经验和理性就可以完成的过程,本不需要假手于上帝,更不需要上帝"道成肉身"并承担被钉上十字架的痛苦即可显明的道德"真理"。但是由于罪性的蒙蔽,人刻意逃避精神的召唤,不能认识生命的真理,是故上帝的启示成为精神得救和道德实现的必须事件。由此,耶稣基督在十字架上的启示这一历史事件就成为尼布尔伦理学的道德规范的神学架构。

第一节 启示的真理——道德规范的神学架构

如前所述,尼布尔认为,基督教人性理论的一个基本观点是坚持只有从上帝的观点看待人,才能认识人的真实地位,"没有一个超出他的理解能力的原则他就不能从自己具有的完全自由的地位来理解自己。"[1]这是因为,一方面,人具有精神上的无限超越能力,他的精神自由使他能够不断超越自然过程和历史过程,站在自己之外看待自己,站在人类之外看待人类,所以任何有限性的知识都无法满足他的根本渴望。在尼布尔看来,对整体性的和永恒性的知识(即包括人本身和整个宇宙在内的知识)的寻求不是人类生活的奢侈品,也不是用于满足好奇心的可有可无的游戏或装饰,而是出自本性的自然需要。对无限和永恒的寻求是人的精神的需要和指向,但在另一方面,与精神的不断超越的潜在可能性相伴随的却是人的认识能力的当下有限性。从历史的某一时刻来看，人的认识能力由于受到自身有限性的限制，必然陷于自然和历史事件的色色流转中，永远也不能真正获得无限性的知识。因为在尼布尔的理解里，精神的无限性是以时间的无限绵延为前提的，而一旦截取时间绵延过程中的某一时刻，精神的超越性顿然凝固成实实在在的有限性。这样就造成了人性中的自然有限性和精神需求之间的矛盾，而人恰恰时刻处于这样一种既有限又无限，既在历史之中又超越于历史之外的悖谬处境中。这一生存论的基本事实依靠人自己的力量显然无法解决，因为我们已经看到，人试图克服这一处境的努力不是陷于骄傲就是流于放纵，人若不从自身以外寻求解决之途，似乎也就只有耽于这一处境，忍受忧虑的日夜煎熬了。而人若从自身以外寻求解决，人的处境的悖谬性特征要求其答案必须同时具有既超越于历史又与历史紧密相连的性质。在尼布尔看来，这正是包括基督教在内的启示宗教的特点。

人需向自身以外寻求答案的原因还在于人的理性和意志的不可靠性。通过人性论的分析我们知道，人在有限性和无限性相交织的处境中几乎必然犯罪，他的意志、理性无一不受到罪性的污染并服务于自私的目的，根本无法承担起透过生存忧虑的迷雾辨识生命的本来面目，寻找并实现道德规范的任务，所以，"人若不能意识到自己面对着神，就不能真正认识自己，只有在神的面前他才知道自己的地位、自由和罪恶。"[2]因此之故，人必须借助于上帝的启示，依靠作为真理（truth）和恩典（grace）的耶稣基督才能克服自我面临的困境，真正实现自我。但是，问题在于，既然由于罪性人不能真正认识自我，那么同样未曾脱离罪性的人又何以识别上帝，相信启示呢？人离真理的距离和离上帝的距离不是同样遥远吗，罪性隔开了真理，同样也隔开了上帝。

尼布尔从人性和历史两个方面来论证神的启示的确定性和真实性。从人性方面考虑，尼布尔强调说，基督教的启示是因为与人的本性相符合才成为真理的，没有人的本性中对于上帝的期待就不会有上帝的启示。同样，从历史方面考虑，没有历史中对弥赛亚即救世主的期待也就不会有耶稣基督的启示。耶稣是上帝启示的最后完成，上帝的启示在耶稣身上达到了顶峰，因为耶稣既启示了上帝的真实品格，也启示了人的真实品格。耶稣被称为"第二亚当"，因为他表示出了人应该具有的行为规范。尼布尔的伦理学和神学在这里合二为一。[3]在基督教神学看来，耶稣既是真理——他启示了生命的真理，又是恩典——他来自上帝的拯救行为，是上帝之爱的体现。作为真理的耶稣基督是尼布尔伦理学中的道德规范部分，耶稣所启示出的牺牲之爱是与人的精神自由的客观事实相符合的真理；作为恩典的耶稣基督，是伦理的道德实现部分，人即使获得真理也不能完全实现真理，他的罪性只有借助上帝的怜悯才能赦免，他的道德力量和新的生命只有通过上帝的恩典才有可能。通过新的阐释，尼布尔又一次保留并改造了基督教的传统教义。

下面分别从历史的角度和人性的角度看尼布尔对耶稣基督启示的真理性的论述。首先是历史方面的验证。尼布尔通过追溯先知运动和弥赛亚运动各自的发展，以及两种运动的交互作用，具体论述了作为上帝最后启示的耶稣基督何以表现出启示宗教的特点，即既具有超历史性又与历史紧密相连，以及我们何以知道对耶稣基督的爱不是另一种偶像崇拜。

一般启示和特殊启示　　尼布尔把基督教有时称为"神话的"（mythical）宗教，有时又称为"启示的"宗教。前者强调基督教信仰与理性主义信仰，比如斯多亚学派，和神秘主义信仰，比如东方宗教在思想方法和表达方式上的区别，[4]后者强调基督教和其他信仰在内容上的区别。尼布尔认为，启示宗教的特点在于它们能够同时注重上帝对世界的超越性和上帝与世界的紧密关系两个方面，这使得启示的宗教更能符合人类精神的需要，从而保证了它们优于犹太—基督教以外的信仰传统,因为只有"在上帝的超越性中,人的精神能够找到一个归宿,在那里他能够了解自己的自由地位。同时,也能够发现他的自由的界限,发现对他的自由行为的审判和使这种审判能够为人所忍受的上帝的怜悯……所以只有启示的宗教才能兼顾人的自由与有限,并理解人的罪性。"[5]尼布尔认为,启示宗教之所以能够做到这一点是因为它们"希望得到的启示是在世界的变迁和消逝背后的永恒的目的和旨意,而这种期待已经在个人的经验以及社会—历史的经验中实现了。"[6]这种实现了的期待就是基督教神学中所谓的一般启示和特殊启示。与传统神学术语的用法略有不同,[7]尼布尔把上帝在个人身上(personal - individual)的启示称为"一般启示"(general revelation),在社会—历史中的启示称为"特殊启示"(special revelation)。前者是随时发生、不断发生的事件,而后者则是已经发生、不再发生的事件;前者可以发生在所有人身上,而后者只发生在某一特定群体身上。一般启示和特殊启示之间互相肯定、互为参照并互为补充:在个人身上的启示是在社会—历史中的启示的可信性的依据,否则后者就不过是一次简单的历史事件;另一方面,对个人的启示也只有在社会—历史启示的参照下才能排除一己之见,得到进一步的确定和说明,否则前者也就成了没有答案的精神的疑虑。尼布尔解释他对两种启示的命名说,对上帝的期待是每一历史阶段的每一个人都具有的,是一种普遍具有的期待,在这种意义上,上帝在个人身上的启示称为一般启示(或译"普遍启示")。由于对上帝的期待是每一个人心里都具有的,所以当上帝的启示作为特殊事件进入历史中时(所以称为特殊启示),人们才能把握启示的真实意义。换言之,一般启示在先,特殊启示在后。一般启示是特殊启示所以可能的前提,特殊启示是一般启示内容上的完成。

尼布尔把一般启示分为三个要素,前两个要素在一般启示中不能得到充分说明，最后一个要素在一般启示中完全不能得到说明，必须借助于特殊启示才能最终了解它们的意义。第一个要素指的是由于意识到生命的有限和不充分而生起的对存在的最终源头的敬畏和依赖，这是每一个具有自我意识的人都有的情感。第二个要素指的是人感觉到自己为自身之外的某种实在（reality）所注视、命令和审判，这种经验相当于通常人们所说的"良知"（conscience）或道德直觉、道德情感。这是从自我以外降临到人心里的道德责任感，是在审判者面前产生的自己不义（unrighteousness）的感觉。[8]尼布尔认为，对良知的经验正可以表明人与神之间的关系。经验主义哲学倾向于把良知定义为内化于行为主体意识中的伦理规范，而《圣经》的观点则坚持从超越的立场定义良知，把良知解释为人所感觉到自己是被命令的，有义务在身且被审判的普遍经验。尼布尔认为，这种解释优于各家哲学的解释，因为它保留了人心之外的审判者的地位，与经验中的各种因素是一致的。[9]一般启示的第三个要素是人的渴望被宽恕之心，这是《圣经·旧约》解释人生问题的最大题目，也是贯穿整个《圣经》的基本问题，它要解决的是上帝的公义（righteousness）和怜悯的关系问题。

一般启示是上帝进一步启示的前提，它确定了特殊启示需要解决的问题，通过进入到历史中的特殊启示，一般启示里所期待的上帝的性质最终得以认识。尼布尔认为，一般启示里的第一要素得到创造者（creator）和创世论（creation）观念的进一步说明，第二要素得到《圣经》里先知运动所宣示的上帝的审判的进一步说明，第三个要素在作为救赎者的耶稣基督那里得到最后的说明。三种启示分别显明了人对上帝的依靠、上帝和人的对立以及上帝对人的爱，三者越来越清楚地说明了上帝对于这个世界的绝对超越性，同时又保留了上帝与世界的紧密联系。

尼布尔认为，作为一般启示的第一个要素的补充和说明，创世论虽然由人的内在认识转移到了外部世界,但它还不属于特殊启示,而是一切启示教义的基础。说它不属于特殊启示是因为它不是发生于社会历史中的特殊事件,而是显明于每一个人的心里和所有被造物身上的真理。正如保罗所说,"人们所能知道的上帝的事情显明在人心里……自从造天地以来,他的永能和神明是明明可见的,虽是眼不能见,但借着被造之物就可知道。"[10]我们看到,尼布尔在这里实际上是从人的内在认识转移到了外部世界,把所谓"人对终极源头的依赖"的模糊感觉客观化为创造者和创世论的神学主张,把意识中的精神自由和人的有限生存外化为一种包括创造者和被造物在内的宇宙论。[11]尼布尔在这里的推论不论怎么说都是太快了,除非他赋予上帝等概念以另外的解释。不过,尼布尔把创造者和创世论排除在特殊启示之外与一般的神学见解相符,因为时间和历史都来自于神的创造,而非神的创造发生于时间和历史中。

创造者和创世论之所以是一切启示教义的基础是因为它们显明了上帝的绝对超越性——他在世界之外,和与世界的紧密联系——世界来自他的创造,揭示了人性中的基本因素,即人既是被造物同时又具有神的形象,以及人必然犯罪的处境;它还启示了神与人之间的关系,说明人必须依赖上帝才能得救。创世论的重要意义在于它"衡量出了人的精神的完全高度,维持了人的身心(body and soul)统一,发挥了人在有限世界中的历史意义,同时对人的自由及自我超越性加以一定的限制。"[12]创世论确立的教义通过一般启示中的第二和第三要素及与此对应的先知运动和弥赛亚运动得到进一步说明。

第二节 先知主义和弥赛亚主义

一般启示中的后两个因素需藉特殊启示来显明。特殊启示虽是历史中已经完成的事件，但它并不向所有人敞开，它是"只能为信心所辨识的上帝在历史中的自我揭示事件。"[13]尼布尔认为，《圣经·旧约》所记载的上帝与犹太人的立约和先知主义运动与一般启示中的道德责任感和被审判感相对应，弥赛亚主义运动与人渴望被宽恕和被拯救相对应。前者揭示出了上帝对人类之罪的愤怒，体现了上帝有罪必罚的公正；后者揭示出上帝对他的创造物的怜悯，是上帝的爱和自由的最高体现。上帝的公正和怜悯的关系是贯串整个《圣经》旧约的中心问题，这一问题通过先知运动和弥赛亚运动的相互交织逐渐得以澄清，但在《圣经》旧约中这一问题没有最终解决，只有通过上帝最后的启示，即《圣经》新约所记载的耶稣基督的言行，这一问题才能解决。

根据《圣经》的记载，上帝在诸民族中拣选了以色列，通过和他们立约希望以色列人不仅关心自己民族的利益，更要以上帝的意志为意，以上帝的意志为判断一切行为的准则。在先知们看来，上帝和以色列民族立约是一种自上而下的选择，这一出自上帝的行为并不表明以色列在诸民族中占有特殊的地位，也不是以色列民族在历史中享有特别安全的保证。在上帝的眼里以色列和其他民族的地位并无任何不同，它不过是上帝为向世界显示自己而选定的工具。以色列和上帝的立约只是表示出以色列民族承担着彰显神意的特别责任，但以色列人恰恰违反了上帝的意志，妄以为自己受到上帝的特别眷顾，自己的民族、文化和制度优于别的民族，具有绝对的价值。他们因此不断陷入全民族的骄傲之中。通过对以色列民族所犯的骄傲之罪的认识，先知们进而发现原来所有的民族、所有的国家都犯有和以色列同样的罪。通过把这一发现进一步普遍化，先知们发现，原来人类历史中的各种因素都不能幸免于罪，"所有先知的结论都强调只有一个上帝，人类的罪在于以他自身、他的民族或他的文化为神圣。"[14]先知运动通过审判者的概念说明了上帝对人类历史的绝对超越性，强调二者间的不连续性（discontinuity），澄清了对上帝的认识。但是这种看法引出了另外一个问题，这就是上帝的意志如何与历史相连，上帝是否只作为审判者出现，他能否克服历史的悲剧，不但能惩罚，更能治疗人类的骄傲之罪。希伯来传统中的弥赛亚运动就是试图从上帝和历史的连续性的角度对这些问题做出回答。

如果说先知运动是一种自省其身的向内的运动，那么弥赛亚运动就是一种呼唤拯救的向外的运动。正如尼布尔所说，没有比没有问题而有答案更荒谬的事了，这意味着耶稣基督之成为上帝最后的启示，必须以人们对弥赛亚的盼望为前提。保罗说"基督对希腊为愚拙"，因为希腊文化中没有对弥赛亚的期待。但基督对犹太人却不是愚拙，因为他们怀有强烈的弥赛亚期待。对犹太人来说，耶稣基督的降临"既实现了又粉碎了"他们的弥赛亚期待，所以基督成为犹太人的"绊脚石"，因为犹太人对弥赛亚的各种期待都含有民族自私的成分，而基督就是要来粉碎这些自私的期待。因为基督必然诞生于对基督的期待中，所以基督的特殊启示必须与整个文化历史相连；又因为基督否定了犹太人的期待，所以基督的启示与犹太的文化历史又是分开的，表现出超越性和普遍性的特征。基督启示的意义因此获得了"在历史之中"和"超越于历史之外"的性质，并且必须从这两个方面来理解。

希伯来文化传统中的弥赛亚主义经历了三个发展阶段，它们分别是以自我民族为中心的（egoistic–nationalistic）的弥赛亚观，普遍伦理思想（ethical–universalistic）的弥赛亚观和表现于先知主义中的超伦理（supra–ethical）的宗教思想弥赛亚观，即先知—弥赛亚主义（prophetic–messianism）。第一和第二种弥赛亚思想出现于前先知的弥赛亚主义，但所有这三种思想都见于希伯来先知们的弥赛亚主义。

以自我民族为中心是弥赛亚思想发展中的最低阶段，这种思想完全从民族自身利益的角度来解释上帝的拯救行为，具有一种唯我独尊的自私的民族主义倾向。这一倾向几乎为所有民族所共有，尤其在人类发展的早期更是如此。处于这一阶段的民族已经意识到，作为价值核心和意义来源的民族或国家的集体生命比表面看起来的更为有限，他们把由此产生的内心的不安投射为自己民族的敌人，而生命的意义即在于本民族和本文化的强大和胜过敌人。这种弥赛亚思想表现出的民族自私因素很早即为先知们觉察到，先知们通过宣判以色列民族的骄傲和自私之罪拒斥了这种弥赛亚观念。《圣经》记载中的第一个先知阿摩司（Amos）曾指责以色列人的民族自私，告诫以色列人上帝不仅可以因他们行公义而降福，也可以因他们不守公义而降祸。阿摩斯预言上帝要审判和毁灭以色列，并奉耶和华的名义宣布神的权力不只限于以色列，也要在其他各国显现出来。[15]这样民族神的狭隘观念被否定了。

弥赛亚思想发展的第二阶段即普遍伦理思想的弥赛亚观开始进入到万民平等的普遍化观念阶段。这时弥赛亚思想所关注的不再是某一个特殊民族的命运，而是在历史中善的力量能否战胜恶的力量的历史意义和普遍伦理问题。它把对历史中的善的得胜的期望寄托在一个同时兼有权力与正义的"牧者君王"（shepherd king）身上，希望通过权力伸张正义，惩治不义。普遍伦理思想的弥赛亚观念对历史和人性有深刻的了解，它已经认识到一切历史中的权力都不能免于腐败，都不免充当邪恶的代表，只有超越于历史的上帝才能完全兼有权力和正义。所以它所期待的弥赛亚王不是历史中的某一特殊人物，而是神降世为王。

这一种弥赛亚思想中的混乱同样得到先知运动的澄清。先知运动强调的是人与神之间的不连续性：上帝是一切权力的来源，所以才可能兼有权力和正义；如果上帝成为历史中的某种特殊的权力，那么他必然处于与其他权力的竞争之中，于是陷于利益和权力之争的弥赛亚王同样也不免腐败的命运。尼布尔认为，先知主义对于历史中的权力的危险性的警觉是《圣经》中不断出现的主题，它确定了犹太—基督教传统对政治和政府的基本态度。

尼布尔认为，希伯来先知思想对上述两种弥赛亚观的拒斥是神的启示的真正开端。因为不论是普遍伦理的还是以自我民族为中心的弥赛亚观都是对历史中的一种力量战胜另一种力量的期待，都是把神看做人的最高可能性的延伸和实现。先知主义宣布上帝不但将审判以色列，也将审判其他列国，也就宣布了所有的人都违背了上帝的意志的事实。先知们以此表明上帝和人类历史的绝对对立，并以此超越上述两种弥赛亚观的局限，"只有认为万民都陷于不义的神的话语，才能超越任何从人的观点去了解人生与历史的意义的文化立场；这就是启示和与启示相关联的信心的开始。"[16]先知主义将上帝的绝对超越性引进犹太人的弥赛亚盼望中，从而使实现盼望的张力从历史中的善恶两极转变成在历史之中和超越历史的两极，如此一来弥赛亚主义也就进入到先知的弥赛亚主义阶段。

先知的弥赛亚主义是先知主义和弥赛亚主义的相互影响和相互渗透，它以先知主义的结论为前提回答弥赛亚主义关于正义和邪恶的问题。它的前提是：从超越的角度看所有的人都是罪人，弥赛亚主义所面临的问题不再是降世为王的神如何战胜民族和个人的不义，而是神如何对待所有民族和所有个人身上的罪，如何战胜世人的每种义行中所含的罪恶。另外一个与此相关并且同样重要的问题是：历史中正义和邪恶的相对区分是不是因为所有的人都有罪，都要受到神的审判而没有意义。

我们看到，随着先知运动和弥赛亚运动的相互影响、不断发展，人们对义和罪的认识也越来越深入：由简单自发地以自己为义，以敌人为恶，到以"义人"为义，以"不义之人"为恶，再到以义行为义，以恶行为恶。与此同时，对义和罪的问题的解决也变得越来越复杂，越来越困难。

在先知的弥赛亚主义阶段，人们对于罪与义的问题有十分清醒的认识。这一时期的先知们不仅提到神的愤怒以及由此而来的审判，而且也开始提到神的怜悯。他们不仅认识到"我们都像不洁的人，所有的义都像污秽的衣服"，而且也恳求说"耶和华啊，求你不要震怒，也不要永远记念罪孽。求你垂顾我们，我们都是你的百姓。"[17]先知们意识到在上帝的眼里所有的人都是不义的，也意识到人类的这一问题在历史中不能得到解决，只有神的超越一切的怜悯，才能克服这一矛盾。先知们确信上帝的力量必能保证历史中的善最终战胜恶，但是神的愤怒和怜悯之间的关系问题，先知们无法回答。

基督教相信，对这一问题的回答是通过上帝道成肉身而亲自完成的。在尼布尔看来，人的处境所具有的既在历史之中又超越于历史之外的悖谬性特征要求弥赛亚期待具有同样的性质，这是人的行为所不可能具有而耶稣基督却实现了的要求。先知运动和弥赛亚运动的相互交织在耶稣基督身上达到顶峰，他通过他的行为既否定又完成了以往的三种弥赛亚期待。从这一线索出发，可以认识耶稣基督的启示作为。

第三节　耶稣基督——上帝最后的启示

基督教信仰之所以相信耶稣就是弥赛亚，耶稣是上帝最后的启示是因为他回答了先知弥赛亚主义所不能回答的上帝的愤怒和怜悯的关系问题。[18]耶稣基督否定了以往的弥赛亚期待，粉碎了犹太人的自私心理，所以不能为犹太人接受，成为"犹太人的绊脚石"；他改变了传统的弥赛亚期待，赋予它以全新的意义，所以成为基督教信仰的基础。

耶稣之为人们期待的弥赛亚首先在于他和先知运动的连续性。他继承了先知运动的主张，弃绝了任何形式的诉诸权力和在历史中实现弥赛亚期待的观点,否定了犹太的律法主义和民族至上的弥赛亚主义,[19]并以其"末日审判"的故事和"人子必须受苦"的说法否定了普遍伦理思想的弥赛亚主义,回答了历史中相对的善和相对的恶的关系问题,澄清了历史的混乱。

在"末日审判"中,耶稣以象征性的手法把他的弥赛亚思想完全表现出来。[20]在耶稣的末日审判故事里,作为审判者的弥赛亚把义人和不义的人分开,这表明耶稣保留了义人得胜,不义的人灭亡的普遍伦理思想主张。在此基础上,耶稣加上了一层重要的意义,即那些义人的谦卑和不以自己为义的态度:他们以忏悔的态度接受审判者的称许。义人痛悔自己的不义,而不义的人却意识不到自己的罪恶,这是义和不义的最后界限。通过耶稣的教诲我们发现,"最后审判包含着纯道德和超道德的先知弥赛亚主义的两个层次。在最后审判中,善恶之分没有取消,但最后审判同时也肯定了即使义人也算不得为义。"[21]善恶之分没有取消,肯定了历史中正义和邪恶的区分是有意义的,这是弥赛亚期待中的纯道德层次。即使义人也算不得为义,强调了罪的普遍和复杂,这是弥赛亚主义的超道德层次。

尼布尔指出,耶稣之所以为犹太人所拒绝主要原因即在于他所揭示出的超道德层次。通过对人皆有罪的强调,耶稣不仅否定了犹太人的民族自大心理,还揭露出每一个人的以自我为中心的自私倾向。不仅如此,耶稣又以"人子必须受苦"来进一步粉碎犹太人原有的弥赛亚期待。

尼布尔考证说,"人子必须受苦"[22]是耶稣将《但以理书》、《以诺书》中的"人子"和《以赛亚书》中"受苦的奴仆"的说法综合而成的。作为上帝对人的困境的启示,受苦的仆人既处于历史之中——他是历史中的一个人,又超出历史之外——他同时又是神的代表。他来自神,所以避免了人人必有的原罪;当他进入历史中时,他以"放弃权力"和"牺牲自我"来克服历史中自我中心主义的困境和权力必然腐败的命运，因为他深知"历史中完美的善只有通过放弃权力来完成。"[23]上帝为世人的不义而受苦，他亲自承担人的罪，这就是说，历史中的矛盾只有在超越历史的神的层面才能得到解决。我们看到，上帝没有通过破坏历史来取消历史中的善与恶，这有助于我们把握道德和历史的意义。上帝的怜悯必须彰显于历史之中，以使历史中的人们知道自己的罪和获得拯救之路。[24]

基督教信仰在"受苦的仆人"那里发现了神的公义与怜悯的关系，回答了先知弥赛亚主义所不能解决的问题。神的受苦一方面表明人类罪性的严重性，另一方面也彰显了神的爱。人类的罪是因为人出于自爱的目的而背弃了生命之源，违反了生命的律法。上帝对世人的愤怒是"世界的本质结构对于败坏这种结构的反应"[25]的象征性说法。上帝的愤怒是一种必须的反应，非如此则不足以体现上帝的公义。上帝的怜悯超越于他的愤怒，但不能违反世界的本质结构的反应，取消他的愤怒，上帝于是通过走上十字架来亲自承担罪的结果，这样的行为既保留了公义又体现了怜悯。公义的维度表明上帝将自己限制在世界的结构和规律之中，怜悯的维度表明上帝有超越世界的结构和规律的自由。先知的弥赛亚主义之不能回答怜悯和自由的关系，恰是因为没有看到上帝有超越公义的自由。

耶稣基督作为上帝最后的启示包含着两方面的内容，分别对应于人类困境的两个方面。作为上帝的智慧，耶稣基督启示出了生命的真理，这是人凭自己的能力所不能发现的。作为真理，耶稣基督的启示行为只是在"原则上"克服了罪，在事实上仍非如此。矛盾和冲突是历史的永久特征，不会因为上帝的特殊启示而有所改变，所以原则上被克服的罪在实际中仍可横行无阻。[26]在历史的道德实践中，耶稣基督的启示的真理性必须和上帝的恩典和权力结合起来才能表现为道德实现的动力。

第四节　牺牲之爱

希伯来人的先知运动和弥赛亚运动是上帝最后启示的历史文化背景，上帝的启示必须发生在这一传统中才能被认识，否则就会成为没有问题的答案。但上帝启示的意义并不为犹太人所独有，上帝道成肉身的目的不是来解决犹太人面临的特殊问题，而是通过解决犹太人的问题启示出生命的真理。换言之，犹太人面临的问题实际上也是所有民族都必须面对的道德难题，犹太人的问题和答案具有一种普世的意义。这种普世的意义是从人性的角度对耶稣基督的启示的确证。基督教信仰认为耶稣基督不仅启示了上帝的公义和怜悯的关系，而且也启示出了人性的完美规范。作为神的启示的耶稣基督回答了人的精神自由提出的自身无法解答的问题，澄清了人生和历史的意义。基督教信仰把耶稣称为"第二亚当"的意义即在于此。

耶稣基督是人性的完美典范，他代表着人性中精神自由的自然要求在历史中的完全实现。他所启示出来的"牺牲之爱"是精神的律法，是每个人自我实现的不二法门。不仅如此，牺牲之爱同时还是个人伦理的最高规范，也是一切道德行为的基础。一般而言，自我实现和道德要求出自两种不同角度的考虑，二者并不重合，而且常常冲突。尼布尔坚持牺牲之爱既满足了道德的要求又完成了自我实现，如此一来，尼布尔的伦理学在这里又实现了和人生哲学的统一。伦理学和人生哲学的统一使尼布尔的学说具备了许多现代伦理学所缺乏的古典伦理学特征，他的学说的优势和缺陷也因此变得十分明确。

尼布尔认为，根据《圣经》的记载可以发现，历史中耶稣的教导、目的和行为是一致的：他不顾历史条件的相对性和偶然性，坚持毫不妥协地以上帝的意志为行为规范。当然，这并不意味着历史中耶稣的每一行为都纯洁无暇，完全不受罪性的沾染，因为历史中的耶稣与信仰中的基督不是完全等同的。[27]基督教信仰以十字架而不是历史中的耶稣象征基督的完美，使十字架的象征具有超历史的意义。尼布尔认为，作为神话的宗教，基督教没有以理性化的方式将历史中耶稣的每一言行都解释为基督的完美的象征，这正是基督教信仰比一切理性化的神学更为深刻高妙之处。

牺牲之爱的超历史特征 基督之为人性的完美规范是因为他所启示出的"牺牲之爱"的完美。牺牲之爱以耶稣被钉上十字架为高潮。在尼布尔的学说中，牺牲之爱有"爱的律法"、"原义的律法内容"、"精神的律法"、"圣爱"（agape）等种种称呼。在《圣经·新约》中耶稣曾将摩西律法概括为"爱上帝"和"爱人如己"两项要求，认为这是一切律法的总纲。两项要求中前者又称为第一律法（the first law），后者称为第二律法（the second law）。牺牲之爱的完美首先在于它的超历史性，它不是历史中的行为，也无法在历史中得到证明。历史中的道德规范是"互惠之爱"或"互爱"（mutual love 或 eros），它受到历史因素的限制，是比牺牲之爱低一级的道德规范。

像在处理其他概念时一样，尼布尔从来也没有给出过牺牲之爱的定义，但他通过对《圣经·新约》中耶稣教导的解释描述了牺牲之爱的内容和要求，我们从中可以领略牺牲之爱的超历史性特征（尼布尔有时又称之为完美性、绝对性或不可能性，等等），以及尼布尔何以既认为这一规范在历史中无法实现，又坚持它是伦理的最高规范。

牺牲之爱的超历史性表现在它对人所具有的一系列自然本性和社会属性的拒斥上。首先是对生存意志、生存冲动的否定。生存冲动是生命保存和延续的最基本动力，为一切动物，至少是高等动物所共有。生存冲动本身没有道德属性，但它的自然价值无论怎样强调都不过分,因为它是生命的基础。对于人来说,生存冲动的直接表现就是关注衣食。耶稣在提到这一点的时候,用诗一般优美的语言劝戒说,"不要为生命忧虑吃什么,喝什么;为身体忧虑穿什么……你们需用的这一切东西,你们的天父是知道的。"[28]尼布尔认为,这些段落中所要求的对上帝的意志和爱的依赖在历史中是不可能达到的,因为显然"没有任何生命可以以对生活的物质基础如此忽视的方式存在。"[29]

其次是对人类与生俱来的同情和亲情这一类自然情感的否定,比较温和的表述是"你们若单爱那爱你们的人,有什么赏赐呢?就是税吏不也是这样行吗?"[30]但像"谁是我的母亲?谁是我的弟兄……凡遵行神旨意的人就是我的弟兄姐妹和母亲了。"[31]以及"任凭死人埋葬他们的死人"[32]和"人到我这里来,若不爱我胜过爱自己的父母,妻子,儿女,弟兄,姐妹,和他自己的性命,就不能作我的门徒。"[33]"你们以为我来是叫地上太平么!我告诉你们,不是,乃是叫人纷争。从此以后,一家五个人将要纷争,三个人和两个人相争。父亲和儿子相争,儿子和父亲相争……"[34]等等,则是更直接的表述。

在排除了自然冲动和自然情感之后,耶稣从牺牲之爱中又进一步排除了对道德回报的期待。"你摆设宴席,倒要请那贫穷的,残废的,瘸腿的,瞎眼的,你就有福了。因为他们没有什么可报答你。"[35]"不背着他的十字架跟从我的,也不配作我的门徒。"[36]和"倘若你一只眼叫你跌倒,就把它剜出来丢掉;你只有一只眼进入永生,强如有两只眼被丢在地狱的火里。"尼布尔论述说,牺牲之爱的行为有可能导致好的社会效果和对行为者的回报,但显然,耶稣的教诲反对从这个角度解释爱的律令,因为"在耶稣的所有这些强调当中,正确的行为所收到的短期的、具体的益处或者根本不被考虑,或者被明确拒绝。"[38]

耶稣伦理的超历史超道德性在对社会正义的否定中更加表露

无遗，因为耶稣教导说，"不要与恶人作对。有人打你的右脸，连左脸也转过来由他打……要爱你们的仇敌，为那逼迫你们的祷告。"[39]尼布尔认为在这里耶稣的伦理要求与社会历史中的普通生活表现出最明显的冲突。[40]

尼布尔认为，这一系列的否定充分表明，耶稣所要求的是一种超越自我、家庭和阶级的完美的爱。这种爱的绝对超越性使它与世间之爱保持一种永久的张力。耶稣伦理因其具有的绝对性和超越性注定了它在历史中不可能实现的性质。[41]

牺牲之爱之不能作为历史中的行为规范，不仅在于它的要求的绝对性，而且还在于它的不可普遍化的特征。我们知道，可普遍化是伦理规范的一个基本要求，否则在同一伦理指导下"可能导致不同的人做出不同的甚至相互冲突的行动"。[42]牺牲之爱的实质在于舍己为人，在它所要求的规范中没有把行为者自身纳入同等考虑的范围。从伦理学角度来看，它只能作为一种倡导的行为，而不可能作为一个普遍的要求。这是一种形式方面的考虑。尼布尔似乎只从内容方面考虑了它的不可能性。

从社会历史背景来看，耶稣伦理的绝对要求与耶稣本人的末世论情结有关。根据《圣经》的记载，耶稣一再发出诸如上帝的国近了的预言。在耶稣的信念里，最后的审判和历史的完成似乎已经指日可待，他相信他身边门徒在有生之年可以亲眼见到这一切。在这样一种历史即将完成，最后的日子日益迫近的坚定信念下，耶稣关注的不是为日常生活制定规范，而是为最后的审判做好准备。对耶稣伦理的这一历史主义解释未被尼布尔所采纳，因为这一解释大大削弱了耶稣伦理的启示意义。尼布尔从超历史的维度对耶稣伦理的解释十分巧妙，而且也能言之成理，自圆其说。但应该明确的是尼布尔的解释不是基督教神学的惟一解释，相反，他的解释倒常常受到其他神学家的批评，尤其是他在解释《圣经》时表现出来的随意性更引起一些人的不满。比如，在比较两种相反的观点时,尼布尔经常笼统地使用诸如"圣经的观点认为"或"基督教的观点认为"等说法来批驳他认为错误的观点,却并不具体指出他所根据的是《圣经》的哪一段经文。但正如柏特(Burtt)指出的,首先,对于同一个神学主题,《圣经》本身往往就有不同的观点;其次,尼布尔自己对《圣经》中相关经文的解释只是许多种解释中的一种而已,这许多种解释之间往往并不十分一致,有时甚至相互冲突,但我们却不能就此否认它们同样都构成了所谓"圣经的观点"。柏特认为,尼布尔应该承认的是,与别种解释比较起来,他对《圣经》的解释并不具有最后的充分性,因此不应该将自己的观点不加区分地等同于"圣经的观点"。[43]尼布尔的伦理学说并不总是承认《圣经》的权威性,他所谓的"圣经的观点"很多时候往往只是他自己的观点。这一点突出表现在当《圣经》的说法与他的观点明显矛盾时,他总是根据自己的学说修改《圣经》。[44]在著作中,尼布尔不仅常常通过对正统神学家如奥古斯丁、托玛斯·阿奎那、马丁·路德和加尔文等人的批评从"否定的"方面来证明自己的观点,甚至还以圣保罗为批判对象。[45]

《圣经》中耶稣的教导并不总是如尼布尔所解释的那样具有绝对的超越性。比如耶稣在否定对道德回报的期望的同时,又对一些行为许以现世或来世的回报,以劝戒激励人们奉行他提出的行为规范。这一类的训谕在《福音书》中同样也时有所见,比如"怜恤人的人有福了,因为他们必蒙怜恤。"[46]"你们不要论断人,免得你们被论断。因为你们怎样论断人,也必怎样被论断……无论何事,你们愿意人怎样待你们,你们也要怎样待人。"[47]以及"因为凡自高的,必降为卑;自卑的,必升为高。"[48]这一类以道德回报为期望的行为规范自然有助于德性的培养和社会关系的和谐,但它们的基础在历史之中,而非历史之外。在这些训诫中,"你们愿意人怎样待你们,你们也要怎样待人"在西方还被尊为道德的黄金律,说明了它对现实道德生活的指导意义。除了对道德回报的允诺以外,耶稣还采取了"怖之以地狱"的手法,对不遵守诫命的人严辞恐吓,比如"你们这些蛇类,毒蛇之种啊,怎能逃脱地狱的刑罚呢?"[49] "人子要差遣使者,把一切叫人跌倒的,和作恶的,从他的国里挑出来,丢在火炉里,在那里必要哀哭切齿了。"[50]但耶稣这部分的论断与尼布尔所强调的耶稣伦理的超历史特性明显不同。尼布尔为此修正说,在这些叙述中耶稣放松了爱的超越性和人类历史之间的张力,这不过表明甚至一种坚持爱的绝对性的道德也有时不得不向"审慎的道德律"妥协。[51]换言之,在尼布尔看来,这一类的训诫是出于道德实现的现实手段考虑,不改变耶稣伦理的基本特征。

尼布尔关于最高规范的观点也为我们理解他的有关罪的主张提供了一个很好的角度。正如利文斯顿指出的,我们可以从尼布尔坚持以绝对超越的爱为规范理解他何以认为罪是不可避免的,这是因为规范标准的绝对性和超越性使任何实现规范的努力几乎都是不可能的,这样一来,在这一绝对的标准之下也就无人无罪了。实际上,保持理想和现实两极之间的巨大张力正是尼布尔伦理学的基本特征,它一方面使尼布尔能比别人更敏锐地发现人性和现实中的罪恶,一方面使他在既已取得的社会道德成就面前保持极为清醒的头脑,成为国家和社会的道德自义倾向的严厉批评者。[52]

牺牲之爱的必要性和可能性 牺牲之爱由于其绝对性和超历史性使它成为历史中不可能实现的要求,尼布尔所谓牺牲之爱是精神的律法的意思就是强调它只能为人性中的某一要素即精神所遵守,而不可能成为现实行为的规范。既然如此,尼布尔为什么仍然坚持牺牲之爱不但是精神的律法,而且也是个人伦理的最高规范,是一切道德的基础呢?尼布尔对此的回答是,人类精神里的罪不仅是个人得救的问题,同时也是人与他人关系的伦理问题,因为罪蒙蔽了精神,妨碍了人的得救,也破坏了人际的和谐。在所有的选择中,惟有牺牲之爱可以根治忧虑,洗脱原罪,所以不论是对自我实现还是对道德要求,牺牲之爱都是必要的。此外,牺牲之爱与历史保持一种辩证关系,它不仅有超历史的一面,同时还有在历史之中,与历史紧密相关的一面,因此它是可能的。只不过这种可能性不像自由主义神学所主张的那样,是一种简单的可能性,相反,牺牲之爱是一种"不可能的可能性"。

首先来看为什么牺牲之爱是精神自由的必然要求。尼布尔认为,这是由精神的性质决定的。人的精神的无限超越能力使它不能满足于以有限的一致性原则解释人生的意义,不管这种意义原则是自然或历史的生机的中心,如部落或民族的生存,还是"次要的意义与融贯原则",如自然因果说以及种种理性原则。无限的精神寻求永恒的意义,人"对宇宙的意义若不能找到一个超越宇宙的基础,就不能建构一个有意义的世界。意义的问题是宗教的基本问题。"对世界的理解如此,对生命的理解也同样。所以尼布尔说,"人之超越自己这一事实,必然领人去追求一个超越世界的上帝。"[53]因为在人们的观念里,只有上帝是无限者。

作为一名基督教伦理学家,尼布尔的著作中自然少不了"上帝"的概念,不过他的学术生涯却没有为我们提供一个完整的上帝论,这一点经常受到学者们的批评。[54]这当然并不等于说上帝这一概念在他的伦理学体系中不需要进一步的界定和重新阐明,相反,他正是依赖于一个部分阐明的上帝概念来发展出他对人的本性和历史的解释的。在尼布尔的学说中,上帝概念和一系列的伦理概念比如正义、爱等紧密相关,所以充分理解上帝这一概念在尼布尔学说中的意义十分必要。

尼布尔的上帝观和宗教观受到他弟弟理查德·尼布尔和他朋友蒂利希的影响。尼布尔认为,宗教为人们的存在和生命提供了统一性和融贯性的意义原则,就不预设一种生存的意义人们根本无法生活而言,每一个人的生活都是宗教性的。[55]就此而言,宗教并不限于这一概念通常所包含的那些内容,它的外延要宽泛得多。对基督教来说,上帝是这一统一性的意义体系的"超越的来源",是"有意义的生存的神圣核心",通过他可以维持对于生命和存在的有意义性的信仰。上帝为人们的生活提供了一个"垂直的维度",他是一切生命过程的终极源头和终极目的,他既指明了"来自何处"又指明了"归于何处"。生活中的每一事件,不论如何琐屑,如何隐晦,都因为和他直接相连而获得意义。与这种"垂直的维度"相对的是世俗的、伦理规定的"水平的维度",它关注和解决的是人们日常生活中的利益和愿望之间的冲突。宗教伦理学与一般伦理学的不同即在于它不只从水平的维度考虑问题,而是立足于垂直的维度考虑水平的问题。尼布尔认为垂直维度应该先于水平维度,因为生命是有意义的,且这种意义超越可观察的存在,这是一种实际存在的假设,它渗透于知识的每一成就,而正是依靠这些知识的成就,世间的苦难才可以忍受,生活的丰富性和矛盾性才可理解。[56]

基督教信仰相信,基督启示出了上帝的品格,"上帝是爱"。"上帝是爱"意味着被造的世界所依赖的,和用以审判这世界的终极的实在(ultimate reality)是一切生命以及生命与生命之间的和谐的源头。[57]在这最终的和谐中,利益之间和生命之间的冲突都得到了解决,其中的每一种价值与其他价值都是融贯的。这种终极的实在也是各社会群体衡量自己的作为的原则。从尼布尔的观点看来,上帝独立于我们每个人持有的对上帝的观念,上帝不是我个人所持的或我的文化灌输给我的各种价值的总和;也不是我、我所属的党派或我的信仰设想出来以我们的条件解决纠纷的方案。因为"任何不只是一方简单地向另一方让步的解决冲突的方式都意味着超越双方利益的冲突,通向更高层次的和谐状态。"[58]所以，在尼布尔的认识里，这一个上帝虽然来自犹太—基督教传统，并通过这一传统为我们所认识，但他绝不只是这一传统中的人们的上帝，也不根据人们对他信仰与否而施福或降祸。他是全人类的上帝，超越了民族、文化、信仰和道德的界限，启示出生命在源头和终点的和谐。"他叫日头照好人，也照歹人；降雨给义人，也给不义的人。"拉宾分析说，尼布尔选定以爱为伦理规范和信仰的要求，虽未确定解决冲突的方式，但至少指明了一种可能的远景。[59]

理解了尼布尔学说的上帝的意义，我们具体来看何以爱上帝成为人的精神的必然要求，以及如何从爱上帝的信仰德性进而过渡到爱邻人的伦理德性。

爱上帝成为精神的必然要求是由人的悖谬处境而来的。在本文的第一章中我们已经具体阐述了忧虑的产生和由此而来的罪。尼布尔指出，尽管罪的产生是不可避免的，罪是人生的常态，但人从来不安于罪的结果，原义时时提醒他回到未行动前的和谐状态，只是以自我为中心的寻求却使他越来越深地陷入"自我实现的悖论"中，因为"自我如果过于狭隘地寻求自己结果必定是损害了自己，它必须忘掉自身以实现自己，但这种自我遗忘一定不能出于以为遗忘可帮助达到更终极的自我实现这样的筹划。"[60]自我实现的途径颇类似于寻求快乐的途径，它们都是某种其他目标的附属产品，必须以迂回的方式完成。尼布尔认为，自我必须以远比自己伟大的上帝为意义的中心才能忘掉自己，只有这样自我才能恢复它本性中原本具有但从未实现的原义状态。

牺牲之爱既然是原义的律法内容，它与原意是紧密相关的。第一律令"你要尽心、尽意、尽性爱主你的上帝"（Thou shalt love the Lord thy God with all thy heart, and with all thy soul, and with all thy mind）要求的是（1）灵魂（soul）与上帝的完全契合，灵魂完全顺从上帝的意志，并因此（2）使本身的一切冲动和功能彼此和谐。第二律令"爱人如己"（Thou shalt love thy neighbour as thyself）要求的是（3）生命与生命之间的完全和谐。[61]三者当中，（1）爱上帝是最基本的，它与原义中的"信"和"望"相同。"信"指的是对上帝佑护的相信和依赖，"望"次于信但与信一致，它是对未来的"信"。未来充满不可预测的无限可能性，它们是人们赖以安身立命的有限的意义体系所不能涵盖的。如果没有坚定的信和望的指引和帮助，这些可能性必定使人产生对世界和人生的忧虑，而这正是罪产生的前提。信之为爱的先决条件，是因为信能从根本上消除忧虑，从而也就消除了导向骄傲或纵欲的可能。将信视为宗教德性的第一条件与将不信视为罪的根源是一致的。尼布尔说，耶稣无疑深知忧虑与罪的关联，所以他谆谆教导人们"不要忧虑"。

爱的律法的第二个条件是"尽心、尽意、尽性"，它指向灵魂内在完全和谐的健康状态。尼布尔指出，灵魂的完全和谐必须出于对上帝的自愿的爱而不是出于被动的服从，因为"服从"已经包含了意志的自我冲突。在这里，"尽心、尽意、尽性"的对象只能是上帝，而不是自我，否则有限的自我又不免产生忧虑，造成意志的冲突。如在原义论中所述，人的意志为罪所污染，不能实现人性的自然要求，只有在思想的自我中才保留了完全和谐的可能。

生命与生命之间的和谐既是由爱上帝而来，也是实现自由的必要条件。没有对上帝的爱，人以自我为中心而生的忧虑难免使他以他人为消除忧虑，获得安全的工具，这必然导致人与人之间关系的紧张，结果愈益加剧了人的不安全感。尼布尔认为，爱作为精神的律法高于普通的理性范畴，超越一切法则和规律，正像精神高于理性一样。个人的独特个性和特殊需要只有通过爱才能发现，因为爱是精神与精神之间的关系。爱上帝是爱邻人的前提还在于对上帝的共同的爱使人们超越时间和空间的限制，实现彼此沟通，否则，人必然要被"各人心中难以测知的心理活动所阻隔。"[62]

尼布尔一直把宗教，尤其是基督教在现代社会中实现和保障人格完整的作用看做为宗教辩护的理由。这种自然主义的倾向贯串于他思想发展的每个阶段。在他的第一部著作《文明需要宗教吗？》中，尼布尔对"爱上帝"和"爱邻人"的关系就有过类似的论述，"宗教教导人们以爱他们的兄弟来发现上帝，并因发现了上帝而爱他们的兄弟。在一种以人格为最高力量和价值的思想体系的推动下，宗教激发起对人格的敬畏；宗教引导人们去发现宇宙中人格的价值，因为它们是发现他人生命中人格的超越价值的线索。"[63]

在这里我们可以进一步发现神学人类学在尼布尔的伦理体系中的关键作用。我们已经看到，爱的律法中的第一律令与人的本性中"人具有神的形象"相对应。尼布尔在著作中没有具体谈到爱的律法的另一部分和人性中另一要素之间的对应关系，也就是第二律令"爱邻人"和"人是受造者"之间的对应关系，我们可以根据其内容发现二者间的对应。"人是被造者"描述了人的生存的偶然性和有限性，人与人之间相互依赖的关系成为人类生存的必要条件，它的理想的伦理状态就是人与人之间的爱的关系。[64]只有这种爱的关系才能既顾及到人们之间的相互依赖，又顾及到处于这种关系中的人的精神自由。人们对这两种理想准则的违反分别产生道德的罪和宗教的罪。

基督教伦理一般把"爱邻人"的依据置于"爱上帝"的基础上：我所以要爱邻人是因为我爱上帝，而上帝爱每一个人，所以我要爱每一个人。与这种神学的方式不同，尼布尔从第一律令到第二律令的转换是通过生存论和伦理的方式完成的。

在前面的章节中我们曾经讨论过宗教和伦理之间的关系。就犹太—基督教传统来说，这一关系表现为"爱上帝"的第一律令和"爱邻人"的第二律令之间的关系。因为第一律令中隐含了一个肯定上帝存在的神学判断，是以信仰陈述（"上帝是存在的"）为基础的伦理判断，因为它首先是包含了价值词"应该"（shalt）的判断。由于它规定的是人对上帝的义务，我们可以称之为宗教义务。这样，第一律令和第二律令之间的关系同时也是宗教义务和道德义务的关系。按照前面章节的分析，我们知道，第一律令和第二律令不存在互相依赖的关系，因为两者规定的行为针对不同的对象，分属不同的领域。第二律令可以独立作为一个规范体系的原则，从中引出我们对他人的一切义务。[65]基督教文化之外的其他文化，比如儒家文化，没有规定人对上帝的义务，但同样可以有诸如"爱人如己"的道德要求就是一个例证。

尼布尔对此问题的理解与上面有所不同，他不是从逻辑或语义的角度，而是从人类学和道德实现的角度解决这一问题。我们看到，在尼布尔的回答里，第一律令是第二律令的前提和保证，第二律令则是第一律令在人际关系间的具体体现。如果没有"爱上帝"，也就根本不可能实现"爱人如己"，"基督把爱邻人的第二律令和爱上帝的第一律令视为相同。"[66]所以在尼布尔的理解中，第二律令还是依赖于第一律令，只不过这种依赖不是逻辑上的依赖，而是人类学意义上的依赖。如果把爱上帝理解为对一种超越的价值的信仰，我认为尼布尔的观点是正确的。但是如果爱上帝中的上帝只能是基督教信仰所描绘的上帝，这一观点就需要进一步讨论了。

牺牲之爱作为伦理最高规范的必要性还表现在它与历史中的道德规范——"互惠之爱"或"互爱"的辩证关系上。互爱在规范层次上低于牺牲之爱，就其同样也指向生命与生命间的和谐而言，互爱与牺牲之爱有共同之处。但与牺牲之爱的无条件性不同，互爱是有条件的，它是一种互惠关系中的爱，其经典表述是"你们愿意人怎样待你们，你们也要怎样待人"。所谓互惠关系中的爱不是说它出于纯粹利益的考虑,任何互爱其实都含有不计个人利益的牺牲之爱的因素,否则也不可能成其为爱。[67]只是比起完全不计个人利益的牺牲之爱来互爱更多地以审慎的考虑为基础。互爱是一种可以预期得到回报的爱,是在历史中可以验证的爱。在互爱中,自我牺牲的因素和自爱的因素混合在一起,所以互爱的行为中既包含了爱,也沾染了罪。互爱和牺牲之爱不是逻辑上的演绎关系,而是辩证的关系。首先,牺牲之爱完成了互爱的缺失。人性为自私的罪所污染,这罪渗透于人的思想和行为的各个角落,如果不以绝对超越的爱为动力和标准,那么互爱终不免堕为计较个人得失的利益关系,因为"互爱常使人从自我的角度衡量人与人之间的关系……审慎的考虑必然抑制了对别人的关心。"[68]尼布尔认为,只有纯粹的不计利害的爱才能使人进一步发展兄弟之爱,互惠是不求而得的自然结果而不应该是一开始即要达到的目的。此所谓取法乎上,得乎其中,而如果取法乎中,则仅得其下。

其次,牺牲之爱澄清了历史的模糊,确定了互爱发展的可能限度。牺牲之爱的超历史性标明了历史的限度,"耶稣的伦理关注的全然不是人类生活的当下的道德问题……它没有与横向的政治或社会伦理建立关联,它只有上帝的意志和人的意志之间的垂直维度。"[69]尼布尔认为,自由主义神学,尤其是以社会福音运动为代表的美国自由主义神学的致命错误在于将牺牲之爱当作历史中的简单的可能性,他们"坚持基督徒的一举一动都必须以牺牲之爱相合,而不以互爱和相对的正义为原则判断各种利益冲突。"[70]尼布尔对和平主义运动的态度转变也是基于同样的考虑。

最后,牺牲之爱否定了互爱的自私和狭隘,显示了人的自私和神的完美之间的对立。任何互爱的行为自身都含有自私的成份,它们是败坏爱的根源。牺牲之爱一方面肯定,一方面又否定了互爱的相对性。它肯定互爱的相对价值,告诉人们不应因为互爱的相对性而放弃人在历史中的实现相对正义的责任；它否定互爱，告诉人们不可赋予相对的成就以绝对的价值。就发展的可能性来说，互爱没有一个既定的界限，人们永远不能以已经取得的道德成就为人类能力的终点。尽管人类历史即使达到了最高阶段，依然不能消除互爱中的自私成分，但在以牺牲之爱为目标，怀着谦卑和悔罪的心情行事的人和那些以自我利益为最高目的拒不承认自己的罪的人之间毕竟存在差别。这种差别从不以自己为罪人到承认自己为罪人的转变中也可看到。

第五节 道德规则、道德动力和道德实现

通过对人的生存的神学人类学分析，尼布尔得出以耶稣为榜样的牺牲之爱是个人伦理学的最高规范的结论。所谓个人伦理的最高规范，是说牺牲之爱是前面所界定的个人的生活范围内的最高道德要求。在个人的生活中，这一要求尽管无法实现，但它内在于每一道德行为中，是道德行为之所以具有道德价值的保证，因为缺失了牺牲之爱的提升的行为必定堕为纯粹的利益考虑，不复保有道德价值。这就是尼布尔所谓牺牲之爱的可能性的涵义。

另一方面，人所具有的原罪和牺牲之爱的超历史性要求都注定了爱的伦理是一种不可能完全实现的要求。出于牺牲之爱的行为并不少见，但完全脱离罪性的沾染，合于牺牲之爱的要求行为却不存在。这就决定了历史中人的行为只可能具有相对的道德价值，人的道德成就只能是相对的成就，而不可能到达道德上完美无瑕的境界。在尼布尔所理解的基督教伦理学中，原罪的不可避免和牺牲之爱的绝对要求为道德的提升提供了持久的张力和无限的空间。尼布尔希望自己的伦理学具有既重视现实中的道德成就，肯定人们的道德努力，从而避免道德上的虚无主义；又保留原罪教义，避免人们的道德自满，粉碎道德自义。应该说，在基

本伦理态度层面，尼布尔的确做到了这一点，防止了道德态度上的两种错误倾向。

但是尼布尔为人们提供的似乎也只是伦理态度上的指导。他所证明出来的爱，无论是超历史的牺牲之爱还是低一级的互爱都缺乏明确的内容和判定标准，不足以充当某一道德体系的基本原则。换句话说，尼布尔告诉我们要爱，但没有告诉我们如何去爱、什么是爱。对于寻求行为指导的人们来说，什么是爱和如何去爱与爱的要求相比同样重要。因为人类历史不仅充满了恨，也充满了爱的名义和爱的动机下的毁灭。个人伦理学领域中的问题绝不仅是爱的命令就可以解决的。最典型的就是父母对待子女的态度。这使得尼布尔的伦理规范更像一种元伦理的态度，而没有像功利主义或康德的伦理学那样为我们提供详尽明确的行为指导。对尼布尔来说，这倒未必有什么不便，他可以依自己的理解和判断此一时站在功利主义一边，彼一时又站在康德伦理或其他别的伦理体系一边。但对那些希望从尼布尔处得到更多行为指导的人来说，这总不是一件令人满意的事。尼布尔的做法有他自己的理由，这就是对理性能力的慎重态度和对诸如自然法体系等道德规则的充分性的怀疑。但不论怎样，尼布尔的做法使他分享了他批判新教伦理时所指明的那种缺陷：这使那些听从他的道德建议的人无章可循，在获得自主的同时，反倒容易失去统一的指导，失去更为重要的道德共识的基础。

尼布尔保留原罪论的另一后果是完全的道德实现即道德完善成为永不可能之事，不论是就某一行为而论，还是就某一个人的道德品质而论。对尼布尔来说，天主教所谓成圣纯属无稽之谈。因为每个人的罪只能靠上帝的恩典赦免，不可能靠个人的完善洗脱。上帝的参与使道德完善成为可能，任何妄以为通过个人努力实现道德完善的观念都是人和上帝的争胜，是信仰上的罪，且必带来道德心理上的自以为义。道德完善遥不可期带给人的身心不安必须通过信仰来平复，信仰的人知道自己的罪，也知道上帝的饶恕和赦免。在悔罪的焦虑和因相信上帝的赦免而获得的平安之间保持一种张力是每一个信徒必修的功课。尼布尔称基督的启示是真理，也是上帝的恩典。上帝的恩典就表现在促人悔改和赦免罪恶。

我们知道，古典伦理学和现代伦理学的一大不同在于古典伦理学一般认为道德和幸福相连，有道德的生活是获得人生幸福的必要条件。这样，古典伦理学在提供伦理规则的同时也就给出了道德实现的动力，比如柏拉图、亚里士多德和斯多亚等伦理理论都主张德性和幸福的合一。在这一意义上，古典伦理学都是道德哲学和人生哲学的合一。现代伦理学与此不同。在现代伦理学中，伦理规则和道德实现的动力是分开的，伦理学家在阐述他的伦理规则之外，总要另外寻找实现这一规则的心理动力。比如，霍布斯以利己动机为道德的动力，休谟和约翰·穆勒分别以同情和心理联想为道德的动力，而康德则以绝对命令为道德动力。对现代伦理学来说，不仅规则和动力各自独立，道德和幸福也是分开的，有道德的生活不一定是幸福的生活，而不道德的生活很有可能是幸福的生活。现代伦理学的这些特征使它对道德规则、道德动力和人生幸福的分析更精确，更合乎经验。但与古典伦理学相比，现代伦理学道德实现的动力明显不足。[71]犹太—基督教传统持"道德神启说"，认为道德来自于上帝的启示或上帝刻印在人心中的自然律。[72]由于上帝既是道德的来源又是幸福的来源，所以遵从上帝的指示既是道德的保证，又是通向幸福生活的保证。上帝不仅启示出了道德和幸福的合一，为道德提供了内在动力，他同时还是扬善惩恶的最大力量，他鉴察每一个人的心理，监督每一个人的行为。他的全知和能力是人们行善的外在动力。主张为道德而保留宗教的多是看到了后面一点。

就其个人伦理学而论，尼布尔更接近于古典伦理学。因为爱的律令不仅是道德的要求，同时也是自我实现的需要。尼布尔所谓的自我实现是指人的本性要求的满足，它对应于我们通常的幸福所描述的平静充实无忧无虑的精神状态。在尼布尔看来，这一种幸福状态是每一个人的自然期望，否则就不会有原罪的生成了，因为原罪正是对这种自然期望的错误满足。生存的真相和启示的真理一经显明，对幸福的期望即成为促使我们遵从爱的律令的内在动力。

除认为生命的真理来自基督的启示以外，尼布尔还相信每个人都有对神圣存在的敬畏，以及为他所注视和审判的感觉。人们可以由此通向宗教信仰，并可能进一步生起宗教的神秘体验，而宗教的神秘体验又会增强道德动力，促进道德的实现。这是尼布尔学说中的经过改造的"道德神启说"因素。

尼布尔从人的本性发展出的伦理学和生命哲学很有说服力。我们一旦接受了他的理论前提，似乎便很难不接受他得出的结论和提供给我们的解决途径。但仔细考察会发现，其实他的理论前提有赖于特定的文化传统，而这种文化传统却未必为我们所认可。比如我们看到，尼布尔对忧虑的分析在他的人类学中十分关键，没有生存的忧虑则不必寻求解脱，也不会生起原罪，后来的分析和解决也就无从谈起。但是，忧虑的生成却与在先的"自我"概念和"死亡"概念相关。如果不采纳西方传统对"自我"的理解，或者如果不采纳他们对"死亡"的理解，就不会有生存的忧虑，尽管生活中经验性的忧虑肯定还会存在。我们知道，西方式的对"自我"和"死亡"的理解只是众多理解中的一种。在西方传统中，"主体与客体二分而对立，生与死对立而紧张。而中国文化语境则不提供这种对立和紧张。"[73]不独中国文化语境，人类学和文化学研究告诉我们，其他许多文化语境都与西方式的理解不同。有一个玩笑式的说法"上帝是西方人的神，不管中国人的事"倒是切中了中西文化及彼此的人生进路的差异。西方的上帝观念是按西方人的问题而设，或西方人的问题是按西方人的上帝而发，与中国文化中的问题很难谈得上有对应关系。若执意以西方的答案回答中国文化中的问题，就会如尼布尔说的那样，没有比没有问题而有答案更荒谬的了。

对不以尼布尔的前提为前提的人，尼布尔的结论不是答案，而是一种参照。尼布尔伦理学的适用性要看对他的理论前提的接受性。对于那些与尼布尔身处同种文化，或享有共同前提的人，尼布尔的答案是否惟一，则需要仔细厘定他从前提到结论的推理过程。

这里所谓接受尼布尔的理论前提，指的是接受他的人性论所确定的前两个要素，因为他的人性论的第三部分即原罪论已经是前两部分的推论，而非理论的出发点。在尼布尔的文化传统中，有限性和超越性是人的生存和生活的基本事实，对此少有疑义。至于原罪部分，如果按照后来的解释，将其理解为人所普遍具有的一种心理倾向，也还有理有据。但因为从前两个要素到原罪是通过心理过程的转换，而不是逻辑的推论，所以原罪绝不是不可避免的。不论是理论上，还是现实中，都可以有那些知道此生有限而不故意自欺的安于命运的人。因为在他们看来，既然有限必死是不可改变的命运，那么完全可以不必为必然的结局而忧虑，甚至于发展到骄傲。为有差别的事而忧虑是有意义的，因为你可以通过自己的努力使结局有所不同，但为无差别的事而心怀忧虑则不必要，且不荣誉。尼布尔设定上帝的存在以保证生命和历史的意义，其最终目的无非使人获得一种适当的态度，不论是对自己，还是对他人，对世界，但既然重要的是主体的态度，不如直接从态度的培养着眼。设定上帝以许诺永生，进而保证态度，使人生和道德问题凭空多了一种神学的或形而上学的体系，问题更加复杂，但对问题的解决却没有多少帮助，只是把问题推向更远的一步。因为设定上帝又引发了一系列的问题。[74]那些持有或倾向于无神论的人如休谟,既不信仰上帝,也不相信来世,但依然可以话语平和,神态从容,梦境安详,道德高尚,达到"人性所能达到的光辉顶点"。另外,为道德而设定或保留上帝,对信仰者而言,这是一种理智上不可接受的态度,正如罗素所说:"我可以尊重那些认为宗教是真实的因而应该信仰宗教的人,但是对于那些认为宗教有用因而应该信仰宗教,认为探讨宗教是否真实只是浪费时间的人,我只能觉得是极端的道德堕落。"[75]

基督教伦理学流派纷呈,观点各异,不同的神学家有不同的主张。但在其内部的种种差异之外,它们都遵循了由上帝而人的路径,都把上帝作为道德的最初前提和终极理由。相对而言,尼布尔的伦理学采纳了一个经过实用主义过滤的弱化的上帝观念,但即使如此,在尼布尔的伦理学中,上帝依然是道德知识——作为真理的启示的来源,同时也是道德实现——作为力量的恩典的保证。人若不依赖于上帝观念这两者都无从谈起。从道德表现和伦理秩序来看,设定上帝的伦理或许比不设定上帝的伦理更有效,但若从道德价值的角度来考察,情况就发生了变化。比较出于两类考虑的同样的行为表现,比如对邻人的关怀,其中所蕴含的道德价值大大不同。因爱上帝而爱邻人,邻人是行为者次要的考虑对象,因关怀邻人的幸福而爱邻人,则邻人是行为的目的,是行为者首要的考虑对象。有人批评基督教伦理有助长利己之嫌,因为隐藏在它的道德考虑背后的是对自己来世所得到的回报的关注。[76]这种批评看来也不是无的放矢。费尔巴哈也曾经评论说:"道德与宗教、信仰与爱,是直接互相矛盾的。谁只要爱上了上帝,谁就不再能够爱人,他对人间一切失去了兴趣。反之亦然。谁只要爱上了人,真正从心里爱上了人,那它就不再能够爱上帝。"[77]

当然,这两类行为的比较是两类理想状态下的行为比较,如果据此即否定基督教伦理也是不公正的。因为我们在现实生活中其实难得发现纯粹以对方为目的的爱的行为。在实际的状态下，所谓爱的行为都或多或少掺杂了自我利益的审慎考虑。即使在坚持道德命令的纯粹性和严格性的康德那里，他的道德要求之一也只是"人是目的，而不仅仅是手段"。康德的意思是，人可以是手段，而且也免不了充当手段，只是他不能仅仅充当手段，我们在把别人当作手段的同时，要同等考虑他的独立人格。

作为一种绵延两千年的伦理传统，基督教伦理有其固有的缺陷，也有其不可替代的优势。上述对基督教伦理的考察都是从其内部，着眼于它的内容而进行的。我们同样还可以从其外部，从历史发展和社会功能的角度对它做出评价。我们已经区别了伦理道德相对于宗教信仰的独立性，也分析评判了基督教伦理的优劣，但所有这些考察都是对理想状态下的两种社会现象的考察，实际的社会生活要复杂微妙得多。按西季威克的理解，对理想状态的社会关系的伦理研究不能替代对现实生活的伦理研究，不仅如此，在伦理学中，后者的重要性要远大于前者，因为前者只是一种准备性的澄清工作。

附：价值共识、道德的保守性和宗教传统

一

自然神学退隐以后，对宗教的辩护多集中在价值领域，道德成为宗教继续存在的最强理由。不过这只应该是从社会功能和非信徒的角度的论证，不应该成为信仰者为自己的信仰真理辩护的理由。因为如果只因宗教的道德功能而信仰宗教，则宗教对道德并不能增加什么，而且最终也必丧失其道德教化的功能。另外，如果因宗教有用而信仰宗教，放弃或拒绝对宗教是否真实进行探讨，就会像罗素认为的那样，只会是一种道德瑕疵。对信仰者而言，宗教必须具有绝对真理的地位，对旁观者而言，信仰者的信

念状态真实而强烈。只有如此，宗教才有支持和保证道德的作用。在宗教世俗化的处境中，信仰者比不信仰的人担负更多的责任，他坚持自己的信仰为真，他也就相应地负有举出信仰为真的证据和理由的责任。因为他不仅要向信仰者阐明，而且更主要的是面向非信仰者，所以他的说明必须遵守大家共同遵守的语法规则。从世俗化以来的历史发展来看，这对信仰者是极大的挑战。

宗教和道德在历史发生上的先后，这是考古学家和人类学家的工作。一般认为道德出现在先，理由是与宗教相比，道德离社会的物质经济基础更近。对于人类的生存来说，道德——社会的行为规范无疑更基本。[78]不过这里的问题是，即使接受这种观点所依据的理论，也只能证明道德逻辑上在先，未必历史上真的早于宗教。而且，这种观点中所隐含的对道德和宗教概念的认定，似乎也不是没有疑义。不过不论赞成与否，除那些站在信仰立场上持道德神启说的观点以外，人们都很少认为宗教和道德是派生的关系，主张宗教和道德有各自起源和根据。在历史上，由于宗教和道德共同指向社会共同体的稳定、和谐，并有强化共同体成员的归属意识的功能，所以二者很快就结合在一起，而且结合的非常紧密，以至我们很难找到没有道德功能的宗教和没有宗教依托的道德。宗教和道德各自构成对方的一大部分内容，从这一点而论，"没有宗教的道德和没有道德的宗教都难以想象"的说法符合宗教和道德发展的历史史实。就欧洲历史而论，文艺复兴以前道德以及道德问题几乎完全包容于基督宗教和基督教神学。

宗教和道德的关系如此紧密，某一时期内道德的变革会受到宗教的极大限制。当一种代表新的社会关系的道德要求出现的时候，宗教就成为它的主要障碍。这时候温和的观点强调道德和宗教的分立，主张排除宗教的渗透和影响，建立独立于宗教的道德。激烈的观点则直接以某种宗教为敌，从宗教对道德的负面影响以及宗教与坏的制度联合的事实等方面彻底否定宗教的道德功能。

　　在理论上确定道德独立于宗教并不困难。从知识领域上来看，道德和宗教是明显不同的两种信念体系，前者提供有关"善"或"应该"、"正当"的知识，规范人们的行为，后者提供有关神圣事实的知识，满足人们的终极关切。两者分属不同的学科，遵循不同的逻辑。从历史上看，道德对宗教的依赖表现为两个方面。首先是规范的内容方面：宗教固定了原有的行为规则，并为道德规范提供了新的内容，从而在内容上提升原有的道德。其次是道德的实践方面：宗教加强了道德的约束力，为道德行为提供了独立的心理动力。原始宗教通过各种禁忌为道德规则的执行提供强有力的保证。高级宗教则通过一个全知至善的神鉴察和垂范行为者。宗教这方面的作用强大而高效，因为它在提供规则的同时也提供了规则正当的理由和规则实现的动力，这三者的统一又通过信仰共同体的宗教仪式和道德生活得到进一步强化。这样一个社会称得上道德高效的社会。

　　对多数文明而言，道德在历史上曾经依赖于宗教是一个基本事实。但在主张把道德从宗教中独立出来的人们看来，这一事实并不能否定他们的观点。在他们看来，道德对宗教的依赖发生于人类理性的成长时期，一旦理性成熟，依赖也就宣告结束。现在理性已经有足够的能力独立推断行为规则，不再需要宗教来充实规范的内容。在道德实践方面，人们也可以通过听命于理性自己对自己的命令，或建立起快乐和道德规则的习惯联想，来代替宗教的功能。宗教如果还有什么作用，也只在于可以使实践哲学在形式上更完善，或在充分的道德教化建立起来以前，继续行使类似看守政府的功能。其最终的结果，是道德和宗教的分离。

　　与完全否定宗教的道德功能的观点相比，上述两种观点都对宗教做出了有限的肯定。但即使如此也可以看出，在他们的理解中道德可以是一个完全独立的自生的体系，道德哲学的主要功能在于从理性或人性的自然结构出发寻找普遍的行为规则,道德实践的全部动力同样蕴含在理性或人性的自然结构中。所谓道德说到底其实是人自己对自己的规约,是我们本性的表达,而非强加于我们本性之上的某种东西。

就其本质或功能而言,对道德的这种理解并无不妥,从思想发展和社会发展的背景来看,其历史作用亦应予充分肯定。因为这种观点在学科上将道德哲学从神学中彻底解放出来,置于一个全新的基础之上。在道德实践层面,它更强调个人自律而不是他律在道德生活中的作用,并且认为群体的道德依赖于群体内部的个体独立做出的决定,从而发展出一种真正意义上的个人伦理学。

但对道德的这种理解明显具有形式化和专门化的特点,缺乏实质的内容,与道德哲学的实践性要求不相符合,对社会道德的改善作用不大,也无法为寻求伦理帮助的人提供实际的指导。成长于这一传统并为这一传统做出很大贡献的约翰·穆勒早年所爆发的精神危机,非常有力地说明了这种道德理解的严重不足。究其根源,这种传统对道德采取了一种静态的、平面的理解,属于西季威克所说的理想范型的伦理学。[79]这种理想范型的伦理学的雄心在于,希望用理性构建的一条或几条原则替代日常生活中原有的道德规则和道德常识,以结束道德生活的混乱局面。道德生活的混乱局面指的是,在实际生活中我们不得不经常求助于道德直觉和道德常识,而这些直觉和常识未经整理,不具有逻辑一致性。

二

理想范型的伦理学,尤其是其中的直觉主义伦理学,确实在很大程度上澄清了原有的道德混乱。它们将社会生活中各式的道德规则和道德诫命归纳分类,从中抽取出一些最基本的原则。这些基本原则互相之间没有蕴含关系，这样就避免了此前派生规则和基本原则的混杂局面。罗斯的显明义务论就是这种努力的成果。但是，理想范型伦理学的抱负只是部分实现而已，因为到目前为止其中最好的理论也只是描述、归纳了原有的道德知识。以理性构造替代原有道德信念的想法由于其纲领性的错误，其实已经注定不能实现。许多年以来，规范伦理的两大对立阵营——义务论和目的论不断制造道德困境辩难对方，而对立双方也的确不断陷入对方所设立的困境之中，从而带来一种十分奇特的伦理学景观：理论上对立的两方在实践中却不得不常常采纳对方的主张，以修正、补充自己的欠缺。罗尔斯曾经嘲笑功利主义常常要向直觉主义伸手求援，通过实用主义的手段解决功利主义的问题，实际的情况是，义务论一方也同样如此。义务论和目的论似乎受到了命运的捉弄下，忽而是敌手，忽而又成了一对难兄难弟。

其实理想范型伦理学的雄心所在也正是它们的困境和危险所在。它们的困境在于想用一种单一的理性原则涵盖全部的道德生活，而没有注意到道德和人性的两个基本事实。首先人性具有多方面的要求，它并不希望用某种单一的一致性原则来凝固自己的要求。在某种情境中它会选择甲原则作为最终判定原则，在另一情景下他又偏向乙原则。[80]人性的这种要求并不必然导致道德上的相对主义，因为这里的人性是指共同体中的普遍人性，它能保证在某种情境中共同体成员都赞成选择甲原则，而在另一情景中，所有人都要求采纳乙原则。它们忽略的另一事实是，我们的道德信念，不管是以何种形式出现，都是人类共同体长期生活中固定下来的最严格要求，同时也是最宝贵的经验，它们不仅告诉我们在这个共同体中该如何行为，而且还告诉我们什么东西是好的，什么东西不好。也就是说，它们向我们提供行为原则和价值观念。道德生活这部分的实质内容只能来自一个具有传统的社会提供给个人。否则个人就完全是一种空洞、任意的存在。道德人格是，而且只能是个人生活于其中的社会来形成的。这一事实意味着，道德生活的基本原则之间不论在逻辑上多么不一致，都有其很强的继续下去的理由，它们的功能和有效性是试图替代它们的理性构造所无法比拟的。在有效性方面，它们来自人类共同体的长期试错，对此共同体而言，它们是最慎重最切实的选择。而理性的构造物，无论出自何种天才之手，都是一己一时的营造，与自然的长期经营相比，其优劣毕现。

从功能方面考虑，理性的道德构想同样也无法替代自然的伦理体系。自然的伦理体系的基础是共同体的价值共识，确定共同体内部所认可的自然价值和道德价值。它的功能远远超出理性构想同样具有的调整人们行为的范围，它们和行为规则一起担负着维持共同体的统一的作用。共同的价值的形成和维持只能来源和依赖于共同的生活，而所谓共同的生活最核心的是享有共同的传统。这是理想范型的伦理所不能提供的。正是因为脱离了这种共同的传统，功利主义在确定它的自然价值，也就是"幸福"的定义时，最后只能以"合乎理性的偏好的满足"这样空洞的判定标准收尾。脱离了传统的理想范型，伦理学不能对人生的善生活有所界说，提供指导，它在成为最普遍的规则共识的同时，丧失了最一般的价值关注，它的理论结果是极端的原子式的个人主义社会。

三

理想范型伦理学的不足使我们转向另外一种伦理研究，即西季威克所说的现实的或相对的道德研究，[81]并重新求助于经过长期共同生活所形成的道德和价值共识。这样一来，宗教与道德的关系也不再是一个已经获得确定答案的问题，而是需要重新加以思考。如上所述，价值共识是道德的基础，价值共识是共同体的传统所凝固下来的信念，它对共同体的自我同一和自我认同具有不可替代的作用。价值共识与共同体所信奉的宗教关系密切，因为当初正是宗教与道德的结合固定、发扬了价值共识，并且充当了此后价值共识的承载者和证明者。与理性构造的伦理不同，宗教的作用不是取代原有的道德体系，而是使其得到空前的强化。在传统的诸要素之中，宗教未必果真是其核心部分，但无疑是其中最稳定最具连续性的部分。而且，与习俗、法律等从外部行为影响人们生活的因素不同，宗教对生活的影响是一种内部的干预。宗教与道德的关联以及宗教的种种特征决定了社会共同体的共同信仰的衰落必定导致共同体的价值共识无所依凭，从而最终危及价值共识，使其走向多元破碎，造成伦理资源的亏空，从而对共同体的利益和个体生活带来损害。我们看到，不论是在中国还是在西方，道德和宗教的分离以及政府的价值中立已经使价值多元化成为既定的事实。可以预见，在历史的惯性之下这种多元化的局面还会继续下去，并有可能愈来愈烈。在这种潮流之下，宗教维持共同体价值共识的功能益发显得重要。在我看来，宗教发挥这种功能的目的不在对抗历史的变化，而在于对治或减缓价值多元论和相对主义的影响。在一个共同体内部，宗教和价值多元的趋势之间应该保持适当的张力，只有如此，才能减小社会剧烈变化给人类带来的巨大风险。在某种意义上甚至可以说，在现代社会中，宗教已经成为道德保守性的惟一精神资源。在过去，宗教对道德的这种保守功能曾经招致激烈的批判和鞭挞，而今天，正是这种保守性成为一个社会的守护者。

　　通过上面的分析可以知道，我们说宗教有保守道德的作用不是泛指一切宗教都有保守一切道德的作用，而是指只有与共同体的发展相始终的宗教才有保守共同体的道德的作用。对一个社会来说，外来宗教对共同体的自我同一和自我认同始终是一种莫大的威胁。

第三章 牺牲之爱与互爱

注 释:

[1] *The Nature and Destiny of Man*, vol. I, p. 125.

[2] ibid. p. 131.

[3] 而且在这里也再一次表现出他的神学服务于伦理学的特征:为了伦理学的缘故而引进神学,或者说,为了道德规范的缘故而求助于启示。

[4] 尼布尔首先把宗教区分为"低级的宗教"和"高级的宗教"两种,前者以某种具体的存在为意义的中心原则,后者则以某种超越性的存在为意义的原则。高级宗教的意义体系面对的是整个人类的历史,而非某一特殊民族的历史。而且,它从终极的视角而非某一特殊个人或群体的利益角度处理罪的问题。但高级宗教和低级宗教的区分尚不足以涵盖基督教全部的特质,故尼布尔又把高级宗教区分为"神话的宗教"(mythical religion)和"神秘的宗教"(mystical religion)两种。前者包括犹太教和基督教,其特征为以神话或象征(symbol)的方式表达超经验的真理。尼布尔认为,理性主义宗教,比如斯多亚主义以高倡人的理性始,但终必以堕入神秘主义,贬损人的价值结束。从这里我们又一次看到尼布尔宗教观的实用主义标准:所谓信仰的真理在于它的效用和解释力的充分。见 *An Interpretation of Christian Ethics*, p. 14, 以及 *Faith and History*, p. 22。

[5] *The Nature and Destiny of Man*, vol. I, p. 127.

[6] ibid. p. 126.

[7] 在系统神学中一般把上帝在自然中的启示称为"一般启示",把上帝在历史中的启示,即整个《圣经》记载的故事称为"特殊启示"。

[8] 尼布尔认为,《圣经·诗篇》139,"耶和华啊,你已经鉴察我,认识我。我坐下,我起来,你都晓得……你也深知我一切所行的"是对这种上帝进入到人生经验中的感觉的恰当描述。*The Nature and Destiny of Man*, vol. I, p. 128。

[9] *The Nature and Destiny of Man*, vol. I, p. 129。尼布尔似乎没有注意到经验主义的解释同样也保留了人心之外的审判者的位置,而且不需要求助于上帝存在的假设,虽然作为审判者,上帝的威慑效力一般而言大于社会的外在压力。另外,有理由怀疑尼布尔所说的一般启示的三个要素

的普遍存在,尤其是后两个要素的存在。我们知道,在有些宗教中,超自然的存在并不具有道德的属性,而在另一些宗教中,超自然的存在甚至有可能和邪恶相连。所以,实际的情形是,很难认为一般启示所描述的心理状态在先,特殊启示在后,更恰当的说法可能是尼布尔所谓的一般启示恰恰是基督教文化心理的产物,因其信仰,而有被审判、求宽恕之心。

[10]《圣经·罗马书》第一章,第十九,二十节。

[11] The Social Ethics of Reinhold Niebuhr, p. 46.

[12] The Nature and Destiny of Man, vol. I, p. 136.

[13] ibid. p. 136.

[14] ibid. p. 137.

[15]"耶和华说,以色列人哪,我岂不看你们如古实人么?我岂不是领以色列出埃及地,领非利士人出迦斐诧,领亚兰人出吉珥么?"(摩·9:7)。

[16] The Nature and Destiny of Man, vol. II, p. 25.

[17]《圣经·以赛亚书》,第六十四节。

[18]尼布尔无疑接受了自由主义的历史批判结论,在《基督教伦理释义》中,尼布尔称从历史中的耶稣到信仰中的基督是一个非常复杂的问题,在《人类的本性和命运》中尼布尔对此做出了简单的解释。

[19]尼布尔以为,《马太福音》中耶稣在旷野中受试探一段,表明了耶稣拒绝以民族得胜为目标的弥赛亚期待。福音书中完全拒绝民族主义弥赛亚的表述,可在施洗约翰的"不要自己心里说,有亚伯拉罕为我们的祖先,我告诉你们,上帝能从石头中为亚伯拉罕兴起子孙来"清楚看到。ibid. p. 42。

[20] Matt. 25:31—46.

[21] The Nature and Destiny of Man, vol. I, p. 44.

[22]《马可福音》第八章第三十一节。

[23] The Nature and Destiny of Man, vol. II, p. 22.

[24] ibid. p. 46.

[25] ibid. p. 47.

[26] ibid. p. 49.

[27] ibid. p. 73, 以及 An Interpretation of Christian Ethics, p. 35。

[28]《马太福音》第六章第二十五——第三十二节。

[29] *An Interpretation of Christian Ethics*, p. 41. 麦纳玛指出，在 *Reply to Interpretation and Criticism* 中（载于 *Reinhold Niebuhr - His Religious, Social and Political Thought*, p. 434），尼布尔否认了此书中的一些观点，但在他后期的著作中，没有证据表明他否定了此书中对《圣经》的解释，相反，后期著作中的解释与此倒是一致的，由此证明这一早期著作依然是解释尼布尔思想的来源。*The Social Ethics of Reinhold Niebuhr*, p. 56。

[30]《马太福音》第五章第四十六节。

[31]《马可福音》第三章第三十二节——第三十四节。

[32]《路加福音》第九章第六十节。

[33]《路加福音》第十四章第二十六节。

[34]《路加福音》第十二章，第四十九节—第五十三节。

[35]《路加福音》第十四章第十三节——第十五节。

[36]《马太福音》"马太福音"第十章第三十八节。

[37]《马太福音》"马太福音"第十八章第九节。

[38] *An Interpretation of Christian Ethics*, p. 52.

[39]《马太福音》第五章第三十九节——第四十三节。

[40] An Interpretation of Christian Ethics, p. 46.

[41] ibid, p. 51.

[42] J. J. C. 斯马特，B. 威廉斯，《功利主义：赞成与反对》，第31页。中国社会科学出版社，1992年。斯马特对利他主义作为普遍伦理规范的否定，亦见同一页。

[43] E. A. Burtt, *Some Questions about Niebuhr's Theology*，载于 *Reinhold Niebuhr—His Religious, Social and Political Thought*, p. 435。

[44] Henry Nelson Wieman, *A Religious Naturalist Looks at Reinhold Niebuhr*, 载于 *Reinhold Niebuhr - His Religious, Social and Political Thought*, p. 415, 416。

[45] 尼布尔对圣保罗的批评在著作中随处可见，兹举几个以为证明。在论述人的有限性和罪的关系时，尼布尔批评保罗之主张肉体的死是罪的结果"是将一种不十分合于圣经的观点带入基督教神学中。" *The Nature*

and Destiny of Man, p. 176。在论述恩典和称义时,尼布尔批评保罗未将自己的思想贯彻到底。ibid. II, p. 105。

[46]《马太福音》第五章第七节。

[47]《马太福音》第七章第一节——第十二节。

[48]《路加福音》第十四章第十一节。

[49]《马太福音》,第二十三章,第三十三节。

[50]《马太福音》第十三章,第四十一节。在《为什么我不是基督徒》里,罗素为此判定说,这是耶稣的道德品性中一个非常严重的缺点,因为他觉得"说话的人对于别人哀哭切齿感到某种乐趣",而这决不应该是一个充满仁爱之心的人所应具有的感情。罗素本人更推崇释迦牟尼等东方宗教家的道德教诲和道德成就。

[51] An Interpretation of Christian Ethics, p. 38.

[52] 二战结束后,尼布尔一方面成为冷战思维的坚决支持者,一方面又成为美国霸权主义的严厉批判者。尼布尔反对把美国的国际政策和正义的事业等同起来的民族道德自义的做法。

[53] The Nature and Destiny of Man, vol. I, p. 164.

[54] R. H. Stone, Reinhold Niebuhr—Prophet to Politicians, p. 227,斯通在指出尼布尔的兴趣在社会和人的问题之后接着说,"就人们关于上帝的思想和错误观念是人类非常重要的问题而言,对尼布尔的思想感兴趣的学者们对他的学说中上帝论的缺乏感到困惑。"

[55] An Interpretation of Christian Ethics, p. 15.

[56] ibid. p. 17.

[57] The Nature and Destiny of Man, p. 146.

[58] R. W. Lovin, Reinhold Niebuhr and Christian Realism, p. 36.

[59] ibid. p. 36。

[60] Reinhold Niebuhr, The Self and the Dramas of History, p. 232.

[61] The Nature and Destiny of Man, vol. I, p. 289.

[62] ibid. p. 294.

[63] Reinhold Niebuhr, Does Civilization Need Religion? p. 6.

[64] Hans Hofmann, The Theology of Reinhold Niebuhr, p. 155.

[65] W. K. 弗兰克纳,《伦理学》,第122页,三联书店,1987年。

[66] Reinhold Niebuhr, *The Nature and Destiny of Man*, vol. I, p. 93.

[67] 尼布尔说过,他"从来未曾坚持牺牲之爱和互爱有截然的差别,只是反对将这两种爱完全等同起来的做法……一言以蔽之,牺牲之爱和互爱的关系包含着末世和历史的关系问题。"Reinhold Niebuhr, *Reply to Interpretation and Criticism*, 载于 *Reinhold Niebuhr – His Religious, Social and Political Thought*, p. 518. 互爱的经典表述"你们愿意人怎样待你们,你们也要怎样待人"要求的是一种推己及人的行为方式,但是推己及人有以行为者个人的偏好为普遍价值的明显缺陷,所以近代以来道德黄金律作为伦理规则的地位渐渐为人们所放弃。不过,上述的缺陷只是来自对道德黄金律的字面表述的理解,实际上它的基本精神恰恰在于超越以自我为中心的行为模式,平等考虑他人的利益和需要。详细的分析,参见王庆节的《道德金律、恕忠之道与儒家伦理》,载于《留美哲学博士文选·中西哲学比较研究卷》,第 101 页。

[68] *The Nature and Destiny of Man*, vol. II, p. 82.

[69] *An Interpretation of Christian Ethics*, p. 45.

[70] *The Nature and Destiny of Man*, p. 88.

[71] 作为一名现代伦理学家,约翰·穆勒的"精神发展中的危机"十分典型地说明了现代伦理学中道德、幸福和道德动力三者分离给行为者带来的精神困惑。参见约翰·穆勒的《自传》第五章。

[72] "道德神启说"的三种类型,请见吕大吉,《人道与神道:宗教伦理学导论》,第一章第一节。上海人民出版社,1991 年。

[73] 唐逸,《荣木谭》,第 40 页。商务印书馆,2000 年。

[74] 对上帝、永生和人生态度问题的认识得益于唐逸先生。唐逸先生认为为永生而设定上帝是叠床架屋,因为上帝保证永生,接下来的问题是谁来保证上帝。

[75] 罗素,《为什么我不是基督教徒》,第 173 页,商务印书馆,1982 年。

[76] 弗兰克纳,《伦理学》,第 59 页。

[77] 转引自吕大吉,《人道与神道:宗教伦理学导论》,第 123 页。上海人民出版社,1991 年。

[78] 同上,第 64 页。

[79] 西季威克,《伦理学方法》,第41—44页,中国社会科学出版社,1993年。西季威克本人的用语是"理想的"或"绝对的"伦理学,指的是对一种理想社会的道德研究,区别于对现实当下问题的道德研究。在西季威克看来,理想范型的道德研究"至多只能是一种准备性的工作",对现实道德的研究才具有主导意义。

[80] 见《功利主义:赞成与反对》一书中对功利主义原则的批评。

[81] 理想范型的伦理学的困难促进了伦理研究向现实道德问题的方向转换,这一转换表现为两个特征:一方面是伦理研究的领域化——以某一学科或某一社会领域的专门问题为对象的伦理探讨,此即为应用伦理学的兴起。与一般理解不同,应用伦理探讨的不是普遍伦理法则在具体问题中的应用,而是在道德共识的基础上对所涉问题的伦理讨论。另一方面,理想范型理论的困难也使伦理学研究走向与其他社会人文学科的更广泛的联合,其中除以前就一直为伦理学家们所关注的心理学和政治学,还包括了经济学、社会学和人类学等学科。

第四章

社会群体的结构和道德性质

社会伦理学所要考察的道德行为主体是社会性的个人和"社会群体"。[1]尼布尔没有给出关于社会群体的定义或大致描述，对社会群体的称呼也不统一，有时用"人类群体"（human group），有时用"社团"，"社会"（society）或"社区"、"共同体"（community）。他没有像在个人伦理学中分析人的本性那样，对社会群体的结构和性质进行集中细致的分析，他的分析散见于多种著作，是在广泛吸收了许多社会理论之后形成的。其中有些来自基督教传统，比如来自加尔文的思想，有些来自于当时颇有影响的社会理论家比如马克思、海尔德、曼海姆、哈耶克等人的学说，以及实用主义的社会历史学说。虽然他的思想中存在许多变化甚至自相矛盾之处，但从中仍能发现他对社会和群体的基本见解。尼布尔的社会伦理学中所称的社会群体指的是具有共同利益，因而也就有了统一的意志，采取统一行动，共同承担行为后果的个体组合。[2]社会群体的组织可以比较松散，也可以十分紧密。比如政治形式的群体生活就比文化形式的群体生活更为紧密；其规模也可大可小，小至各种经济实体、政治派别、宗教宗派，大至阶级、民族、国家甚至国际联盟。不同层次的群体其组成部分可以重叠，同一对象也可以从不同的群体划分角度进行考察。比如对于西方文明，我们既可以从基督教的角度也可以从民主的角度谈论它，当基督教文明消失的时候，民主文明可以继续存在；或者当民主文明消失的时候，而基督教文明依然存在，因此"群体组织的生死之间不像个人生命那样有一个简单界限。"[3]

尼布尔在早期著作和成熟时期的著作中对群体的道德评价有显著变化。在早期著作中，尼布尔坚持只有个人才有成为道德主体的资格，因为道德的前提是道德意识，道德意识的产生仰赖于理性的自我超越能力。只有具有了自我超越的意识能力，才能超越自然冲动，反思自己的行为，使不同的行为选择成为可能，是故"没有自我超越的理性能力就不会有自我批判能力，而没有自我批判能力就没有道德行为。"[4]尼布尔认为，与个人相比，社会群体没有充分发展的自我意识，它只有自我意识水平以下的感情和冲动，因此群体的存在实际上只是一种自然层面的存在，完全遵循自然流变的法则。群体的行为选择严格受制于先在的原因，可通过一种完备的知识体系对其进行预测。至此，人们不禁要问，既然尼布尔把群体视为类似于个人的某种存在物，它又分别赋有冲动和感情（欲望和激情），为什么单单缺乏灵魂的另一个组成部分理性呢？而且既然尼布尔承认并且非常强调个人的精神自由，而群体是由个人组成的，何以由自由的个体组成的群体反倒丧失了自由呢？尼布尔的解释是，这是由个人的罪性和群体的性质决定的，因为即使"个人也永远不可能完全合乎理性；当我们从个人的生活进入到社会群体的生活时，理性和（道德）冲动的比例也随之降低。"而且，群体的理性能力与群体规模成反比，群体越小，残留的理性能力越大，群体越大，残留的理性能力越小，当社会群体发展到国家规模时，理性和道德冲动的比例已经降低到使"国家的行为几乎无法达到道德的水平"。[5]

相比于个人，社会群体的道德意识普遍低下是不争的事实。这可以从两方面显现出来。首先，个人之中颇不乏罪大恶极的害群之马，但一般来说，即使这些人也不是一以贯之的品质恶劣，他们对待某些人或者在某些时候也总能表现出人性善良的一面，不像社会群体比如国家那么每时每刻都在围绕自我利益运转。另外，就道德行为可能达到的高度而言，个人身上存在深刻的利他动机，可以表现出大量的利他行为，甚至纯粹的自我牺牲、利益他人的行为。但这一类的行为却极少见诸群体，尤其是规模宏大的群体。一个强烈的对比是：个人的自私自利在任何共同体中都是一件令人羞愧的事，与此同时，个人的牺牲奉献被共同体推崇为英雄之举；但群体的自私自利却可以光明正大，坦坦荡荡，不仅如此，我们甚至不吝词句地赞颂那些由个人完成的群体自利行为，而如果有谁胆敢主张牺牲国家的利益以成全其他国家，则立刻被目为大逆不道的道德败类。尼布尔感叹说，我们总是以为人类已经足够文明，但实际上国与国之间还没有脱离以自然权力争胜的野蛮状态。

在尼布尔看来，群体道德意识的低下是人类发展到目前为止的基本事实，这一事实不会因人的愿望而有所改变，不管承认与否，它都存在在那里。对此只能采取一种现实主义的态度，以权力制约权力，通过政治手段解决政治问题。为此，他坚决主张在群体道德和个体道德之间进行严格的区分，把政治问题和道德问题分开，并激烈批评和平主义的主张是一种不负责任的理想主义，而那些坚持个人完善的信仰宗派则是逃避社会历史的遁世主义。

尼布尔对群体道德的评价揭示了政治生活冷酷的一面，这就是政治是围绕利益的权力角逐，政治的运作不可能遵循道德原则来进行。对群体关系尤其是国与国之间的关系的不乐观态度其实并非始自尼布尔，柏拉图构想的城邦尽管无比完善，但城邦与他国之间还是经常处于战争状态。西季威克为此讥讽说柏拉图竟然想不到构想一个没有战争的理想状态。此后不论是在马基雅维里那里，还是在霍布斯等人那里，国与国之间的关系都无法超越自然状态中一切人对一切人的战争状态。但这果真是关于政治的全部事实和全部可期望的前景吗？而且，对政治如此的看法是否最终会影响政治的性质，加剧政治生活背离道德的方面呢？和平主义的主张及其自我牺牲行为没有任何道德价值和正面效果吗？

尼布尔在这里陷入了一个怪圈。尼布尔终生的事业就是探讨如何实现社会正义，社会内部以及群体与群体之间和谐公正的关系是他的伦理学关注的焦点。一方面，他不断从道德要求出发抨击某一阶级或某一国家的行为对社会正义或国际秩序的破坏，另一方面却又否认群体具有道德属性，不能不说这是自相矛盾。而且，所谓群体的自我批判能力也就是群体对自身行为表现的道德思考，相比于个人对自我行为的反思，前者要把握的对象更复杂更广阔，但对社会的思考并非不可能，否则也就不会有那么多社会历史学家了。在《道德的人和不道德的社会》之后，尼布尔意识到了这一失误，开始承认群体的道德意识，并赋予社会群体以较高的道德评价。这种转变完成于《人类的本性和命运》，在《信仰与历史》中得到进一步发展。在检讨马克思的理论时，尼布尔指出马克思有同样的失误。[6] 转变之后的尼布尔认为，群体和个人一样，也是形式和生机的统一体。比如，国家作为一种群体可以"像个人一样，处于一种自我要求和更普遍的要求之间的内在张力中。后一种要求是否得到满足反映了超出纯粹审慎（prudence）的筹划的精神性问题。这里存在着人类集体生活的负责的自我（responsible self）。"[7] 根据尼布尔的观点，承认社会群体具有精神性的一面，相应的也就承认了它有道德意识和道德行为能力。

尼布尔把分析个人的角度和术语用于对社会的分析，在个人和群体之间建立起了一种结构和性质上的对应关系。我们知道，对尼布尔来说，个人的生存和道德问题来自自由、忧虑、骄傲、自我利益和权力意志等多种因素的联接、组合。尼布尔认为，个体的问题同时也是集体生活和社会组织的问题。由于它们源于人的结构和本性,所以是无法逃避的。任何历史现实、任何形式的社会生活都不能排除它们。在这种意义上,尼布尔对人的本性和结构的解释可应用于人类生活的全部事实。不仅如此,尼布尔还认为,人的处境从本质上说从未改变过,"尽管人类的全部能力都是发展的,人类的文化成就和社会制度也是无限发展的,但不论是在个人生活还是在整个人类事业中,人的力量和自由的延伸都不能从根本上改变人的处境。"[8]

由于社会群体的结构可以看做是个人结构的扩展和延伸,所以对社会的分析也就可以在与个人的比照中展开。正如个人处于自然和精神的交点,群体也是如此。这种处境在个人产生忧虑,在群体则产生不安;个人由忧虑而生出骄傲和放纵之罪,群体则因不安而生出"专制"和"混乱"之罪。两者的不同在于,社会群体不同于个人的特点使群体的罪性更为隐蔽,也更为复杂。

个人和群体作为道德行为主体在结构和性质上的近似,使得它们可以拥有一个共同的道德资源,这就是耶稣基督的启示。但二者在道德地位上的不同也使得它们各自的伦理规范及实现这一规范的道德要素有所不同。

第一节 个人、群体和社会

传统的基督教伦理学往往把兴趣集中在个人身上,因为只有个人才是拯救的对象。他们一般把社会看做个人的简单集合,很少对社会的道德属性进行专门研究。自由派神学加强了这种倾向。他们未能摆脱从个人主义和唯意志主义的角度考察人类问题,因而也就未能考虑产生罪恶的复杂社会温床。在美国,这一倾向最先受到社会福音派领袖饶申布什的批判。饶申布什批评了以个人得救为目的的观念,认为拯救的对象是整个社会。饶申布什认为，人们的思想、道德观念不是凭空生成，而是社会提供的。相应的，他把罪性的产生也归因于人类生活的社会化。这样，社会成为社会福音运动关心的主要对象和致力于改善的首选目标。饶申布什对个人和社会关系的理解在尼布尔这里得到继承和发扬。在尼布尔的学说中，他的出发点是个人，但关注的焦点是社会和群体。尼布尔的个人和社会之间保持着一种辩证关系，二者既有本质上的和谐关系，又存在不可避免的冲突。个人既在社会之中，是社会的一个组成部分，同时又超越于社会，具有高出社会的自我意识和道德意识。

在尼布尔的理论中，由个人而社会是叙述上的方便，这并不表示尼布尔像社会契约论者那样把人先验地设定为单个的独立的个体，相反，在尼布尔的理解中，个人和社会一开始就处于不可分割的关系中，社会和个人在历史中同时出现。所谓的自然状态是不存在的，因为人先天地具有社会性冲动，这种社会性冲动是个人组成社会的根本动力。社会性冲动有两方面内容，分别是自然方面的社会性冲动和精神方面的社会性冲动。首先，从自然方面来看，人和其他生物一样具有保存生命和自我繁衍的本能。自然性的特征决定了人必须联合在一起组成一个人类群体，通过彼此间的协作满足自然本能的要求，否则就会被激烈的生存竞争所淘汰。从这一角度来看，合群顺应了自然的要求，离群索居有悖人的本性，同时也是不利于人类群体的不负责任的行为。尼布尔认为，就个人必须"超出自身才能完成生命活动"[9]而言，他是一种社会性的动物。

社会性冲动并不限于自然的方面，人还有精神性的社会冲动。精神性的社会冲动是人类社会和人类历史所以可能的前提，它具体表现为建立于血缘关系基础上的相互依恋的情感以及对身处困境的同伴油然而生的同情和怜悯。[10]精神性的社会冲动是兄弟之爱——友爱的基础，理性能够扩大但却不能产生这种冲动。

如果没有友爱作为情感基础，无论多么发达的理性能力终究也只陷于对后果的冷静计算。所以不是理性而只能是友爱的情感才是一切伦理规范的基础。自然性的社会冲动要求人们聚合起来对抗自然，但自然性的社会冲动很容易得到满足，在它的基础上只能产生保存生命和维持种的繁衍的社会组织，尚未超出动物族群的组织性质。超出动物性生存的规模更大、范围更广的社会群体只有在精神性社会冲动的基础上——比如共同的观念和理想——才可能产生，[11]否则仅就自然需要而言，更大规模的社会组织完全是一种浪费。由于有精神性的要求，人们发现，"孤立的个体不是真实的自我。而且，人们也不满足于仅仅生活在自然所建立的最小凝聚单元——家庭和小规模群体的范围内。人的自由使他超出自然的限制，也使建立更大的社会单元既为必要又有可能。"[12]

生活于社会中的个人对社会有很强的依赖性，他的生存和发展都离不开社会为他提供的条件，"共同生活不只是社会的必须，也是个人的必须。只有在人与人相处的有机关系中，个人才能实现其自我。"[13]个人对社会的依赖同样也表现为两个方面。首先，作为个性基础的个人的自然特征得自于群体生存的自然因素，比如家庭、种族、地理条件等等。[14]其次，个人的精神内容依赖于围绕这些自然条件组织起来的社会生活方式，其中包括语言、习俗、伦理规范以及宗教、艺术等其他文化形式。这些文化形式提供了日常生活的意义和结构，也提供了个人的存在方式。[15]宗教是其中的核心部分。

个人对社会的依赖不仅表现在他对自然特征和生活方式的被动接受中，而且还表现在他最高的精神自由中。没有人能在自身之内实现自我，他必须通过他人并依赖于他人，因为"没有他人的自我是不完整的自我。"[16]由于人的本性中的社会性冲动，每一个单独的自我都"寻求在与伙伴的创造性关系中完成自我。"

在尼布尔看来，这种创造性的关系只有通过牺牲之爱才能建立起来。

如前所述，尼布尔把人与人之间的关系称为人类生存的水平维度，[17]它反映了个人对社会的依赖，即所谓置身于历史中的自我的存在。历史中的自我是既定的社会文化和行为方式的被动接受者，这只是个人与社会关系的一个方面。人的精神自由带来个人与社会关系的另一方面，即个人同时又是社会文化的主动创造者，否则也就没有社会文化的创造和发展。个人生活于一个具有稳定的思想和行为方式的社会中，通过社会化的过程，个人融入既定的文化体系，并与这种文化体系里的其他社会成员联合在一起，享有共同的文化经验，从而使这一社会生活方式得以延续。[18]但人并不是自己文化的囚犯，"在社会的演进和历史的延续中，自我既是一个受造者，同时也是一种独立的自我决定的力量。"[19]

个人的自我决定力量是文化的创造之源，同时也是社会和谐的破坏之源。精神的超越性赋予每一个体以独特性，整个社会就是由各各不同的个体组成的。对差异性和多样性的包容是社会的基本特征，也是对社会的基本要求。但个体的差异必须限定在不致破坏社会共同体的限度内，否则个人和共同体的存在都将难以维系。尼布尔主张在个人自由和社会秩序之间保持一种张力。一方面，个人的欲求、希望和理想不可能与他人和整个社会毫无冲突，个人自由随时可能对社会秩序产生威胁。另一方面，个人总是能够构想超越历史可能性的目标，在追求完善的冲动驱使下不断超越历史条件的限制，努力寻求实现一个"与人类精神的普遍性相一致的具有普遍性的人类共同体。"[20]

与现实主义伦理学的宗旨相一致，尼布尔在著作中对人与社会辩证关系的两个方面同时并重，他强调个人意识植根于社会经验并通过与人类共同体的关系实现其终极目的。尽管个人的自由使他不但能够超越他置身其中的人类共同体，还能超越整个历史过程，但个人离不开为他提供独特性的社会，他需要不断进入社会中，参与社会生活方式的形成和延续。这种个人不断超越又不断重新进入社会的交替是个人与社会关系的基本特征。

第二节 社会群体的结构

社会和个人之间存在对应关系，二者的基本性质相同，维持存在的条件也相同，"如果没有一定的自然力量（force），或没有超越生机力量之间的冲突和张力的精神顶峰，不管是个人权力还是社会权力（power）[21]都无法存在。"但社会毕竟是许多个体的集合，其内涵和表现的复杂性多样性远超过个人，维持社会存在也相应地要困难得多，"任何既定社会条件中的力量的张力和平衡都包含着多种生机和权力，从它们身上可以看到整个人类生存中精神和自然、理性和力量的复杂统一。"[22]对人性的洞察是认识社会的起点和参照，但不能替代对社会的认识，否则就是把复杂的问题还原成为简单的问题，而尼布尔原则上是反对这种还原论的。

"权力"是尼布尔分析社会问题时经常使用的概念，在尼布尔的社会伦理学和政治哲学中，权力具有一种类似于生命或能量的性质，指的是自然与精神、生机和形式之间动态的转换。从某种意义来说，生命的本质在于权力，因为"所有的生命都是权力的表达。和其他生命一样，人的生命必须通过权力才得以存在。因此，生命和生命之间的关系就是权力和权力之间的关系。这一事实并不因生命具有精神性的因素而改变。"[23]个人和整个社会分别是权力规模从最小到最大的两个极端，在这两极之间，还存在众多规模较小的权力中心，小至家庭，大至经济、军事、宗教以及政治团体。[24]整个社会就是由不同层次，不同规模的权力中心组成的。在每一层次上，依据形成权力中心的统一体的不同，权力中心之间可表现出和谐或冲突的关系。比如，依据血缘形成的权力中心（比如家族或部落）与依据精神或理性目标而形成的权力中心（比如教会或国家）之间就可能存在冲突。从权力的角度考察社会问题，强调权力以及权力与权力之间的关系在社会结构中的作用是尼布尔社会伦理学的重要特征。这一特征从《道德的人和不道德的社会》开始，贯串于尼布尔以后的全部著作。由于权力概念本身即蕴含一种激烈的竞争关系，通过这一概念，尼布尔对社会群体的认识和解说获得一种很强的现实主义意味。

由权力概念出发，尼布尔进一步提出"社会组织的两个基本的、持久的方面"，即中心组织原则和权力（central organizing principle and power），以及权力的均衡（equilibrium of power）。前者强调的社会作为一个整体的稳定性和社会秩序的必要性，后者强调的是社会内部之间各权力机构的平衡，也就是社会内部的自由。[25]这两个方面分别体现了社会的精神性因素和自然性因素的要求。二者之间同样也保持一种辩证关系。

社会构成的两个原则 动物因血缘和自然需要组合成群体，超出自然需要的更大规模组合既无必要也不可能。只有人类才能够超出自然因素的限制建立起具有一定规模的社会共同体，原因就在于精神的超越性。[26]精神的超越性在社会结构中的表现就是"中心组织原则和权力"。这一原则设定一个超越社会内部任何相互竞争的权力的参照中心，从而使人类社会具有发展友爱，取得更广泛的普遍性的无限可能性。中心组织原则是社会秩序的来源，因为它能以合乎所有成员利益的立场统摄社会中的各种独立因素，从而建立起稳定的秩序和各权力中心间的和谐。尼布尔称，国家——社会群体的一种形式，不论多么恶劣，总有一定的合理性，因为国家体现了一种普遍性。由此而来的是尼布尔对社会秩序的强调，他把秩序作为正义的一个基本原则。中心组织原则和权力可通过物质和精神手段调节整合各种社会因素，其中就包括法律和习俗。至于调节和整合的方式是否合理要看当时的社会条件和它们所依据的伦理原则。

中心组织原则以社会和谐为目的调整各种社会因素是精神超越性的体现。但正如个人的精神被自私的冲动所污染，社会内部各种权力中心的精神能力同样也受到群体的偏见和自私的污染。尼布尔并不否认理性在道德行为中的重要功能，与此同时，他也经常提醒人们不要忽视理性在道德行为中的局限性。理性固然可以扩展精神性的社会冲动，把以前仅限于亲密关系范围内的友爱扩展到团体甚至社会，但理性同时也可以成为维护和扩张自身利益的工具。在这方面，群体比个人表现更甚，因为群体有让某部分人专门从事"理论欺骗"的便利，通过社会分工的优势，实现集体欺骗。正如不能对个人的精神自由寄予过多希望，对群体的精神超越能力也应审慎对待，"管理和调节社会关系的所有系统、规则和法律都是互相扶助、实现和谐的工具；但它们永远不可能完全实现兄弟情谊的理想，它们至多只能接近这一理想，因为它们自身都包含着与兄弟情谊相冲突的方面。"[27] 由于理性的有限性和罪的顽固性，中心组织原则需要权力的补充才能维系社会的和平和谐。

社会是由各个层次的权力中心组成的，每一权力中心都有自己的团体利益。考虑局部的团体利益采取的行动与以整体利益为出发点的中心组织原则难免发生冲突。由于每一社会团体同时又都是一个权力中心，为了维护自身的利益，团体倾向于用权力抵制中心组织原则的束缚。尼布尔认为，权力就其自身来说在道德上是中立的，但权力同时又不免导致腐败，而且不受约束的权力必然导致腐败。这是由罪性的影响而来的，因为"人的自私之心必将竭个人或团体意志所能控制的一切生机资源，来达成自私的目的。所以社会对付各种反社会的行动，必须运用各种可利用的资源。"[28]作为社会组织原则的"中心组织原则"只能构想、不能创造社会秩序，它必须与权力结合，以一定的强制手段实现其构想。尼布尔认为，一切超出社会关系的亲密限度之外的社会合作都要求一定的强制（coercion）因素。像权力一样，强制本身在道德上也是中性的。由于人们无法充分超越自身的利益，像对待自己的利益一样清楚地筹划同伴的利益，这使权力成为社会凝聚过程中一个必不可少部分。在社会组织的过程中，理性不仅要考虑社会团体的各组成部分之间的和谐，还要考虑如何运用权力实现这种和谐，"对纠缠于社会—道德问题中的利益、权利进行理性的计算的同时，必须对社会条件中的各种生机和权力也进行理性的计算。二者的相互关联是所有的社会存在都是生机和理性的统一的绝好象征。"[29]

社会构成的另一个原则是"权力的均衡"。我们看到，中心组织原则同样需要与权力的结合，但它对权力的运用是自上而下的运用，是社会的最高权力中心对社会内部分散的权力中心的强制。与这一原则的适用对象不同，权力的均衡考虑的是组成社会的权力中心的多样性问题，是权力中心与权力中心之间的关系。尼布尔认为，人类社会从来都不可能还原成一种简单的整体，从个人到整个社会的两极间多层次的权力中心相互渗透相互关联的复杂关系是社会结构的不变特征。由于各权力中心的利益的多样性以及它们为了自己的利益而呈现出的权力的扩张性，依照中心组织原则并通过一定程度的强制因素建立起来的社会必须小心维护各权力中心间的均衡以维护社会秩序，保持社会的稳定，同时保障社会各阶层的自由和权利。社会中某一权力中心的过度膨胀对社会的稳定和其他权力中心的利益都是一种严重的威胁。反之亦然。权力的均衡原则要求扶助弱势群体，抑制强势集团，以权力的制衡实现社会利益集团的平衡，既出于社会的考虑，也出于每个成员权利的考虑。

可以看出，精神因素和自然因素贯串于社会构成的两个原则中。权力以及通过权力实现均衡是社会构成中的自然因素；超越单个的权力中心的利益的中心组织原则以及为实现这一原则而进行的对权力的理性筹划属于精神因素。社会结构中的自然因素和精神因素可以分别但不可分开，二者之间保持着一种互相补充互相冲突的辩证关系。尼布尔认为，从两个原则中自然因素和精神因素所占的比例来衡量，"总体说来，权力的均衡属于自然的因素"，[30]而第一个原则更多地属于精神因素。

尼布尔认为，社会构成中的第一个原则设定了整个社会秩序化的必要性，第二个原则设定了社会内一定限度的自由的必要性。二者处于一种张力中，但又互不可少，必须不断调整两个原则之间的关系，谨慎地维持二者的平衡，因为如果过于强调前者将会导致专制统治，"可能产生一个强制性的统一社会，处在其中的单个成员的自由和生机将受到损害。这种生命的专制性的统一是对兄弟情谊的歪曲；"而过于强调后者又易产生混乱状态。[31]

第三节 群体之罪

任何群体一旦构成即获得像个人一样的独立意志，并表现出生命体的种种特征。尼布尔以权力概念透视生命与生命之间的关系。维持自身的生存是每一权力中心的本能，但本能的实现受到自然因素和社会因素的限制。每一群体都可因为自然灾害或自然资源的匮竭而消亡，也可由于自身内部的腐败或外部敌对群体的侵吞而解体。在历史之中的处境注定了群体生灭有时，而不可能恒运久昌。这是群体的有限性所在。其与个人有限性的不同，只在于群体其兴也久，其衰也缓，兴衰的过程长于个体生命，不易为人亲知，具有一定隐蔽性。和个人的有限性一样，在尼布尔看来，群体的有限性乃是群体构成要素之一，是自然的结果，本身不是罪恶。危险在于，除自然性以外，群体尚有精神性的一面，它可通过超越历史过程，或比照其他群体的命运而察知自己终不免于灭亡的结局。除非是生活在与其他群体完全隔绝的环境中。对衰亡的恐惧和求生存的本能使群体常常为自己的命运担忧，并处于一种不安状态。"个人生活和集体组织之间最重要的相似性在于后者和前者一样，也能意识到人类生存的偶然性和不安全性。"[32]和个人的忧虑一样，群体的不安本身也不是罪，它是群体精神性和自然性的必然产物，同时也是群体创造性的动力。但不安也往往将群体导向破坏性的方面，它是罪的前提。这是因为群体为克服不安，总是想尽办法扩张自己的权力，使自己在与自然和其他群体的竞争中胜出，以为如此即可永葆繁荣。尼布尔指出，像个人一样，群体总也不免把生存意志（will to live）扩张成权力意志（will to power）。我们看到，个人其实无法通过扩张权力延长生命，扩张权力只是个人疏解忧虑欺骗自己的手段。与个人的处境有所不同，群体的确可以通过扩张权力延续自己的生存，维持或者制造出自身的繁荣。如此一来，扩张权力对群体的诱惑也就更加强烈。

群体的罪是在生存意志向权力意志转化的过程中产生的。在此过程中，群体神化自我利益，赋予自身以永恒绝对的价值，这是一种隐蔽的偶像崇拜，是宗教意义上的罪。群体将自己的利益树立为绝对价值，相应地，其他群体的利益至多只有相对的、暂时的价值，这样它牺牲其他群体利益的行为就有了彼岸神圣性的支持。群体宗教性的罪和道德性的罪重叠在一起，难于分开。

个人之罪和群体之罪虽有种种相似，但群体之罪比个人之罪严重复杂得多。这也是尼布尔区分个人道德和群体道德的重要理由之一。尼布尔认为，同情、怜悯这类自然情感与距离成反比，距离远同情心也就相应减弱，距离近同情心则会相应增强，因为同情的强烈程度与感觉的强烈程度相关。[33]日常生活中，我们不大可能感受到大洋彼岸非洲饥民的痛苦，但我们却可强烈感受到邻居甚至宠物正在经受的痛苦。受自然的有限性的限制，组成社会的各群体之间不可能像个人与个人那样建立起亲密直接的关系，它们缺乏真切了解其他群体苦难的机会和能力。[34]对其他群体的关注和同情也就微弱得多。此外，群体成员难于对其他群体产生同情的原因还在于群体权力对个体情感的压抑，群体"虽由个人而生，实际上却具有凌驾于个人之上的权威，以致群体对个人能有无限的要求。"[35]权威的产生一是因为群体可以运用自身的权力威胁并强迫各成员服从它的意志；二是因为群体较个人有更强的生命更大的尊严，这种尊严里含有一定程度的宗教性，使得群体比如国家或民族容易成为个人崇拜的偶像。

个人进入群体之后，受到削弱的不仅是同情和怜悯的情感，同时还有道德责任感。一个单独处世时温良谦恭的人在群体之中可能会表现出空前的残暴，这是因为他进入群体时通过把责任转嫁给整个群体或分散给群体的每一成员而消减了个人的责任感，正如人们常说，所谓集体负责就是谁也不负责。尼布尔思想来源之一的克尔凯戈尔曾用愤世嫉俗的语言表达了这一观点，"群众所在之处，即是虚妄所在之处……因为它使得个人成为完全不知悔改和不负责任的东西，或者至少由于把责任切成了碎片而大量削减了个人的责任感……没有一个个人通常是如群众一样懦弱的，因为每一个逃入群众之中求取庇护的人都是逃入了免于作为个人的懦弱之中，都贡献了懦弱的份给我们那称之为群众的懦弱。"[36]

个人进入群体之后不仅有上述精神方面的种种变化，而且个人精神中原有的罪性也会加深。在分析个人的骄傲时，尼布尔曾经指出，个人为了掩盖生存的忧虑，以无限的价值赋予有限的事业。但当他这样做时，他能够时时意识到自己是在"故意欺骗"，因而产生不安的良心。与个人短暂的生存相比，群体的生存似乎具有永恒无限的特点，足以成为个人崇拜的偶像。个人忠诚于群体的利益比起以自我为中心来，更易于克服生存的忧虑。个人以群体的利益为绝对价值的体现，这样一来，个人对群体的忠诚变成了身为群体的一员的骄傲。尼布尔分析说，由于自身能力和社会条件的限制，普通人对权力和荣誉的渴望一般无法得到满足，因而容易产生自卑的心理。通过把自我投射到群体之中，个人可以从中获得心理上的自我扩张，"所谓集体的自私，诚然是个人将自我投入群体中，但这也给个人以自我扩张的可能。扩张如果是从个人的妄见出发，是不易被人相信的。"所以"群体的骄傲对于有自卑感的个人是一种特别的诱惑。"[37]我们经常可以看到，一个在群体中地位卑下，无足轻重的人仅仅因为自己身为这个群体的一员而骄傲，因为他相信自己所在群体的文化更发达，力量更强大或道德更完善正能说明他个人比起其他群体成员来也具有他所在的群体具有的优点。尼布尔判断说，群体的规模与自私的程度同步增长，"群体规模越大，它在整个人类社会中表现出的自私的特点也就越明显。"[38]或许尼布尔还应加上一句话，群体的组织性越强，它的骄傲和自私程度越高。因为组织性越强，越能表明它与周边群体的不同，群体成员越易产生归属感，于是群体具有的危险倾向也就越发加强。

群体之罪的复杂性同时还表现在同一个行为从不同的立场看可以同时是道德的和不道德的。比如对家庭利益的忠诚，从家庭的角度看当然是道德的，但从更大规模的群体的角度，比如阶级或国家来看却可以是不道德的。对阶级和国家的忠诚同样如此。尼布尔深刻指出，"每一种直接的忠诚对于更高更广泛的忠诚都是潜在的威胁，都是升华了的利己主义的表现机会。"[39]对于群体的忠诚有如此之多的危险，而每一群体又都无条件地要求我们的忠诚。道德的正确如此之难，一个立意舍己为人的人往往限于更大的罪恶而不自知。所谓求仁得仁的说法，也只限于对道德动机的肯定，对善的行为的把握，需要精神的高度超越性，和对社会的深刻了解。

群体之罪除了表现在群体对待其他群体关系上的自私或霸权，还可表现在群体处理自身的方式上。与社会构成的两个基本原则相应，群体的罪可分为"专制之罪"（tyranny）和"混乱之罪"（anarchy）。专制之罪产生的原因在于过分强调中心组织原则和权力的重要性，忽视权力的均衡原则，以一种绝对的权力来压制所有其他权力中心的权力，侵害甚至剥夺个人和各阶层应该享有的自由。专制国家是专制之罪的典型体现，因为在专制国家只有一人或一个集团享有自由，其他所有成员都被剥夺了自由。专制之罪不独专制国家存在，政治体制上的民主国家也大量存在专制之罪，比如对少数族裔的排斥，对女性的歧视，对其他弱势群体的挤压，等等。由于中心组织原则和权力是社会结构中的精神性因素，专制之罪中精神性的因素大于自然性因素——它过多强调了群体的至上性和统一性，通过夸大社会构成的精神性方面掩盖其自然局限。与专制状态相反，混乱产生的原因在于忽略了社会构成中的精神性因素，放弃中心组织原则所要求的普遍性社会组织的目标，支撑中心组织原则的权力不足以统一社会各级次权力中心，维系各层次权力中心间的均衡。如此一来，社会也就只能退回到自然的无政府状态，听任各种社会组织无序竞争、互相倾轧。整个社会丧失了基本的生活秩序。其结果是原有的各权力中心完全丧失精神性的因素，蜕变为赤裸裸的自然力量。混乱状态比专制状态为害更烈。因为专制状态中的中心权力尚且需要考虑社会整体的稳定，避免引起社会动荡，而混乱状态中的权力中心只考虑自己的利益，无暇顾及整个社会。混乱之罪中自然性因素大于精神性因素，因为这时主导群体意识的是单纯的生存冲动。

第四节　群体的道德意识

尼布尔经历了从否定到肯定群体道德意识的阶段。他对群体道德意识的肯定没有经过细致缜密的论证。在他看来，只要找到群体的精神性表征便足以证明群体道德意识的存在。正像从个人的骄傲可以发现精神的超越性一样，群体的骄傲也是群体具有精神超越能力的明证。一个不具精神性因素的部落只能像动物一样满足于自然的生存。群体扩张自己的势力，夸大自身的价值都隐含了精神性的因素。群体精神性的积极方面表现为群体超出自身实现更广泛的社会普遍性的要求。

罪和无罪都以道德意识为前提，没有道德意识则无所谓道德对错。尼布尔认为，最初的人类社会在道德上是中立的，处于一种无善无恶"天真无邪"（innocence）状态，"天真无邪是没有自由的生命与生命之间的和谐"。所谓没有自由是指人的行为出乎自然，不假道德思索，没有道德上的考虑。这时的人类社会既谈不上美德也谈不上罪恶，因为和个人一样，自由是社会群体成为道德主体的前提，没有自由就谈不上道德行为，但人类"一经有了自由，自然中的和谐就被破坏了。"[40]因为自由开始于人类意识到自身，获得意志和行动上的独立性之后，而自由的获得即意味着人类不再是自然的一部分，人与自然间原始的和谐随即宣告结束。可以看出，尼布尔实际上接受了"堕落"是真正的德性的必要前提的理论，"罪性的固执己见（self-assertion）是生命与生命以自由的方式建立起和谐友爱的关系的必要序曲。"[41]和对原义的解释一致，尼布尔同样没有把原始社会的自然和谐状态当成一个历史事件，而是把它视为一种象征。尼布尔认为，原始社会以种种习俗禁忌，严格把个人约束于群体的规范中，正说明它已经超出了依靠自然本能组织群体生活的动物性的自然状态，表明原始人的意识中已经有了自由的萌芽,同时也显示出原始社会对混乱的恐惧。人类学的研究表明,人类历史上从来都没有人们构想中的"天真无邪"状态。即使原始社会阶段亦存在两种罪恶,其一是人与人之间的征服关系,其二是群体与群体之间的冲突。

群体的罪性潜藏在群体的集体性意识里。集体性意识是群体成员意识的总和,是由"组成群体的各成员关于群体应采取何种行为的不同见解"组成的。[42]群体意识不是个体意识的简单相加,否则群体意识和个体意识之间也就不存在性质上的差别。群体意识是身在群体之中,具有群体归属感的个体意识的总和。两者的差别在于第一种个体仍然保持个体独立的身份,而第二种个体则明确意识到作为群体一员的社会角色。两种个体的道德心理有性质上的差别。尼布尔的群体意识类似于卢梭的"公意",是群体成员的意识加加减减,相互抵消之后剩余的共同部分。即使在肯定了群体的道德意识之后,尼布尔还是认为,从总体上看来,群体的道德意识低于个人,因为个人虽受社会条件和社会意识的限制,但毕竟"人的自由赋予个人以超越他自己的社会和整个历史过程的能力。"[43]虽然个人的道德判断有时低于群体,但最终只有个人才能以自我牺牲的英雄气概超越历史,指向终极目标。当个人进入到社会,作为群体的一员进行道德选择时,他要考虑的就不仅仅是个人的利益,他还必须考虑群体其他成员的利益,这时他不能再以牺牲精神激励群体的选择,因为如果这样将损害其他人的利益,造成对他人的不公。个人的自我超越能力在群体中受到很大限制。

保罗·兰姆赛在分析尼布尔的伦理学时,批评尼布尔关于群体意识的提法,认为只有投身于集体行为里的个人的动机和心智,没有尼布尔所说的"集体人的情智(the mind and heart of collective man)",[44]尼布尔所说的群体道德意识低下是无的放矢。

尼布尔对群体意识的论述的确不够充分，而且稍嫌混乱。在这一问题上他似乎太喜欢用类比的方式从个人很快过渡到群体，[45]对深奥复杂的群体意识的挖掘深度广度都不够，难免引起他人的误解，甚至是来自同一阵营中人的误解。我们知道，同一性是个体存在的基础，而个体是个人意识的载体。个人意识清晰确定，因为个体本身清晰确定。与个体意识相比，群体意识似乎没有一个确定不变的载体，但因此否认群体意识的存在也站不住脚。当群体面对自然或面对其他群体时，就其具有统一的行为倾向而言，应该承认群体具有自我意志。这种自我意志或者表现为多数成员的共同意志（民主的群体组织）或者表现为决策阶层的意志（非民主的群体组织）。承认群体的意志能力也就肯定了它的自我意识。而群体里那些"变动之中的少数先知先觉者"，那些终能挣脱群体的自私和偏见，从更超越的普遍性立场对群体行为检点批判的"明智之士"就是群体的原义所在，是群体"不安的良心"。他们先知式的批判虽不能取代群体意志，但可唤起其他成员的羞恶之心，修正群体的道德态度，剥离群体自义的伪装。尼布尔认为，就各群体能将一个共同问题的种种不同见解综合起来，以达成一个为大家接受的正当的解决而言，足以证明群体并非始终自利的，"像个人一样，国家具有超越自我利益的更广泛的关怀。国家因此像个人一样处于自我要求和更广泛的要求的内在紧张状态。这就是人类集体生活中负责的自我所在。"[46]民主社会的成功更是表明人类社会具有接近正义的能力。[47]不过，正如肯定原义并不意味着个人可获得道德完善，肯定群体意识的超越性也不表示可以完全实现这种超越性的要求。尼布尔重申，群体的德性来自群体的自我利益与更广泛利益的暂时重合，而不是来自纯粹的公正。[48]在历史中永远不可能实现群体间的完全和谐。

第四章 社会群体的结构和道德性质

尽管肯定了群体的道德意识和德性，但对群体道德水平过低的评价使尼布尔忽略了群体生活中一些具有重要意义的行为，比如政治生活中爱和英雄主义行为，这在相当程度上限制了尼布尔面对现实问题时的道德想象力。在他思想发展的后期这一点表现得最为明显。

注 释：

[1] 正如在第二章中曾经指出的，社会伦理学并不把个人排除于研究范围以外，但社会伦理学关注的个人主要是一种呈现出显著社会性的个人，它讨论的是个人对某种社会组织的态度以及与社会群体的行为保持一致的个人的道德行为。这种带有强烈社会性特征的个人在道德意识和道德行为上表现出与社会群体同样的性质，因此，后面的行文中对"社会群体"道德属性的考察同样适用于社会性的个人。

[2] 比如国家就是"通过政府机构组织起共同生活，并且在一定限度内表达共同意志。"*Faith and History*, p. 216。

[3] ibid. p. 217.

[4] *Moral Man and Immoral Society*, p. 88.

[5] ibid. p. 38.

[6] 见第五章，尼布尔对马克思理论的反思一节。

[7] Reinhold Niebuhr, *Faith and History*, p. 121.

[8] ibid. p. 70.

[9] *Moral Man and Immoral Society*, p. 27.

[10] ibid. p. 26 以及 *An Interpretation of Christian Ethics*, p. 183.

[11] *The Nature and Destiny of Man*, vol. II, p. 95.

[12] *The Children of Light and the Children of Darkness*, p. 5.

[13] *The Nature and Destiny of Man*, vol. II, p. 244.

[14] ibid. vol. I, p. 54, 55.

[15] *Faith and History*, p. 183.

[16] Reinhold Niebuhr, *Pious and Secular America*, p. 113.

[17] *An Interpretation of Christian Ethics*, p. 18.

[18] ibid. p. 20.

[19] Reinhold Niebuhr, *Christian Realism and Political Problems*, p. 6.

[20] *Man's Nature and His Communities*, p. 83.

[21] 在这里，力量（force）和权力（power）之间的区别在于力量指的是人或社会的自然的能力，而权力既有精神的一面又有自然的一面。

[22] *The Nature and Destiny of Man*, vol. II, p. 264.

[23] ibid. p. 72.

[24] ibid. pp. 261, 264.

[25] ibid. p. 257.

[26] 尼布尔强调共同体的组成中自然和精神因素缺一不可，自然因素是指种族、共同语言、共同历史、共同文化，等等不可改变的基本事实。精神因素指的是超越的追求。基于这种认识，尼布尔对世界政府的设想十分不以为然，认为任何这样的方案都没有考虑到这样的事实：政府不能创造共同体，而只能完善基于上述自然因素的社会组织。

[27] *The Nature and Destiny of Man*, vol. II, p. 248.

[28] ibid. p. 259.

[29] *Moral Man and Immoral Society*, p. 260.

[30] *The Nature and Destiny of Man*, vol. II, p. 266.

[31] ibid. p. 258.

[32] *Faith and History*, p. 218.

[33] 休谟在《人性论》中对距离和情感之间关系的论述细致完备，尼布尔的思想可能来自休谟，但也可能来自对生活的观察。他没有提及思想的出处。

[34] *Faith and History*, p. 75。很明显，尼布尔的观点建立在上个世纪 30 时代末的资讯水平和生活方式之上，在今天，由于资讯的发达，我们差不多可同时亲眼目睹远在大洋彼岸的人正在经受的痛苦。从某种程度而论，通讯的全球化实现了痛苦资源的全球化，对道德现实有深远的影响。

[35] *The Nature and Destiny of Man*, vol. I, p. 208.

[36] 克尔凯戈尔，"那个个人"，转引自 W. 考夫曼，《存在主义》，商务印书馆，1987 年。

[37] ibid. p. 212，以及 *Moral Man and Immoral Society*, p. 93。

[38] *Moral Man and Immoral Society*, p. 48.

[39] ibid. p. 47.

[40] *The Nature and Destiny of Man*, vol. II, p. 78.

[41] ibid. p. 78.

[42] *The Self and Dramas of History*, p. 235.

[43] *The Children of Light and The Children of Darkness*, p. 79.

[44] Paul Ramsey, *Love and Law*, 载于 *Reinhold Niebuhr—His Religious, Social and Political Thought*, p. 175。

[45] 在尼布尔的著作中,这样的论述随处可见。比如,"国家和群体没有像个人一样完整的意识,但它们确实有初步的意志,而且群体的意志有能力对超越自我利益的理想和价值做出反应。""民族的意志没有个人意志那种清晰的整体性,但还是可以观察到民族的'精神生命'的存在。" *Faith and History*, p. 91, p. 97。

[46] ibid. p. 97.

[47] *The Nature and Destiny of Man*, vol. II, p. 249.

[48] *Faith and History*, p. 222.

第五章

正义的理想和正义的实现

尼布尔的声名和影响既来自于他的学术，也来自于他的社会活动。在尼布尔身上有许多奇妙的结合，其中包括了学术和社会活动的结合。尼布尔很愿意把自己看做一个布道人，而不是学者，这当然不会削弱他思想的学术性质，因为他所要传的道是经他重新解释过的信仰真理，而这一过程只有通过学术才能完成。对尼布尔来说，生命是一场以正义为目标的持续旅行，牺牲之爱则是这场旅行的内在动力。在尼布尔看来，正义是悬在头顶的星空，同时也是由权力的平衡达成的利益和谐，这样，道德理想和政治现实就联系了起来。在一个任何重要的决定都要通过政治行为来完成的社会中，追求正义就意味着投身政治。尼布尔不知疲倦地参加会议、组建政党、出版刊物，同时又不断出现在大学和教会的布道会场。尼布尔重视把自己的思想转化成物质力量，而且他也十分擅长这种转化。哈兰·贝克莱评价说，"甚至那些从未听说过尼布尔的人同样也能感觉到他在正义的思想和实践上产生的影响，他改变了我们对信仰以及信仰和社会秩序的道德维度的关系的通常思路。"[1]实际上，尼布尔的整个生命充分体现了他的伦理学说的主张和特点，这就是对学说的现实相关性的强调。尼布尔希望建立起一种社会伦理，通过这种既与现实紧密相关又超越于现实的伦理，我们能够对社会问题采取一种既置身其外又参与其中的态度，只有如此，我们才能以谦卑的态度，在充满罪性的世界里积极谋求相对正义的实现。基于这种需要，尼布尔提出了一项衡量社会伦理充分性的标准：一种社会伦理是否富有成效取决于它"在历史和超越之间的张力的性质。这一性质可从两方面来衡量，其一是它超越历史的每一种价值和成就的程度，这种超越性使它不致把历史成就的相对价值当作道德自满的基础；其二是它与历史保持有机联系的程度，这种有机联系使它不致因其超越性而损害了历史的意义。"[2] 我们将会看到，在历史性和超越性之间保持一种持久的张力是尼布尔的社会伦理学的一个显著特征，也是他用以批判历史上和现代社会中各种伦理政治学说的一个重要维度。

第一节 爱和正义的关系

在通常的伦理学和政治哲学中，爱和正义是两个不同层面的概念，二者关注的维度不同，所属的领域也不同。爱是一种自然情感，可由后天培养发扬光大。尽管几乎每一社会共同体都倡导对他人的关怀，但并不是所有的伦理理论都把爱当作一种道德要求——爱只是个人的情感取向。即使那些要求爱的伦理学一般也只把爱他人与否看做个人道德问题，而且属于不完全责任，也就是最好实现但不必一定实现的道德责任。与爱不同，正义关注的是社会制度的问题，[3] 按照罗尔斯的说法，它是社会结构的首要德性，它关注的是社会制度，其中主要是分配制度合乎道德与否。虽然有多少种正义理论就有多少种对正义的理解，但不管怎样，它们都不离正义的本义，即应得的赏罚。而且，在探讨正义的时候，人们都普遍接受边沁提出的一种形式化原则，即把每一个人都当做一个人看待，既不能把他看成多于一个人也不把他看成少于一个人。正义理论其实并不是独立的，每一种正义理论背后都隐藏了某种道德前提，而道德前提本身无法得到证明。爱和正义这两个分属两个领域的概念之间的关系很少吸引政治哲学家们的关注，更没有人尝试把正义建立在爱的基础之上。因为在许多哲学家，比如霍布斯看来，即使一个全部由自私自利的人组成的人群同样也可以组成正义的社会。实际上，在霍布斯那里，恰恰因为每个人都自私自利，每个人都不择手段地求生存、争名利，所以才有组成正义社会的可能和必要。也就是说，爱或善不是正义的基础，相反，恶才是正义的基础，是历史发展的动力。尼布尔一反这一传统，把正义建立在爱的基础上，把正义看做牺牲之爱在社会中的延伸。因为有爱，所以正义及正义的制度才有可能。但另一方面，因为爱的不足，因为人性的不完善，正义及正义的制度成为必须。

在尼布尔的学说中，爱和正义之间的关系同时也是个人伦理和社会伦理之间的关系，因为爱是个人伦理的规范，正义是社会伦理的规范。尼布尔一方面把正义看做爱的延伸，如此一来，他的个人伦理和社会伦理之间保持着很强的连续性。但另一方面，尼布尔又强调个体道德和群体道德的截然区分，这样，个人伦理和社会伦理之间似乎又存在着不可跨越的断裂。个人伦理和社会伦理之间这种微妙的关系是尼布尔着意要保持的一种特性，也是备受人们质疑的焦点。

从个人伦理到社会伦理，尼布尔列出了一个规范的等级序列，这一序列依行为主体超越能力的递减和自然因素的递增依次为"牺牲之爱"、"互爱"和"正义"。其中牺牲之爱是全部规范的最高要求和内在核心，牺牲之爱经互爱降为正义，但正义不是对牺牲之爱的违背，而是牺牲之爱在社会中的体现。与牺牲之爱一样，正义在社会中也是超越的规范，不可能在历史中完全实现。在尼布尔的理解里，从"牺牲之爱"到"互爱"到"正义"的递减不是逻辑上从前提到结论的演绎，它们是综合了绝对超越的要求和两种行为主体的性质之后得出的可于历史中得到验证的规范。

尼布尔的思维和行文特点在论述正义问题时再一次得到充分体现:一个如此重要的概念,一个他在各种场合不断谈论的问题,却从未获得一个清晰明确的定义。更有甚者,尼布尔根本拒绝发展一套系统完整的正义理论,因为他认为任何正义理论某种程度上都将有损于对正义的追求。与那些构造正义理论的政治哲学家相比,尼布尔更愿意在抽象的正义原则和具体的社会问题之间游刃。在阐明了一种"元正义"理论之后,他把目光投向现实社会中的具体问题,致力于批判修正某种具体制度的局限性,并听任他自己的正义学说在超越性的原则和具体问题之间留下巨大空白。这些特点使尼布尔在批评别人时往往显示出比说明自己时更具洞察力和明晰性:他似乎是以一种批判的方式完成建设的工作。不论在学术思想上还是在社会活动中,尼布尔扮演的常常是牛虻的角色。在一个充满非正义的世界里,尼布尔更愿意采用夸张和痛斥的先知式的方法,而不是细密论证的哲学技巧。尼布尔处理爱和正义的辩证方法更多发挥着警戒的功能,而不是提供具体的方案。尼布尔对正义的处理和他对社会伦理充分性的要求一致,因为任何体系化的正义理论都很难既具现实相关性又保持尼布尔所期望的绝对超越性。

对尼布尔来说,正义不是一个独立的概念,而是一个关系性的概念。[4]要理解正义,首先须从爱与正义之间的关系入手。如上所述,正义在规范层次上次于互爱——有时尼布尔又称之为"兄弟情谊"(brotherhood),是互爱在社会中的扩展和实现。但这里所讨论的正义与爱的关系指的不是正义与互爱之间的关系,而是正义与圣爱(也就是牺牲之爱,有时尼布尔也称之为"上帝之国的爱")的关系,因为正义中也含有超历史的因素,比如自由和平等的原则,与圣爱直接相关。

所谓正义与爱相关是说正义从来都没有自己独立的基础,它是爱在社会历史中的具体化。"爱和正义可以分别,但不能分开","二者关系密切,但不能简单等同。"[5]尼布尔分别以"牺牲的"、"超历史的"、"不计利益得失的"等修饰语来限定和说明爱的特征。尼布尔强调,历史中惟一完美的爱即耶稣在十字架上的牺牲是通过放弃权力来实现的。与爱不同,正义含有历史性的因素,它必须把自私的顽固性考虑进来,必须通过权力而不是放弃权力实现自己。所以,正义是"审慎的"、"分别的",关注的是利益和权利的协调和平衡。正如牺牲之爱和互爱的关系一样,牺牲之爱和正义之间也是一种辩证关系:爱既是正义的实现又是正义的否定。尼布尔论述说,"爱是任何道德体系的极限概念(the end term)。爱的要求实现同时也否定了所有的正义方案。爱实现了正义,因为生命对生命的责任在爱中比在任何平等和正义的方案中得到满足的可能性更大。爱否定了正义,因为爱消除了正义的制度对利益的审慎计较。爱不是在自我和他人的需要间的细致筹划,因为它只求满足他人的需要,从不顾及自身的利益。"[6]下面我们分别从肯定和否定方面具体来看爱与正义之间的关系。

首先,爱要求正义。随着群体规模的扩展,个人伦理中的互爱渐渐失去作用。在规模较大的社会群体之间,互爱更是不足以充当行为规范,因为互爱以人与人之间的亲密关系为前提,限于个人与个人之间直接交往的范围内。这时候欲图在整个社会中扩展和实现兄弟之爱,只有通过理性化的爱的原则和制度,也就是正义的原则和制度。"有些理论相信自我的自由使他在自己的意志外不必设立任何规则,这种夸大自由否认有限的想法必然导致自我的毁灭。圣爱不接受这样的理论。"[7]尼布尔认为,正义的体系和原则是兄弟情谊实现自己的工具,因为正义以三种方式扩展了自我对他人的责任。[8]首先,正义把当下的社会性的精神冲动固定下来,从对方的明显困境所促动的当下责任扩展到表现于固定原则中的持续责任。这时候自发的同情心就提升为持久的责任感。其次,正义扩展了自我关注的范围,从自我和单独的他人之间的简单关系扩展到了自我和许多他人间的复杂关系。这时候不仅是那些和我直接面对的人,而且那些和我无缘直接面对的人和我共同构成了一种包含爱的关系。第三,正义排除了自我认识的盲点和偏见,把个人所能辨别的责任扩展到由社会的无私之见所能明定的各种更广泛的责任。这些社会明定的责任不是固定不变的,它们在历史中不断生长,随着习俗和法律的演进而演进,它们自身都含有单独的自我所无力达到的正义的因素。正义的社会性特征超越了个人对正义认识的歧见,尽管正义具有历史性的特点,但对生活于同一社会共同体中的成员,正义依然有确定的内容和要求。正义的这一性质有提升共同体成员道德意识的效能。尼布尔认为,正义的应用范围十分广泛,甚至在家庭这种关系最紧密的社会单元中也必须借助于习俗中固定下来的正义因素来分配权利义务,调节成员间的关系。一旦涉及三人以上的关系,爱必须通过正义才能表现。爱与正义的关系比我们通常所设想的更为紧密,[9]离开正义的爱是盲目的,它将很快蜕变为无视现实、不负责任的多愁善感。爱有主观性的因素,对此人们不会有何疑义,同样重要但往往为人忽略的是爱也有客观性的因素。[10]

其次,爱否定正义。爱是正义的目的,正义是爱的手段。就其自身来说正义并不是一个令人满意的目标,正义的体系和制度中总是不免含有与爱相冲突的因素,因为正义以权力的均衡为手段,必须借助强制的因素来实现其要求,而任何强制的因素都是以自我利益的存在为前提的,无论它们多么必要,都是罪的世界的产物,与圣爱有冲突的一面。爱总是超越于正义,超越于我们所持的正义的观念和历史中的正义的制度。历史中的正义观念和制度必须时时更新,否则将成为实现爱的障碍,它们"具有一定程度的试验性,最终必须服从于爱的律法。否则昨天的规范就会成为今天的错误标准"[11]正义通过权力实现自身,而爱是放弃权力、牺牲自我的利益。诚然,在社会群体中因为涉及第三者的利益,任何人都不应该以放弃权力的方式实践爱的伦理,因为这样做将损害他人和整个群体的利益,但作为一种道德理想,超越一切利益冲突的牺牲之爱对正义的批判和否定仍然有效。只有置于爱的判断和否定之下的正义的观念和制度,才有可能不断纠正自己的缺陷,不至因一时的成就而沾沾自喜,在道德上自满。爱不仅是正义规范的来源,也是"发现正义规范的局限的终极视角(ultimate perspective)。"[12]正如离开了牺牲之爱的互爱将蜕变为利益的筹算一样,离开了爱的正义也将蜕变为权力的平衡,"任何只是正义的正义很快就会降格为低于正义的东西。"[13]

最后,爱完成正义。爱的绝对要求能够激励正义不断超越自身,进入到一个更高更完善的阶段。爱优于正义之处在于只有爱才能发现和满足人们的特殊需要。尼布尔经常以失业救济的例子来说明这一点。对社会正义的意识或许可以推动人们建立失业救济的法律系统,以满足那些贫困的失业者的生活需要,但当我们直接面对某一个具体的失业者时,法律系统所提供的最基本的生活保障却不会使我们心安理得,并无视这一个人的特殊需要。这是因为正义只是爱的理性表达,它有理性的优点,同时也有理性的局限性。理性化的正义至多只能从普遍的需要着眼,以制度的方式完成自己,只有爱才能满足个体的特殊需要。爱比正义更关注后果,关注人们的幸福生活,这是道德的核心所在。

尼布尔对正义的解说引发了许多批评和争论,焦点集中于尼布尔未能提供正义的明确定义。瑞士神学家布鲁纳就是这些批评者中的一员。布鲁纳和尼布尔同属新正统主义,二人的学说有许多共同之处,而且尼布尔得益于布鲁纳之处很多,[14]布鲁纳对尼布尔正义理论的批评反映出两人在思想方法上的差异。布鲁纳认为，在尼布尔的伦理体系中，爱和正义是两个不同的概念，这一点是无可怀疑的。但奇怪的是，尼布尔从未构造出一个关于正义的清晰概念，以区分出正义的要求和爱的要求。布鲁纳认为，"如果人们使用正义这一概念以区别于圣爱，那么他就有责任明确区分出正义和圣爱的不同。"[15]尽管尼布尔坚持正义是一个关系概念，但他应该说明是什么使正义区别于爱以及在何种关系上正义和爱相连。无疑，对尼布尔来说爱和正义是一种辩证关系，但这到底意味着什么却并不十分清楚。如果尼布尔更细致地说出正义的要求，那么爱和正义间的关系就会更清楚一些。比如，尼布尔从未说明如何确定正义的要求和如何确定权衡利益的程序和规则。布鲁纳认为，尼布尔在正义概念上的不明确可以解释他伦理学说的另一个欠缺：尼布尔对社会条件、历史运动和文化倾向不乏精彩的分析，但他对社会行动很少提出建设性的主张，他的批评总是远远多于建议。在此问题上，尼布尔的追随者又一如既往地为他提出了种种辩护。[16]但应该承认，布鲁纳的批评表达了许多人的遗憾，批评多、建议少的确是尼布尔伦理思想的一大特征。另外，因为正义是一个关系性概念所以不能给出明确的定义的说法，理由也不充分。如果正义是关系性概念，那么什么概念不是关系性概念呢？事实上，我们可以说，任何一个概念都处于与其他概念的关系中，但并不能因此就认为定义概念的要求不合法。尼布尔因强调精神的绝对自由而拒绝构造本体论和因强调概念间的相互关系而拒绝给出概念的定义不能不说是一种方法论的欠缺。就我所见，尼布尔的许多批评者确有对他了解不够全面的毛病，但尼布尔的追随者也大可不必为他护短，甚至把缺点说成睿智。一个思想家背后，总是有许多与思想无关的纷纷扰扰，想来尼布尔对此也只能报以苦笑。

第二节 正义的原则和模式

尼布尔把正义区分为正义的原则（rules and laws of justice）和正义的模式（structures of justice），这种区分在一定程度上弥补了他在正义的定义上的缺欠，使我们对他的正义观有更具体的了解。

正义的原则和模式的区别在于它们所含的特殊的或偶然的历史因素的比例不同。二者相比，正义的原则是抽象、普遍的原则；正义的模式是正义原则的应用，是为适应历史条件的特殊性和偶然性而对原则做出的必要调整。正义的原则和模式之间同样也是一种辩证关系：正义的模式是原则的实现和否定，其中所含的历史因素更多一些，受时空条件的局限也更大一些。正义模式的持续性比正义原则更小一些。

在正义的原则方面，尼布尔从西方社会普遍认可的价值观念中选出"自由（liberty，有时也用 freedom）"、"平等（equality）"和"秩序（order）"三个基本原则。尼布尔强调，自由、平等和秩序是正义的"调节性原则（regulative principle）"而不是"构造原则（constitutive principle）"或"运行原则（working principle）"。所谓"调节性原则"指的是正义的每一制度每一方案都置于其下的批判原则。[17]作为批判原则，调节性原则不负责构造具体的正义体系，它们的功能在于为具体的正义体系提供了三种考量、批判的维度。[18]在尼布尔的理解中，任何正义的体系都应该在自由、平等和秩序间保持平衡，否则不能实现正义的要求。

作为正义的原则，自由和平等在规范的等级上低于牺牲之爱，但二者同样也具超越的性质。对处于社会历史中的人们来说，它们是一种理想的可能性，是一种永远不可能彻底实现的社会理想，是"不可能的可能性。"它们的不可能性一方面来自本身的超越性,另一方面也来自两者之间的冲突:作为两个基本原则,自由和平等处于互相平行、相互制约的关系中。一般认为,侧重自由则有碍平等,侧重平等则妨碍自由。在政治立场上,左派强调平等,右派强调自由。从左派和右派的对立可以看出平等和自由两个原则间潜在的冲突。在自由和平等之间,尼布尔根据当时的社会状况忽焉在前,忽焉在后,表现出立场一致,身法灵活的特点。

作为正义原则的自由与人的精神自由不属于同一范畴,前者属于社会的规范原则,后者指的是精神的超越能力,但二者又紧密相关。在尼布尔看来,精神的自由是人之为人的本质规定,它赋予个人以不断超越自然和社会限制的创造能力。精神的自由要求社会的自由,以保障每个社会成员最大限度地发挥自己的创造才能,充分实现自我。因此,社会的法律和制度必须首先以保障个人自由为原则。

许多因素都会损害政治自由,但其中至善主义对自由的损害最为隐蔽,危害也最大。至善主义认为人有确定的本质,在众多生活模式中只有一种最适合人的本质,这种模式是最好的,应该成为全人类的共同追求。我们看到,20世纪以来文明世界中对个人自由的大规模破坏差不多都是以某种至善主义的面目出现的。至善主义受到来自自由主义阵营的哲学家们的批判,他们或者认为自由是个人的基本权利,或者认为自由是幸福的必要条件。与这些做法不同,尼布尔通过把自由提升至人性的基本组成部分的高度来肯定自由的价值,为政治自由提供了充分的证明。

但是一个仅仅肯定自由的社会不是完整的社会,因为这样的社会不足以为自由提供坚实的基础。自然和社会资源的限制以及罪性对人性的污染使共同生活的人与人之间处于相互竞争的关系中,一个人占有资源意味着其他人不得不放弃同一资源。在对资源的自由争夺中,体力或脑力或其他方面处于优势地位的人占有的资源越来越多,相应地,留给其他人的资源越来越少。贫富分化的结果是一些人的暴富和另一些人的赤贫。暴富者的自由随着财富的增加而增加,赤贫者的自由则日益萎缩,最后不得不出卖劳动维持生存。自由在这样的社会中一闪即逝,随后而来的是普遍的自由的丧失。尼布尔认为,在历史之中,需要求助于平等才能保证自由。平等是判断利益冲突的最后原则,它坚持所有竞争者应该享有同等的机会,具有相同的价值。在资源有限的世界中,平等充分体现了牺牲之爱的精神,"爱的律法要求所有的生命都应该得到肯定,那么相互冲突的生命应该平等地得到肯定。在一个不可避免冲突的世界里这样一个原则就成为爱的律法的逻辑近似。"[19]

尼布尔以耶稣的教导"你要爱人如己"来进一步强调平等与牺牲之爱的一致性,"如果有人问,在何种程度上他人可以利用一般生活的权利和机会来维持自己的生命,对此没有一个令人满意的理性的答案。我们只能说,他和你具有同等的权利。"[20]

平等概念设定了"生命与生命之间的竞争",[21]在规范的等级上次于以生命与生命之间的和谐为目标的牺牲之爱,但和后者一样,绝对的平等也是一种超越性的社会理想。许多人以为平等是可以实现的社会状态,对此,尼布尔评论说:"平等作为爱的律法的理性的、政治的表达,和爱一样也具有超越的性质。它应该实现,但却永远不会完全实现……在任何可能的社会中,平等的理想都受到社会凝聚的必要性的限制和人的罪性的败坏。"[22]所以,平等一方面是爱的律法在道德判断中的体现,一方面是位于任何正义方案之上的批判原则。

一直到《人类的本性和命运》阶段,尼布尔为正义选定的原则都还只是自由和平等。但纷乱的国际政治和社会现实使尼布尔注意到,一个混乱的无政府状态的社会根本不会有正义可言,自由和平等必须在稳定的社会秩序中才有可能。为此,他又把"秩序"增补进正义的原则中。尼布尔所谓的秩序指的是社会中相互依赖又相互冲突的权力中心之间的等级安排。秩序与自由紧密相连。按尼布尔的理解,精神自由是规模较大的社会群体所以可能的内在因素,但同一种自由也会成为社会的威胁,因为包括个人在内的所有权力中心都倾向于挑战既定的社会限制,所以秩序是必须的。"正是由于人的本质上的自由,所以社会必须具有人为的秩序"[23]秩序的保障依赖于某些强制性的因素,比如警察、法律系统,但更依赖于维持秩序的权力中心的内在合法性。秩序因自由而设,秩序与自由之间有一种紧张对立。正义的社会必须在自由和秩序之间保持微妙的平衡,"由于社会倾向于过度要求秩序,而社会中的各种权力又倾向于过度要求自由,这就有必要在二者之间保持适当的平衡。"[24]由于二者间的任何一种平衡总是包含着特定时代的急迫要求,总是不免或偏重于自由或偏重于秩序,但历史条件常常变化,因此有必要不断重新审察、调整二者间的平衡。正义原则的秩序维度拓展深化了尼布尔考察社会政治问题的视野。这一变化完成于他思想发展的第四阶段。

综上所述,正义的目的对尼布尔来说就是"在一种统一、稳定、和谐的氛围中(秩序)允许最大多数的个人(平等)最大限度地发挥自己的创造能力(自由)"。[25]

尼布尔投身正义实践的热情和贡献令人敬佩,他提出的关于正义的"元理论"、"元态度"也获得了普遍认同。但是除此之外他对正义理论的贡献毕竟有限。他所确定的正义原则,不论是自由、平等还是秩序都是一再出现于政治哲学家的著作中并被广泛认可的观念。尼布尔肯定确实存在普遍的正义原则,[26]但正义的原则以及它们的具体内容究竟是什么,在尼布尔的著作中并不总是一致的。在思想的早期,他只把平等作为正义的一般原则。[27]随着思想的发展,尤其是纳粹和斯大林专制制度的强烈刺激,他越来越重视自由作为正义原则的作用。在写作《基督教伦理释义》时，他开始把自由和平等一起列为正义的原则。而秩序原则的增加已经是五十年代的事情了。

不过应该肯定的是，尼布尔的正义思想中的确不乏新思路的火花。尼布尔有广泛的思想来源，其中许多观点直接对立，和那些立定在某一立场专注于某种理论的论述家不同，尼布尔不十分在意理论的一致性，他关注的是实践的效果。在别人的体系里不相容的原则在他眼里可以是同样合用的工具。在这一思路下建立起来的自由、平等和秩序三者间的关系很有新意。和对其他概念的处理一样，尼布尔没有把自由、平等和秩序看做静态的原则，而是把它们置于动态的关系中。尼布尔认为，从根本上说，三个原则并不冲突，但它们之间通常保持一种张力，而且因历史条件的变化有必要在三者间强调其中一个的首要性。比如在二战结束前尼布尔就强调发展一种稳定的世界秩序的首要性。至于对自由和平等关系的处理，欧洲历史从反面为我们提供了参照：只有平等没有自由的社会，如宗教审判官（Grand Inquisitor）[28]治下的蚁群般的社会，绝不会是正义的社会；相反，只有自由没有平等的社会，比如资本主义发展初期所标榜的自由竞争的社会，也不会是正义的社会。本应共存的三个原则却被分开，这恰是历史中诸多悲剧产生的根源。比如，现代社会中工人阶级要求平等，以为这是社会正义的惟一标准，忘记了社会自由才能是保证人实现自己本质规定的前提，而且平等的要求不应该抹煞每个人在社会功能上的差异，否则同样不利于社会的发展；[29]而中产阶级则以自由为惟一的原则，造成财产和权利分配上的悬殊，无视无产阶级的正当要求，为社会动荡种下祸根。尼布尔认为，正义的社会应该是在不断增长的平等结构中保证人的自由的社会。

不论是正义的原则还是正义的模式，它们都是牺牲之爱的近似表达，都包含了超越历史的道德理想。尼布尔与后来一些政治和国际关系上的现实主义者不同，他从来没有放弃牺牲之爱的理想，即使在成为冷战哲学的提供者，主张以核威慑对抗核威慑的时候也没有放弃过。但另一方面，他又坚决反对把牺牲之爱等同于历史中的简单可能性，坚持把牺牲之爱和现实中的诸要素共同考虑进来。

第三节 现实主义伦理学道德考虑诸要素

现实主义伦理学是对尼布尔伦理学说的最恰当描述。传统伦理学的分类方式不适合尼布尔的伦理体系，比如，规范伦理学中道义论和目的论的区分就不适用于尼布尔。如果坚持以道义论和目的论的分类方法来判定尼布尔，我们只能说他的伦理学既属于道义论又属于目的论，或者既不属于道义论又不属于目的论。[30]因为在尼布尔的伦理体系中，作为最高规范的爱既是准则又是目的；既是行为的动机又是人与人之间能够达成的理想状态；在客观上它是生命的律法，在主观上又超出了律法。尼布尔看重行为的动机，但对行为的后果同样注重。难怪威廉·弗拉克纳认为尼布尔的伦理学是个奇特的体系。[31]弗兰克纳和尼布尔有分歧一点也不奇怪：尼布尔学说的缺陷非常明显，以逻辑严密思想清晰为目标的弗兰克纳不可能容忍尼布尔表述上的随意模糊，但因此过多指责尼布尔也有失公正，毕竟伦理学并非如弗兰克纳等人理解的那么狭窄。如果按照弗兰克纳的思想方法处理伦理学，伦理学除了对伦理语言和道德规则的讨论之外也就难得剩下什么。清晰倒确是清晰了，但道德实践的丰富资源和内在动力也失去了。对尼布尔来说，道德决定绝不简单地是由原则确定行为，或通过预测后果选择行为方案那么直接明确，而是必须综合各种因素进行全面考察的复杂过程。这些因素包括与行为有关的各方之间的利益冲突和力量对比，还包括有关各方分别遵循的道德规范和持有的道德理想。尼布尔强调，除了紧紧把握住自己的道德理想以外，其他各方的道德规范和道德理想同样也是道德决定时必须考虑的重要因素，因为对于我们的考虑来说，他人的理想和规范同样构成影响行为后果的客观条件，而且它们对行为后果影响很大。比如，那些持牺牲之爱的理想和那些根本不顾道德规范的人选择行为的方式和做出的道德决定肯定大不一样。[32]尼布尔认为，任何一种负责的社会伦理在做出道德决定时都应把影响事件结果的所有因素考虑进来。有时某个因素的增减会影响甚至改变整个道德决定。在尼布尔的社会伦理中，道德决定依赖于所考虑的各种现实因素，道德行为的选择可通过综合考察各种相关因素加以确定。从元伦理角度而论，这种伦理思想依然属于自然主义的伦理学。[33]

道德决定需要考虑相关的各种因素，这些因素随时间、环境的变化而随时增减，因此，一般说来，不可能事先排定行为选择需要考虑的诸多条件。尼布尔社会伦理的首要要求是面对事实。尽管如此，还是有一些固定的考虑因素不断出现在他的著作中，而且，尼布尔对其中某些因素的道德性质也进行了考察。朱蒂斯·丰甘（Judith Vaughan）把这些因素大致归纳为六个方面，[34]其中第五方面是否使用暴力的考虑可以归入第四方面选择手段的考虑。

首先是行为主体的道德动机和道德理想。尼布尔认为，不论是个人还是群体都不能不顾他人，只追求自己的利益。行为主体应该以爱和正义为目标。尼布尔十分强调纯洁动机的重要性，因为"诚实，或是摆脱自我欺骗的自由是正义的最重要的工具。"[35]但是就人类善于自我欺骗，善于把自己的生存和事业赋予绝对的价值而言，不诚实或自我欺骗是一种普遍的根深蒂固并难以却除的习惯。在谴责权势阶层的自我欺骗的同时，尼布尔特别提醒人们注意被剥削被压迫阶层的狂热背后隐藏的自我欺骗。在尼布尔看来，报复、不宽容、自我中心主义和弥赛亚主义等等都是追求正义的过程中必须剔除的有害动机。

其次需要考虑的是社会条件。理想和动机固然重要,但由于社会生活的复杂性,善的动机未必就能达到好的结果。一个负责的行为主体不应是多愁善感的理想主义者,他必须认真分析面对的社会条件,力求达到社会条件所允许的最大的善。这是一种后果论的考虑。社会条件包罗万象,其中有政治、经济、历史、文化,等等。道德决定的过程需要深入社会条件内部周密考察,切忌笼而统之的概括说明,因为这种"思辨性的"概括忽略了历史的复杂性和偶然性,容易导致错误的决定。在考察社会状况时,要特别关注地底阶层、容易遭受不公正对待以及正在遭受不公正对待阶层的处境,因为从他们的角度观察社会更易于发现社会的不合理。

理性容易受到罪性的污染,分析社会条件和社会状况时也不可避免地渗透进分析者个人的利益考虑和感情倾向。任何一种社会分析都具有意识形态的特征,彻底排除意识形态的影响正如彻底克服罪一样是不可能的,但承认这一点并不意味着否认有意掩盖事实和力求达到价值中立的分析之间的明显差异。在对社会问题的分析观察中,我们陷入力求获得客观性但又不可能达到客观性的两难处境,为此,尼布尔要求分析者以一种宗教性的谦卑精神和科学式的怀疑态度来对待事实和分析的结论。

第三,可利用的人性资源。与分析社会条件并列的是对人性资源的分析。通过对人性资源的认识可以确定人与人之间、群体与群体之间在何种基础和程度上可达成共识,实现和解。尼布尔认为这些人性资源可包括社会冲动、理性能力和要求[36]、道德情感以及宗教信仰。这里对人性资源的考察和前面对行为主体的道德动机的考虑并不重合:前者考察的是与行为有关的被研究对象的人性资源,后者指的是对我们要实现的道德理想的考虑。如前所述,社会冲动包括对同伴的同情和怜悯以及人与人之间相互依赖的情感,理性的作用是进一步扩大这种社会冲动的范围并抑制个人的反社会倾向。

有人批评尼布尔对理性在争取正义过程中的作用重视不够,有时甚至表现出反理性的倾向。[37]这可能是被尼布尔在理性问题上的叙述方式所蒙蔽。尼布尔认为信仰先于并高于理性,不依靠信仰,理性无法保持自身的纯洁。为突出这一观点,尼布尔不惜过分贬抑理性的作用。事实上,尼布尔着力批判的是科学主义的观念。他反对在人文科学尤其是在价值领域不加辨别地搬用自然科学的方法,[38]但他从来都没有低估理性在正义事业中的作用。相反,尼布尔在著作中倒是常常强调理性和经验方法的功能。尼布尔认为,在确立系统的世界观时信仰不能离开逻辑的力量;同样,在处理社会伦理的细节时信仰也不能没有理性的帮助,正如在分析人类经验的具体事实时离不开科学一样。[39]理性不能提供行使正义的终极动力,但这并不能否认在基督教、非基督教或基督教和非基督教的混合社会中,理性能够赋予生活以一定秩序的事实。尼布尔认为,理性的首要作用在于扩大和固定人的社会冲动,使其外化为正义的原则和制度。此外,在唤起人们对于社会罪恶的警觉上理性同样起着十分重要的作用。只有理性能够帮助人从整个社会的角度判断个人的要求是否合理。一个非理性或理性水平普遍不高的社会往往把非正义的行为和制度视为理所当然,因为它对既得利益阶层的特权和为特权辩护的理由不加分析。社会中不断增长的理性能力能够抵制对非正义的这种不加批判的接受态度,它可以使特权阶层意识到他们为自己提供的辩护理由空洞乏力,并以此来打击他们的自命不凡,粉碎他们的自欺欺人。另外,我们还可以借助理性的力量,揭示出非特权阶层的贫困和特权阶层的豪华奢糜之间的因果关系来进一步降低特权阶层的社会声望,并使那些深受非正义之害的人意识到他们在社会中应得的权利。[40]

宗教是另一项可供利用的人性资源。考虑到世界人口的组成中一半以上是某种宗教的信仰者,考虑到宗教对文化和信仰者生活的核心作用,宗教成为社会条件和人性资源的重要组成部分。充当道德资源的宗教并不仅限于基督宗教,所有那些为人们提供生命的终极意义的价值体系都有这项功能。尼布尔对宗教的社会和伦理功能有极高的评价:"宗教的观念和理想虽不一定直接参与到社会的组织中去,但它们是道德标准的最终来源,而政治原则又是从道德标准中引申出来的。在任何情况下,任何文化结构的基础和顶峰都是宗教性的,任何价值体系都是由对生命的终极意义的回答决定的。"[41]不论是从历史发生的角度还是从社会结构的共时性角度进行考察,尼布尔对宗教、道德和政治之间关系的如此简单化的论述都不大可能站得住脚,但把宗教视为和道德、政治并列的社会生活要素却能够获得各方面的支持。除了社会整合的功能以外,作为道德资源,宗教的另一项功能是提供一种对待他人和事实的宗教式的谦卑。它教导信徒在自己身上发现人类共有的缺陷,同时肯定所有人的生命都有同等的价值。宗教的超越立场为解决社会冲突或减轻冲突的残酷性提供了一种可能。[42]宗教是人类骄傲的最后场所,但同时它也是克服人类骄傲的最后手段:只有信仰才使人认识到人类所有的知识和判断无不受到罪性的沾染。只有这种宗教式的谦卑态度才能保证我们避免道德自满,保持对经验和新的正义方案的开放心理。[43]尼布尔认为,任何一种要求信徒虚己爱人的宗教或宗教性的信念都是达成人类合作的宝贵资源。[44]

我们已经知道,从与精神的骄傲的紧密关系来看,宗教不是完全安全的道德资源。除此以外,由于宗教对社会生活的巨大影响,宗教间的冲突可能引发大规模的社会冲突,甚至国与国之间、文明与文明之间的冲突,这是宗教对道德和正义的另一潜在威胁。在这种危险之下,倡导宽容,呼吁不同宗教的对话,寻求普世伦理，成为时代的迫切要求。在这一方面，尼布尔的所作所为堪称先锋和表率，因为他超越信仰和宗派之见，和天主教及犹太教人士密切往来，并建立了牢固友谊。

第四，目标确定以后手段的选择。目的和手段是道德哲学经常谈论的话题。极端目的论观点主张，只要结果符合道德要求，手段的选择可以而且应该百无禁忌。这种观点通常被简化成"目的证明手段"或"为达目的，不择手段"，并常常受到人们的指责甚至唾弃。因为它似乎为一般社会所绝对禁止的破坏性行为打开了方便之门。比如，诸如欺骗、暗杀、恐怖主义、牺牲少数无辜者的利益求得多数人的幸福，等等。反对者也构想出许多事例以证明这种理论的不可接受。其中颇富戏剧性的是警察"惩罚"（对无辜者的处罚不能称作惩罚，只能称作冤枉或伤害，因为惩罚只能用于过而当罚者）无辜者以威慑犯罪的例子。[45]需要指出的是，不是所有目的论者都持这样的主张。任何对社会有责任感的人稍思考就知道，衡量某一行为产生的善的总量，不能只限于以行为的直接后果为考察对象，而应把行为对社会的全部影响考虑进来。这是一种整体主义的目的论观点。从休谟的《人性论》可以知道，他的功利主义学说已经是建立在这种整体主义的考虑之上的理论。这种整体主义目的论充分考虑到了手段的选择对整个社会的影响，因此绝不主张轻易打破既定的社会规则（因为任意打破社会规则会造成全社会范围内的行为失范，其结果是社会秩序和基本行为规则的丧失），除非有特别有力的证据表明如果不打破规则社会将蒙受更大的损失。由此可见，在手段的选择上，整体主义的目的论持一种既慎重又灵活的态度：它不轻易打破社会规范，但也决不先验地排斥某一通常被视为社会禁忌的行为选择。在这一点上，目的论比义务论更有说服力。可惜的是，休谟之后，直到今天，仍有人把目的论，尤其是其中的功利主义等同于极端的目的论，然后从误解出发，反驳整个目的论。说起来似乎振振有词，头头是道，从来也不静下心来想一想，站在目的论一边的那些哲学家是不是真的像他自己那么头脑简单。

尼布尔的整个学说不属于目的论一方，但在手段选择问题上，他基本上采纳了目的论的态度。[46]在社会伦理领域，他以突出权力的作用和对暴力手段的持中态度而闻名。事实上，20世纪三十年代初，尼布尔正是通过强调权力在正义事业中的关键作用而使美国的基督教伦理学面貌一新，并一举奠定现实主义伦理学的基础。我们已经知道，注重权力的作用与尼布尔对人性和社会结构的理解相关。尼布尔宣称，"正义基本上依赖于权力的均衡，"[47]任何寄希望于教育的普及、文明的进步、道德水平的提高最终消除社会不平等的想法都是对人性和历史的误解。在教会内外，一些人对权力有惧怕心理，认为权力导致腐败，"权力是毒药"（亨利·亚当斯），追求道德完善的人应该尽量远离权力。尼布尔分析说，权力在道德上是中立的，就其自身而言权力既不善也不恶，上帝同时拥有最高的善和最高的权力足以反驳以权力为恶的偏见。历史中的一个基本事实是，离开权力个人和群体都无法生存。但同样不可忽视的另一事实是，权力极易被滥用，即使是政府的权力亦不能免。而且，依靠权力均衡达成的和谐也不稳定，它随时都会因某些组成部分的权力增减而被破坏。对待权力的正确态度是"我们不应把实现和维持正义的压力、反压力、各种张力、公开的和隐蔽的冲突视为绝对意义上的规范，但我们也不应该为获得良心的安宁而回避它们。我们应该知道我们不能免除因政治的道德模糊性而带给我们的罪和罪行，同时也不放弃对于正义的创造性的可能性的责任。"[48]

手段选择的另外一个重要问题是对暴力的道德性质的考察。暴力是权力的极端表现方式，它往往以损害当事者的基本价值，比如剥夺人身自由甚至生命为代价。而且，暴力造成的损害往往是不可逆的。在其思想早期，尼布尔主张并积极投身于和平主义，反对以暴力手段实现社会正义，认为只有和平主义与耶稣伦理是一致的。从《道德的人和不道德的社会》开始，尼布尔改变了对暴力的否定态度，放弃了和平主义立场，认为从整个社会的角度看，暴力和非暴力之间并非如人们想象的那样泾渭分明。以为暴力等同于罪恶，拒绝使用暴力即避免了罪恶的想法出自道德上的模糊认识。在尼布尔看来，暴力和非暴力同属强制手段，在造成生命和财产损失的程度上二者其实很难区分。二者真正的区分在于前者在主观意图上具有攻击性的特征，后者则没有这一特征，是一种消极性的行为。[49]尼布尔以甘地的非暴力不合作运动为例说明自己的观点。甘地领导的不合作运动是一场伟大的运动，也取得了相当辉煌的成就，但如果以为不合作运动完全是"心灵力量"的胜利则未免掩盖了事实真相。实际上，尽管不合作运动严格禁止使用暴力，但英国的棉纺工人还是不免因甘地拒绝购买英国的棉纺织品而陷入贫困。因为"心灵力量"进入"进入社会和物质关系的领域……就是一种物质性的强制方式。"[50]尽管如此，尼布尔还是主张尽量避免采用暴力，这首先是由于非暴力本身具有的精神感召力。当非暴力"是对一种精神的非暴力性强调时"，它更接近于爱的理想。其次是出于实用主义的考虑。因为非暴力有助于避免加剧冲突双方的对抗情绪，帮助摆脱个人怨恨，保持客观分析的冷静头脑，把不合作行为引起的仇恨减少到最小。而暴力则会直接破坏，至少也会缩小社会合作的范围。[51]另外，非暴力手段可以使对方失去道德上的自负。统治集团努力营造一种社会舆论，力图使全民相信他们是社会秩序的保护者，对他们的统治地位的挑战就是对法律和秩序的威胁。非暴力手段不以打破社会基本秩序为目标，统治集团以社会秩序为借口的种种打压变得无的放矢。尼布尔分析说，暴力手段对人数少力量弱的被压迫群体尤其不适合，因为在力量悬殊的条件下采取暴力手段无异于自取灭亡。对社会中的少数派来说，非暴力是惟一明智的选择,因为非暴力方式使他们处于道德上的优势地位,从而能够不断争取到人们的同情,实现孤立对手,壮大自己实力的目的。尼布尔认为,美国黑人的解放运动最应采取这种策略。[52]总而言之,除实用的目的以外,暴力和非暴力的选择并没有绝对标准,只是如果采用暴力手段必须十分慎重,要综合考虑各种条件,其中包括策略上的技巧性、力量对比上的优势地位以及技术上的充分性。总之,"暴力手段必须具有外科手术式的迅捷,健康的复临必须紧随创伤之后。"[53]

第五是对可能出现的后果的考虑。在与义务论的交锋中,目的论讥讽对方只关注过去,不关心未来;只求自己道德无过,对他人的幸福漠不关心。以守承诺为例,在义务论者看来,如果守承诺是一项道德要求,而且如果行为者的确承诺过了,那么不管结果是什么,只有遵守承诺才合乎道德,才是道德上无过失的人。由这一例可见,决定义务论者行为选择的是道德准则(要守承诺)和过去的行为(承诺过了)。在道德上,他们不关注未来(兑现了承诺之后会有什么发生),也不关注行为对他人的影响。他们关注的只是自己不要在道德上有过失(不能不守承诺,否则道德有亏)。早在古希腊时期,苏格拉底已成功证明,履行承诺而不顾后果与通常所理解的正义要求不符,比如把刀还给准备自杀的人。目的论的批评切中了义务论忽视实际后果的理论要害。目的论认为,一种真正体现道德要求的伦理学必须强烈关注后果,并把后果作为衡量行为和原则是否符合道德的最终标准。

就其学说的基本精神而论,[54]尼布尔赞同目的论对义务论的批判。尼布尔的学说被称为现实主义伦理学,在其思想发展的第四个阶段,他有时也称自己为实用主义－自由主义者,不论哪一种称呼,都突出了他思想的一个重要特征,这就是对行为后果的关注。正是这一特征使他的伦理学成为一种"负责的伦理学"。尼布尔与目的论的不同之处在于,他肯定不同意单只把后果作为衡量行为的标准,因为仅仅有对行为后果的关注尚不足以体现道德的精神,而仅仅从后果的角度评介行为的道德价值其偏差更是明白可见。尼布尔认为善恶的评判针对的只是意志或动机,是行为的出发点,而非行为的后果,"除了恶的意志外,没有任何东西本质上是不道德的;除了善的意志外,没有任何东西本质上是善的。"[55]善的意志即是以爱为内容的意志。尼布尔认为,只有爱才真正体现了道德的精神,而爱一个人即意味着对这个人的幸福的关注,包括对行为的可能后果的关注。换言之,对后果的关注是出自爱的动机的自然结果。爱是一个由动机而行为而后果的完整过程,对后果的单独评判不能替代对整个过程的评判。在这里我们看到了尼布尔令弗兰克纳的迷惑所在:不论是义务论还是目的论,判断一个行为是否合乎道德的标准都简单而明确。对义务论来说,如果行为符合某一伦理体系所认可的原则,它就是道德的;对目的论来说,如果行为的后果达到了某一伦理体系所确定之善的增加,它就是道德的。而对尼布尔来说,考察一个行为合乎道德与否,既不看它是否符合某一原则,也不看它的后果是否有利于善的增加,而是看它是否出于爱的内在要求,同时是否综合考虑了现实主义的诸要素。仅仅满足其中的一项要求在尼布尔看来绝称不上符合道德要求,比如无视现实条件和后果的所谓爱的行为在他看来是多愁善感、不负责任,而仅注重手段和后果不顾爱的要求的行为在他看来只是权力和利益的计较,同样无法纳入道德领域。与义务论和目的论相比,尼布尔的道德标准有操作上的困难,因为动机是行为主体内在的情感取向或"精神"要求,"判断人类的动机是很困难的事。"[56]虽然我们还是可以根据我们对自己的内在精神世界的了解推测他人的心理活动,但包括种族、文化、历史传统、阶级、社会地位以及其他更具体细微的处境在内的各种外在因素影响着我们对他人内在世界的认识。简而言之,尼布尔的标准适合于判断自己的行为的道德性质,但不易判断他人的行为的道德性质。这一问题的难度虽然为尼布尔在理论中设定的超越文化的普遍人性所降低,但它依然是一个不易解答的问题。当尼布尔把目光投向国际关系问题时,这一困难表现得似乎更为突出。在为自己的国家选择对外政策的走向时,很明显,尼布尔可以保证他所选择的政策以爱为最终关怀,或至少也包含一些爱的因素。但他却不易确定当时美国的竞争对手的行为动机。这种处境的自然结果是,倾向于认为自己国家的行为中正义多一些,而对方正义少一些。

除少量一些正面表述之外,尼布尔社会伦理学的发展和表达很大程度上都是通过对其他观点的批判完成的。在批判中确立自身,这符合尼布尔的个性,因为没有哪一种方式比批判和纠正流行学说更能体现和发挥他的社会伦理学的现实相关性。

第四节 对自由主义的批判

尼布尔与自由主义文化运动的关系有些复杂。首先,他是自由主义最激烈的批评者,他"扭转美国整个神学方向"[57]的工作正是通过对自由主义的批评完成的。而且也正是由于他的批评,美国的自由主义开始进入到彻底反思的阶段。[58]另一方面,尼布尔的思想又是在自由主义氛围中形成的,就他所关注的问题和采用的方法而言,尼布尔终生都未脱离自由主义的影响,在此意义上,他是自由主义的坚定追随者。在时间序列上尼布尔与自由主义的关系也十分有趣。他的思想发展以自由主义始,以自由主义终。在经历了对自由主义的激烈批判后他又回到了经过修正的自由主义,即实用主义的自由主义阶段。在此阶段,尼布尔对此前自己的思想有较大修正,在政治和经济思想上全面接受了自由主义观念,但保留了对自由主义的乐观人性论和进步历史观的批判。具体说来,从耶鲁神学院毕业直到他的第一本著作《文明需要宗教吗?》,这一时期是尼布尔思想发展阶段上的自由主义时期。从《道德的人和不道德的社会》起,尼布尔开始以马克思主义的观点批判自由主义思想,后来又发展为以基督教现实主义的观点批判自由主义。在思想发展的最后阶段,尼布尔承认以前的批判夸大了他与自由主义的分歧,[59]转而有保留地支持自由主义。与自由主义或一致或抵牾的关系是尼布尔思想发展的重要线索,罗纳德·斯通据此把尼布尔的思想划分为四个阶段。[60]因此可以不夸张地说,只有理解了尼布尔和自由主义的关系才能准确理解尼布尔的神学伦理学思想。

自由主义是一个核心明确、边缘模糊的概念。有各种各样的自由主义,同时也有各种领域的自由主义,比如有经济上、政治上和神学上的自由主义。但自由主义首先指的是政治上的自由主义。作为现代生活中一种重要的政治思想,自由主义的基本特征是突出强调个人权利的重要性。自由主义认为,除非出于保护他人免受损害的考虑,政府无权干涉公民所享有的包括言论、结社、择业等等自由。作为政治运动的自由主义最先出现在16世纪的欧洲,是为解决长期的宗教战争和信仰纷争应运而生的。在历史上,自由主义和资本主义曾有过十分紧密的关联,以至于直到今天,自由主义的批评者仍然认为自由主义是对资本主义上升时期的自由市场政策提供辩护的意识形态。

由于自由主义运动所具有的历史特征,人们倾向于把它看做资本主义初期的时代精神。这样的观点具有相当的说服力。我们知道,自由主义努力树立一个道德上自决、自律的个人的形象,而对个人自主性的强调正是文艺复兴以来现代思想的基本特征。从这一角度来看,自由主义已经超越了它在政治上的功能,获得了一种更广泛的意义。尼布尔对自由主义的理解就采取了这样一种角度。在尼布尔看来,自由主义不是一个确定的思想流派,而是一场影响深远范围广泛的文化思潮:自由主义是启蒙运动以来中产阶级所特有的精神和观念，它的最基本特征是对历史进步观念和个人道德能力的无限可能性的信仰。自由和宽容的确立是衡量历史进步的标准。在这样一种广泛的背景下，尼布尔把洛克、康德、约翰·穆勒和杜威等一系列哲学家都看做自由主义的代表。尼布尔认为，自由主义首先可以分为世俗的和宗教的两种形式，宗教形式的自由主义指的是以里奇尔为代表的新教自由主义思想，在美国表现为饶申布什所领导的社会福音运动。世俗形式的自由主义在美国表现为杜威等人的社会政治思想。尼布尔认为，不论是世俗的还是宗教的自由主义在伦理思想上都共有如下六个信念：第一，不义（injustice）由无知引起，教育和知识的发展普及将消除不义。第二，文明正变得越来越趋于道德，任何对这种趋向的阻碍都是一种罪恶。第三，个人品德而不是社会制度和社会体系是社会正义的保证。第四，对爱、正义、善的意志以及兄弟情谊的呼唤最终必有成效。如果尚没有发生效力的迹象，我们必须更多地求助于爱、正义等。第五，善带来幸福，对这一事实的不断提高的认识将克服人类的自私和贪婪。第六，战争是愚蠢的，是由那些尚未认识到战争的愚蠢性的人发动的。[61]

尼布尔的批判针对的是整个自由主义思潮，但他批判的锋芒主要还是集中在美国式的新教自由主义，即"社会福音运动"的观点上，[62]他在神学上的影响也主要体现在美国神学界。在批判的过程中，尼布尔不大提到里奇尔、哈纳克等新教自由主义的主要代表人物，[63]对社会福音运动的主要领导人饶申布什的评论有时也不够公允。[64]比如，他批评饶申布什忽视人类的罪性，没有吸收阶级斗争的观念，认为通过教育和纯粹道德的手段可以实现社会正义，但他所批判的这些思想并不见于饶申布什的著作。不过虽然存在批评指向上的不准确，但这并不意味着尼布尔是在与虚构出来的敌人作战。相反，客观地说，他的批判具有很强的现实针对性。如我们在尼布尔批判现代文化的人性观时所看到的，尼布尔的批判从来不是针对某一个具体的人的某种具体学说，而是针对整个思潮，他通常总是选取这一思潮中产生不良社会影响的最具典型性的观点分析批判，进而证明自己所持的《圣经》观点的充分性和正确性。尼布尔对饶申布什的批评有失公允，但如果把他的批评理解为对与饶申布什的名字连在一起的社会福音运动的批评，那么应该承认，他的批评恰恰切中了这一运动的要害。因为与这种运动相伴随的是当时充斥美国整个基督教领域的乐观情绪，而这种乐观情绪又随着社会福音运动的发展在20世纪20年代和30年代达到顶峰。从二战爆发时美国宗教界对纳粹德国的态度即可见这种乐观情绪的影响之巨。

自由主义神学有种种类型，但它们之间存在一些明显的共同特征。一般来说，自由主义神学坚持上帝和人之间的连续而不是断裂，它强调理性和经验的重要，并把人的理性看做理解上帝的线索。根据理性方法，自由主义神学对《圣经》福音进行了重新阐释。这样做的后果是抬高了人的地位，削弱了上帝的超越性和《圣经》的权威性。在人性论上，自由主义神学淡化或根本放弃原罪说，认为人本质上是善的，他生来健全，通过后天努力可实现自我完善。尼布尔认为，所有这些特征都表明自由主义神学是基督教向现代文化的趋同，因为它几乎不加批判地接受了自由主义文化的基本观念，"基督教自由主义在精神上依赖于中产阶级的自由主义，当其向伦理的历史目标发展的过程突然遭遇社会灾难时，基督教自由主义便完全迷失了。"[65] 自由主义神学视野中的人是独立于社会的单个的人。实际上，对它来说，只存在个人道德问题，不存在社会道德问题，因为社会伦理可以还原为个人伦理，社会进步可以通过个人道德意识的提升来实现。自由主义神学当然不会否认现实社会中罪的存在，但它把罪归因于历史中的特殊因素，比如陈旧的社会制度、人类身上残留的动物性因素，等等。这些后天之罪可以通过普及教育、提高文明程度、推广《圣经》福音和采用科学方法等手段加以消除。我们看到，自由主义神学差不多完全接受了以个人主义、自由、宽容、公正为核心的价值体系，称得上是信仰版的政治自由主义。

社会福音运动把自己的基础完全建立在自由主义神学的基本立场上，而且突出了自由主义神学原有的乐观主义倾向，使其理论更趋向简单化。它把基督教信仰首先归结为福音伦理和"登山宝训"，把整个世界的历史天真地等同于19世纪末20世纪初的美国社会。自由主义神学在上帝和人之间的简单连续性在社会福音这里体现为《圣经》福音和社会生活之间的简单连续性，他们认为耶稣在《福音书》里所教导的伦理可以直接应用于现代社会。饶申布什对此有明确的论述，"社会福音的问题是如何实现基督的神圣生命对人类社会的控制。社会福音关注的是上帝在不断进步的社会中的具体化。"[66]与此相一致的是社会福音对罪的理解，它把罪理解为社会和福音规范间的暂时不一致，科学方法和基督教信仰的联合可以消除罪恶，使全社会得到拯救。从这种观念出发，社会福音运动致力于"将社会秩序基督教化"，[67]寄希望于基督教的社会福音能促使社会建立起道德和正义的秩序。社会福音运动的神学家们相信，《圣经》福音和现实力量的结合可以使人们在不久的将来亲眼目睹上帝之国降临人间。

在欧洲，乐观情绪在一战炮火的扫荡下烟消云散，新教自由主义也随之沉寂。但在远离战场并因战争而国力大增的美国，对自由主义的乐观情绪的讨伐和反思则是大萧条到来之后的事。尼布尔把自由主义乐观倾向的来源首先归结为它没有意识到人类罪性的深度和力量，这是自由主义在人类学上的失误，也是它在社会伦理上的错误根源，"自由主义全部错误的真正根源在于它对人类本性的错误认识上。"[68]纠正自由主义的这一错误在一段时期里占据了尼布尔注意力的全部，以至于许多时候，他不惜过分夸大他与自由主义的对立：自由主义认为人本性上是善的，可以通过理性的力量实现道德完善；尼布尔则认为罪深入人的本性中不可避免，理性对此无能为力。自由主义认为科学知识的增长有利于道德水平的提高，科学精神和方法的普及可以解决社会问题；尼布尔认为人类的基本处境和人性的基本构成自始至终都没有什么变化。科学技术的提高与人类对自身的认识无关，相反，如果处理不当，科学知识可以成为专制统治和阶级压迫的工具。而且科技进步使人类的破坏能力空前提高，加剧了人类和自然的冲突。

尼布尔认为，与对罪的平面解读相关，自由主义神学的另一个错误是取消了圣爱的超越性，将圣爱简单等同于历史中的爱，也就是互爱。其后果是取消了圣爱和现实道德间的张力，使人满足于已经取得的道德成就，丧失了圣爱对互爱的推动和批判。

自由主义把社会问题还原为个人伦理问题，希望通过个人的道德完善实现社会进步。这一思路得到社会福音运动的部分纠正。尼布尔将社会福音的工作深化到一种全新的境地，他突出强调个体道德和群体道德的差异，既不把社会伦理还原为个人伦理，也不以社会伦理取代个人伦理，而是以对个人的剖析为基础，分别建立了两种伦理体系。

尼布尔认为自由主义的这些根本性的错误使它不能解释历史中罪恶不断出现的事实，也没有能力预测社会危机，辨明历史条件。比如站在自由主义的立场上就无法预测和解释德国纳粹的出现。由于自由主义的错误，一切与自由主义有关的理论都需要加以重新思考，以自由主义为基础的正义原则和制度也亟须重新确立自己。比如，建立在自由主义理论基础上的民主制度需要重新考虑自己的根据和局限。

在各类通俗刊物中，尼布尔常常被漫画式地描绘成一个悲观主义者，一个绝望的现代预言家。之所以会产生这种印象主要是由他对自由主义的无根的乐观情绪的批判而来。尼布尔神学上的追随者似乎很不喜欢对他思想如此的定位，他们从尼布尔的著作中找出他关于恩典、关于上帝最后的拯救等等的论述，以此来证明尼布尔对人类未来的信心。其实，给尼布尔的思想冠以悲观主义的标签不是毫无根据，毕竟关于恩典的论述在他的伦理思想中几乎不占什么地位。因为在他的论述中，恩典无非是因感到自己的罪被赦免而获得的内心安宁，其作用不超出心理医生的治疗。另外，我们看到，在对具体问题的处理中，尼布尔缺乏对完美结局的想象力，他对结果的预测总是偏向于悲观的一面。如果说悲观的结局是自由主义预测的盲点，那乐观的结局就成为尼布尔预测的盲点。应该承认，把这种偏向于从悲观的一面看待人性和世界的态度称为悲观主义是对这一词汇的恰当使用。人们之不喜欢悲观的标签，是因为不论悲观还是乐观，都有偏离正常视角的涵义。从正常视角看来，尼布尔的确有所偏离，但并没有偏离到对道德进步不抱希望的程度。尼布尔著作中常常出现的诸如"无限的可能性"等说法表明，尽管他决不奢望在人间实现上帝之国，但对人类发展的可能性还是持一种比较乐观的态度，"在历史中实现更普遍的兄弟之爱的成就没有固定的界限，同样，人类关系的更完善更广泛的发展也没有固定的界限。"[69]我们知道，尼布尔的这种说法并不等同于自由主义神学在上帝之国和人类社会之间所持的简单连续性，他要强调的是历史中的任何道德成就都有继续完善、提高的可能。

尼布尔与自由主义的复杂关系远不只表现为单纯的批判以及二者间的分分合合。实际上，尼布尔所批判的只是自由主义在人性观和历史观上的乐观主义，在他思想的形成过程中，他和自由主义的共识所起到的作用决不亚于他们之间的分歧所起到的作用。罗纳德·斯通评论说，尼布尔的批判力度以及他的文风常常使人把他对流派内部其他观点的纠正误解为他对整个流派的拒斥。[70]下面我们来看尼布尔和自由主义思想上的共同之处。

最能说明尼布尔和自由主义神学共同之处的莫过于这样一个事实：他是在自由主义神学的框架内展开对自由主义的批判的。[71]在批判中，他不是通过简单确立一个基督教的正统思想或某种独一的《圣经》规范来拒斥自由主义，相反，他选择了从理性原则、伦理批判以及对基督教信仰前提重新阐释的角度进行分析，而这些正是贯穿自由主义神学的基本精神。我们知道，自由主义神学与以往神学有根本的不同，它以伦理实践为核心，对以形而上学的思辨为特征的自然神学和教会教条持批判怀疑的态度。在方法上自由主义神学特别强调经验的权威性，重视理性和科学的功能。尼布尔与自由主义的分歧其实是神学主题上的分歧，作为新正统主义在美国的代表，尼布尔力图恢复古典基督教的基本信条。但在神学方向和神学方法上，尼布尔完全接受了自由主义确立的基本原则。我们看到，在尼布尔的一生中，形而上学从来都未能引起他的兴趣，他认为形而上学，甚至神学损害、限制了《圣经》真理。[72]他的活动完全围绕伦理实践而展开，自由主义关注的福音和社会伦理的关系问题同样也是尼布尔关注的问题，而且，他们都把耶稣伦理当作行为的最高规范，分歧只在于如何将圣爱和现实道德以及社会制度相连。

自由主义神学的另一特征是接受了历史批判方法对《圣经》的研究成果，强调历史中的耶稣的人性特征。这一工作颇有"正本清源"的功效，因为它把混杂在《圣经》记载中的"前科学"（pre - science）时期人们对世界的认识和当时特殊的历史因素清除了出去，恢复了上帝的教导和作为的"本来面目"，避免了对《圣经》文本拘泥于表面字义的理解。尼布尔对这一工作给予高度评价，认为这有助于抵制信仰上的蒙昧主义。[73]这一工作对基督教伦理学的发展同样具有重要意义，它可以使人们摆脱《圣经》中那些反映特殊历史条件的条文的限制，根据自己时代的需要对福音做出新的解释。在这一点上，号称回归正统的尼布尔走得甚至比自由主义神学还远,他把《圣经》记载中的事件当成神话或象征,认为其中包含的只是寓言式的真理。

第五节 和平主义的道德失误

和平主义的问题与对暴力手段的讨论相关,因为和平主义的基本特征是反对暴力,主张以非暴力的和平手段解决政治冲突。人们常说和平是人类的共同梦想,这一说法与其说是在描述一个事实,不如说是在表达一种期望:说这话的人希望以此表明在和平问题上人类有基本共识,进一步的希望是以此唤起人们对和平的热爱和对战争的厌恶。与战争相比,和平更为人们所期望,从而具有一种相对的内在价值。因为和平状态离人们所理解的幸福生活更近,而战争状态带来生活的动荡和生命的损失,不符合人性的要求。即使那些动辄诉诸暴力,挑起战争的好勇斗狠之徒,他们的所求也不过是战争胜利之后的富贵、荣耀。真正沉浸在征战过程中不能自拔的战争狂人毕竟为数有限。赫拉克利特称颂战争是万物之父,尼采鼓吹战争能除旧布新,催生高贵的生命,黑格尔欢呼战争有利于绝对理念的传播,他们的着眼处还是在战争达成的目的,而不是战争本身。所以,对于两种状态的相关者来说,和平状态具有高于战争状态的价值,人们对此不会有什么异议。但是仅仅这一点共识还不足以制止战争,因为人们很难相信和平具有绝对价值,为了维护和平可以牺牲其他一切价值。他们一般认为和平也不过是其他更高目的的手段,当更高目的受到威胁不能实现的时候,牺牲和平争取或维护更高目的是自然而明智的选择。当对立双方实力悬殊时,战争或其他暴力手段对强势一方特别有诱惑力,因为这种情况下的战争通常迅捷利落,毫无胜负悬念,对强势一方几乎称不上战争状态,不会损害他们的日常生活,却可收到彻底解决问题的功效。战争史上势均力敌的厮杀少，强国征服讨伐弱国的战争多，就是这个道理。

战争是双方实力的较量，但胜负的结果包含了颇多变数。而且，双方实力也是此消彼长，变化不定。强势方固然想保持强者的地位，弱势方却也卧薪尝胆，希望转成强势，并通过战争翻盘。人人都想从战争中获利，于是战争也就难以根除。只有当人们打破集体自私利益的限制，把目光转向全人类，认识到战争或许带来自己一方的利益，但人类中终必有一些成员的利益受损，如此才能打破以战争解决冲突和争端的恶性循环，而和平主义的意识也因此诞生了。和平主义的诞生体现了人类道德意识的进步，因为这时人类的意识已经不仅能够超越自我利益，而且还能超越自己所在群体的利益，着眼于全人类的利益思考问题。但和平主义拒绝诉诸暴力的主张并不因此就成为道德上的"绝对命令"，因为，如果我同样致力于增进全人类的利益，并以消除战争实现和平为己任，但同时我又发现诉诸暴力是实现这一目标的最佳或惟一选择。这时候，放弃甚至反对和平主义不就成了我的道德责任了吗？尼布尔对和平主义的批判，就是力图澄清这一问题。

尼布尔与基督教和平主义的纠葛是其思想发展和社会活动中的重要事件。对和平主义从拥护到反对的态度转变是他思想的分水岭，之前的尼布尔无论在神学上还是在政治、经济问题上都是自由主义的追随者，之后则一变而成为现实主义者。约翰·本尼特认为，从尼布尔在和平主义问题的思想发展上可以发现他的社会伦理学的内在结构。[74]尼布尔当年不是一般意义上的和平主义的支持者，他还曾一度是和平主义运动的核心成员。20世纪20年代他曾担任美国"和解联谊会"（Fellowship of Reconciliation）的主席，并且是和平主义刊物《明日世界》（*The World Tomorrow*）的编辑和主要撰稿人。由于工作上的联系以及道德观点上的共识，他与当时的许多和平主义人士来往密切，建立了深厚的友谊。当他在《道德的人和不道德的社会》中对和平主义进行客观分析并开始表达自己的怀疑态度时，许多以往持和平主义观点的朋友都把这一举动看做尼布尔对和平主义事业和他们之间的友谊的背叛。但更彻底的决裂还在后面，1941年，尼布尔参与创办了针对和平主义的双周刊《基督教与危机》(Christianity and Crisis)，再次成为这一刊物的主要撰稿人，并担任编委会主席。

尼布尔将和平主义分为宗教上的和政治上的两种类型。对于以门诺派（Mennonite）[75]为代表的道德完美主义者，尼布尔首先怀有一份敬意，因为他们的存在具有重要的象征意义：他们能够帮助我们保持一颗"不安的良心"，并时时提醒着我们，"人的真正目标是兄弟之爱，爱是生命的律法。"[76]宗教和平主义的存在同时也在不断提醒那些政治家不要忘记人的尊严，不能把人降低为实现政治目的的工具。它使那些置身于冲突之中的人同时也能超越冲突，投身于正义的事业但却不会沦为自义和骄傲的奴隶。这种精神上的和平主义"表达了基督教信仰核心的一种真正冲动，即认真对待基督的律法，不允许以人的罪性特征为前提的政治策略成为最终规范的冲动。"[77]在一个以权力冲突为特征的世界中，宗教形式的和平主义是人类良知的代表。而置身于利益冲突之外的和平主义群体的存在，可以帮助人们从中立客观的角度看问题，使真正意义上的人类和解成为可能。和平主义群体存在的另一现实意义在于，他们往往充当斡旋者和调停人的角色，为冲突双方提供了一个缓冲地带。此外，和平主义在道义上的号召力和现实社会影响是冲突方采取暴力手段时不得不慎重考虑的重要因素，它们的存在克制了暴力泛滥的危险。尼布尔评价说，和平主义作为"一种适当的政治道德试图拯救社会，使它免于无益冲突的无限循环中……它想使强制减少到最低限度，并劝导人们使用一些与人类社会中的道德和理性因素最为相容的强制形式。"[78]我们看到，宗教上的和平主义在20世纪的国际政治和社会正义领域，确实发挥了上述诸多作用，体现了信仰的博爱精神。以门诺派为例，50年代美国麦卡锡主义盛行时期，门诺教会不为政治压力所动，反对以任何非和平的方式传播基督教福音。越战时期，门诺教会呼吁各方宽容克制，通过谈判解决争端，结束分歧。在国内事务上，他们不仅坚持超越的道德理想，而且身体力行，积极参与社会慈善和社会正义事业。他们深入难民营为难民提供人道帮助。60年代，在美国黑人的民权运动中也始终站在黑人一方。尼布尔认为，宗教形式的和平主义之所以能存在下去并起到这样的作用是因为它把自己限制在个人生活或很小的社会范围之内。当超出这一范围宣称和平主义是解决政治问题的最佳策略时，这时内在的对道德完美的追求已经从精神的力量外化为社会物质力量。它也不再是宗教上的，而是政治上的和平主义了。尼布尔主要针对的是这种类型的和平主义。

政治上的和平主义有种种表现，其共同特征是试图诉诸人们的良知、理智等非暴力手段解决敌对力量之间的冲突。政治和平主义认为战争是残酷的，不能解决任何争端，因此反对以军事手段反抗独裁、抗击侵略。不仅如此，由于对邪恶国家采取经济制裁有可能引发战争，所以经济上的抵制手段同样也是不合理的。在和平主义看来，只有依赖道德手段才能制止法西斯国家的军事扩张。这些道德手段包括：培养出于爱的怜悯之心，完善个人品质到纯真无瑕的境界、充分信赖上帝的救赎，等等。政治和平主义这种受虐式的情绪和一厢情愿的策略投和了许多人或追求道德完善或苟安惧变的心理，一时有大量追随者。尼布尔就曾是其中之一。

一战爆发时，尼布尔出于对当时美国总统威尔逊的自由主义政策的拥护，同时也出于证明自己作为第二代德裔美国人对国家的忠诚的急切心理，选择了有保留地支持美国参战，反对和平主

第五章 正义的理想和正义的实现

义的立场。[79]一战结束后,《凡尔赛合约》的失败和随之而来的一系列事件使他转向和平主义。哈兰德认为,这一时期的和平主义思想表明,在理论上尼布尔还没有把福音的绝对要求和抽象的理想主义的绝对要求清楚区分开来,在情感上这是他对正义的渴望和对战争的厌恶两种情绪混合的自然结果。[80]

但是正如本尼特所说,在理论上尼布尔从来都不是彻底的和平主义者。在反映他这一时期思想的著作《一个驯服的犬儒主义者的笔记残页》中随处可见对和平主义的怀疑和反思。对尼布尔这样一个投身正义事业的人来说,和平主义的主张越来越不能满足他的需要。随着社会问题的日趋严重以及对马克思主义理论的接受,尼布尔开始重视强制力量对实现社会正义的作用。《道德的人和不道德的社会》就是尼布尔重新思考的结果,这部著作标志着他与和平主义的决裂。

在尼布尔看来,和平主义的错误表现为它既不符合基督教信仰的标准又不符合人类生存的事实。和平主义正确认识到爱是生命的律法,但却错误地把整个基督教福音简单地等同于爱的律法,而事实上"爱的律法是人最后的律法而非他生存的惟一律法,因为除自由以外,人还是必须服从一定的自然结构的自然的产物",[81]所以"基督教不但要根据人类行为的最终规范,而且还要根据罪的事实来衡量人类的生存。"[82]但和平主义对罪的因素似乎一无所知。当时在政治上持和平主义主张的大都是自由主义神学的信徒。对此,尼布尔解释说,政治和平主义和新教自由主义有密切的关系。和平主义相信历史进步和性善说,背弃了改教运动关于"原罪"和"因信称义"的经典教义,这些思想的根源正在自由主义神学。尼布尔批判说,和平主义企图在一个充满罪的世界中保持纯洁、远离罪恶,这在历史中是不可能的。对于人类来说,战争绝不仅是历史中的偶然事件,它同时也是历史的悲剧性特征的揭示。按照尼布尔的理解,人类能够做到的不是完全无罪，而是在较轻的和较重的罪之间区分、选择。正如和平不具有绝对价值，战争也不是人类诸恶中的首恶。如果社会正义需要我们在战争和更大的恶之间选择，那么选择战争就有充分的道义上的理由。

政治和平主义认为他们的依据来自《圣经》，《圣经》中的福音伦理就是非暴力抵抗。尼布尔批评说，和平主义的解释与《圣经》的教导不相符合。在《圣经》中，耶稣主张的是完全的不抵抗而不只是非暴力的不抵抗。耶稣的伦理是完全超越历史的理想之爱，它"必然产生一种不抵抗政策……它听命于任何强求，不管它们是多么不公正。它应允那些十分过分的要求，而不是通过反对他人来维护自己的利益。"[83]耶稣的整个伦理可以简捷地概括为"不要为你的生活忧虑"和"爱人如己"两个命令。[84]"勿抗恶"只是整个耶稣伦理的一小部分。从耶稣伦理的要求来看，人们不仅是在战争时期，实际上在每一天的生活中都违背了这整个伦理。如此说来，战争与和平对于我们的道德状况并无决定性的影响，战争本身不会使我们的品德更不堪，和平本身也不会使我们的品德更纯净。战争与和平的截然区分其实是和平主义自己设立的教条。我们看到，在暴力与非暴力、和平与战争的问题上，尼布尔的论证十分机智。他通过指出和平主义在暴力与非暴力、和平与战争之间划定的界限的模糊性，来论证它们基础的不稳固。在尼布尔看来，耶稣伦理中牺牲之爱的绝对超越性是社会伦理必不可少的维度，只有在牺牲之爱的映照之下，罪的必然性和微妙性才能被揭示出来，但是当非抵抗的教导蜕变成反对暴力冲突的诫命时，它就不能再发挥这一不可替代的作用了。政治和平主义的做法实际上是把超越的伦理降低成了一种实用的政治手段，它不是体现而是否定了耶稣伦理。

尼布尔与和平主义的争论随纳粹在世界范围内的疯狂扩张而趋于激烈，终于在珍珠港事件前达到了顶峰。尼布尔对新的世界大战的到来早有预感,三十年代初,他在自己的著作《对一个时代终结的反思》中,多次发出战争不可避免的警告,促令善良的人们早做提防。[85]德国军队进入布拉格以后,尼布尔在《基督教世纪》上频频预言战争即将到来。令尼布尔气恼的是,即使到了战争迫在眉睫之际,和平主义者还是百般掩盖专制威胁已经到来的事实,为抵制纳粹扩张设置障碍。

尼布尔认为,对于超出人类思维常规,违反政治基本规则的纳粹法西斯来说,和平主义的主张无异于默许甚至纵容他们的专制独裁和侵略扩张。和平主义如果继续坚持反对一切形式的战争,那么它就只能接受奴隶式的和平。所谓给和平一次机会,其实是给专制一次机会。尼布尔分析说,在现实政治层面,和平主义宁愿选择专制也不选择无政府状态,因为他们相信前者相对于后者(战争是无政府状态的极端形式)具有道德上的优越性,但实际上绝对的专制和绝对的无政府状态同为群体的罪恶,"专制虽然是和平,却是一种和上帝之国全无关系的和平。这种和平源于一个意志对所有意志的完全控制。"[86]与和平主义的道德和政治取向相反,尼布尔承认战争里面包含罪恶,但认为与默许专制的罪恶相比,战争是一种较轻的罪恶,是对相对正义的诉求。

二战爆发前后尼布尔对美国应采取的对策进行了多方面的考虑,生动体现了现实主义伦理学综合各种因素的特征。从很早开始尼布尔就坚决主张遏制轴心国的扩张,支持对德、日的经济制裁,支持通过罗斯福总统援助英国等受到纳粹威胁的国家的《租借法案》。但直到珍珠港事变前,他自己从未建议美国直接加入战争。他认为美国有责任保卫欧洲文明不受纳粹的践踏,而且美国也终将加入战争,但需慎重选择参战时机。因为纳粹在欧洲的作为损害了美国的利益,但还只是间接损害,地理上存在的距离决定了为数不少的国民不可能以保护自己国家的热情来保护欧洲国家。在国民的意见尚未取得基本一致的情况下,过早投入战争必须通过以多数人压制少数人的意见才能实现，而这使国家承担着失去自由的风险。

美国参战后尼布尔对待战争的态度再一次体现出他的伦理学在理想和现实之间的张力。民族之间的战争最能体现群体的团队精神，最能增进群体的凝聚力，同时也最容易激发起全体国民的自义狂热。尼布尔深知民族战争的这一特性，因此战争期间不断提醒自己的同胞，不能把他们正在进行的战争视为一场"圣战"。相反，战争从来都是一种集体的罪恶，尽管是一种不得已的罪恶，但不能因其不得已而判定它就不是罪恶。战争的罪性也不会因参战一方是美国而得以免除。在战争中，人们采取的所谓的正义行动具有更大的道德模糊性。在整个战争期间，尼布尔道德批判的目光追随着美国的每一举措，包括对战术方法的运用，比如他在对大规模空袭德国工业城市的评论中，称这是"不得不采取的悲剧性举措"。

二战结束后，尼布尔依然保持了对和平主义的批判态度。有人称尼布尔是为美国冷战提供了理论依据的政治哲学家，因为他力主以核威慑对抗苏联的核威慑，在核对抗的相对平衡中保持相对和平，同时在经济和意识形态等方面与苏联展开竞争，并最终遏制苏联。尼布尔的理论依据仍然是以权力制衡权力，他主张发展核武器的目的在于军事力量上的均衡，而不是核战爆发后的军事报复。尽管他的伦理学中现实主义的考虑越来越多，但他始终没有放弃自己的道德理想。在晚年的一次私人谈话中，尼布尔表示，如果核战真的爆发，他希望自己第一个被炸死，因为接下来必须采取的行动超出了他的道德承受能力。

尼布尔与和平主义的纠葛是一个直到今天还在进行的话题，而且在相当长的历史时期内肯定还会继续下去。这首先是因为和平依然是人类的梦想，而且梦想实现的前景还很不明朗。尼布尔对和平主义的批评有许多尚待分析之处，和平主义对尼布尔的批评也有从容答辩的相当余地。比如，尼布尔相信目的证明手段，正义的事业和现实的考虑是选择战争或其他暴力手段的最终依据。即使同样站在目的论的立场上，和平主义也可以反驳说，从后果的角度考虑，和平主义才是最佳方案。因为实际上每一方都坚持自己目标的正确性，而且这一信念拒绝接受检验，至少在利益竞争正在进行时拒绝接受检验。如果各方都赞同尼布尔，同意战争可以是不得已的选择，那么任何一方在自己认为"不得已"时都有权选择战争，则永久和平永远不可期，战争是时刻存在的危险。毕竟，尼布尔自己也承认，同时拥有权力和正义，那是上帝的尊荣，不是历史中的哪一方势力。为了人类共同的利益，为从根本上杜绝战争，只有采取和平主义的策略，宣布一切战争为非法，把战争从可选择的手段中排除出去。

　　当然，和平主义如此的反驳也不会令尼布尔信服。尼布尔可以坚持其现实主义伦理立场，要求在具体的道德情境中讨论问题，而不是进行纯粹抽象的道德分析。以他对和平主义的批评而论，他针对的其实是30年代到60年代美国对外政策的走向问题。他的道德考虑中有一个确定的行为主体，这就是美国。而和平主义显然离开了这一确定的情境。和平主义是在行为主体模糊的前提下的道德考虑。两者间的不同在于，尼布尔相信，他的行为主体（美国）在当时（30年代至60年代）正好兼有了权力和相对正义（对德国、对苏联），而在上述和平主义的反驳中，和平主义的行为主体只具有模糊的正义（自以为正义，实际上可能符合也可能不符合相对正义）和模糊的权力（作为群体组织当然有权力，但未必有美国式的压倒性权力）。同样以美国在国际政治中的角色为例，尼布尔可以如此反诘和平主义：对于别的国家的居民我们是否负有道德责任，当他们正在遭受暴君侵害时，我们是不是应该援之以手，当和平手段不起作用，而我们又有足够的能力一举摧毁暴君统治时，我们应不应该这么做。除了从后果角度的讨论外,这一问题还可以发展成是否存在普遍价值等等主题的讨论。

尼布尔与和平主义的来来往往对我们今天的道德讨论有重要的借鉴意义。除此以外,作为现实主义政治的理论提供者,尼布尔对和平主义的分析,以及对当时美国对外政策的思考,至今仍然影响着美国的政治思路。在某种程度上可以说,了解了尼布尔就了解了美国国际政治的哲学基础。

第六节 光明之子的乌托邦情结

马克思主义是19世纪以来西方最伟大的社会历史理论之一,是人类的良知和智慧的美妙结合。马克思主义自诞生以来在全世界引起极大反响,其丰富深邃的思想启发并激励了一代又一代人。每一个关心人类命运致力于社会历史研究的学者都不得不认真思考这一学说。马克思对社会历史规律的揭示,对资本主义的批判和对未来社会的设想,是人类的共同财富,也是每一个思想家可以批判,可以发展但却无法绕过的理论资源。因为在马克思主义深刻影响了世界历史进程的时代,忽略了他的学说,只能产生坏的理论。

20世纪以来,国际工人运动的兴起,资本主义经济危机的周期性爆发,以及第一次世界大战的冲击使越来越多的人把目光投向对此早有预言的马克思主义理论。欧洲一大批知识分子就是在这一时期开始了他们信仰上的马克思主义之旅,其中包括后来许多马克思主义的批判者,比如卡尔·波普。作为一个关注现实的学者和社会活动家,尼布尔自然不会忽略对马克思主义的理论和实践的省察、思索。我们已经知道,马克思主义是尼布尔思想的重要来源,他在政治、经济等诸多方面都受到马克思主义的深刻影响,而且,最初他也正是借助于马克思的理论开始了对自由主义的批判。体现这一思想变化的是他的著作《道德的人和不道德的社会》(1932年)以及《对一个时代终结的反思》(1934年)。

尼布尔转向马克思主义的契机主要是他在底特律任牧师的经历。在此期间,他亲眼目睹的工业社会的残酷现实使他顿感自由主义思想的不足。当他把目光转向马克思主义时,立即为马克思主义学说中强烈的现实主义因素所吸引。尼布尔欣赏马克思关于所有人都平等的社会理想和对社会不公的深刻批判。不可否认,马克思的社会批判中包含一些无情的冷嘲,但比起拒绝关注现实困境的"多愁善感的"基督教自由主义来,马克思的冷嘲更适合尼布尔。马克思主义使人们注意到了社会现实的悲惨一面。尼布尔很快接受了马克思主义的社会政治理论,并以此展开对社会现实和自由主义思想的批判。

这一时期的尼布尔曾经一度相信马克思关于经济需要决定人的集体行为规则的思想,相信资本主义的根本问题在于社会化的生产方式和生产资料的私人占有形式之间的矛盾,而实现社会正义的前提就是财产的社会化。尼布尔认为,马克思关于无产阶级和资产阶级之间的冲突不可避免的预言也是正确的,随着这两大对立阶级的冲突日趋激烈,资本主义社会最终必将崩溃,这一天的到来并非遥遥无期,而是指日可待。1934年,尼布尔把他"最马克思主义的"著作取名为《对一个时代终结的反思》,用意就是预言资本主义时代的终结。

这一时期尼布尔与马克思主义的紧密关系还表现在他积极参与马克思主义政党的活动上。1929年秋,尼布尔加入美国的社会主义党(the Socialist Party)。第二年,他代表社会主义党参加纽约州议院的选举。尼布尔对自己的称呼"基督教社会主义者"准确反映了他此时的思想特征。但从30年代中期开始,随着对基督教传统,尤其是奥古斯丁神学的深入研究,随着与其他社主义者在政治见解上分歧的加剧,[87]以及对苏俄式的社会主义的失望。[88]尼布尔在思想和活动上逐渐远离社会主义,转向实用主义—自由主义的社会政治理论,同时开始了对马克思主义的反思和批判。在这一阶段尼布尔仍然认为马克思的经济理论是正确的,但经济理论只是全部真理的一部分,因为除经济之外还有很多因素影响着我们,比如道德信念、家庭传统,等等。而且,如果坚持经济决定论必将丧失对社会不义的批判权利。在《乐观主义,悲观主义和宗教信仰》一文中尼布尔表达了这种见解。马克思主义的社会理论对尼布尔的影响一直持续到五十年代初,[89]直到这一时期,他才彻底放弃马克思主义的经济理论和阶级斗争理论,在经济和政治思想上成为一个彻底的实用主义—自由主义者。自 50 年代初到 60 年代末,以美苏之间旷日持久的冷战为背景,尼布尔对作为一种意识形态的马克思主义的批判构成他这一时期思想上的重要活动。

尼布尔与马克思主义的复杂关系不仅体现在从纵向的思想发展上,尼布尔对马克思主义由接受到批判的态度转变,同时还体现在尼布尔在接受和批判的每一阶段对马克思主义的吸取和保留态度。正如接受马克思的社会政治理论并不意味着他是彻底的马克思主义者,同样,批判也不意味着他完全放弃了马克思主义。从 30 年代中期到 40 年代正是尼布尔现实主义伦理学的形成时期。现实主义伦理学承认人性的有限性,"特别是表现于群体行为的人性的有限性",[90]要求处理社会政治问题时要特别考虑人们在普遍利益的名义下追逐自我利益的心理趋向。在尼布尔看来,马克思主义的力量正在于它在政治上的现实主义,尼布尔吸收了马克思的意识形态学说,他用这一理论说明人的认识的局限性和自私性,并将这一思想运用于对马克思主义理论自身的考察批判中。从这一点而论,正如许多尼布尔的研究者所指出的,尼布尔直到晚年也从未如他自己以为的那样完全脱离马克思的影响。

由此我们看到，马克思主义为尼布尔提供了分析和批判的锐利武器，成为现实主义伦理学的重要思想来源，马克思主义对尼布尔的启发和影响贯穿于尼布尔思想发展的始终。但这只是他们关系的一个方面，另一方面，尼布尔对马克思主义的分析批判视角独特，观点鲜明，代表了20世纪基督教神学对马克思主义的回应，是马克思主义应该正视的挑战。

尼布尔对马克思的批评首先是从人类学层面展开的，他把马克思的历史唯物论视为自浪漫主义以后近代文化对西方理性主义的又一次反抗。尼布尔认为，与浪漫主义的反抗相比，马克思的反抗更为有力，因为马克思主义的唯物论观点对人的理解要深刻全面得多。马克思承认表现于社会生产关系中的人的生机冲动对人类行为的决定作用，但同时也肯定人的精神的超越性，肯定人有追求道德完善的需要，人的可悲之处在于总是用自身的利益来界定道德标准。与无保留地肯定理性或生机作用的理性主义和浪漫主义不同，马克思看到了人的精神与道德要求之间的深刻矛盾，知道如果人们不能将自我利益置于公共利益和普遍价值的名义之下，就不能心安理得地去追求。所以，相对于前面两种学说，马克思的理论更能揭示人的有限和自私，更易于揭示道德力量的虚弱和人的精神处境的尴尬。尼布尔为马克思感到可惜的是，马克思的这一深刻见解未能贯彻到底：他看到了资产阶级观念中的意识形态的偏见，却没有意识到无产阶级同样也免除不了这一局限，他错误地把无产阶级的立场和见解当作全社会的最终真理。[91]因为马克思未能认识到一切人类的理性中都含有一种偏见，不独统治者如此，被统治者同样如此，不独资产阶级如此，无产阶级同样如此。人性中的这一缺陷构成生命的一部分，改变社会结构并不能彻底消除它。

尼布尔认为，马克思在人性理论上的失误后来导致了马克思主义在政治上的乌托邦幻想。马克思对资本主义的社会现实持悲观主义态度，但在最基本的人性观上却持乐观主义的态度，它不曾看到历史中的罪恶的根源来自于人性的深处，来自于人的根本处境，却把罪恶归于外在于人的特殊历史因素，即生产资料的私有制。因此，马克思主义认为在推翻剥削阶级，实现公有制以后，罪恶也将随之消失，这样，马克思主义和近代以来的各种思想虽有种种不同，但在对待罪恶的态度上却有一致之处：他们都有在道德上容易安定容易满足的态度，与基督教信仰从人的意志最深处解释罪的沉重不安态度判然有别。马克思主义的理想主义确信个人利益和普遍利益间的冲突有一种简单的解决方法，[92]所以它对无产阶级的权力不加任何限制。马克思看到了现实社会中既得利益阶级的贪婪，但没有看到这种贪婪源于人性固有的弱点，[93]却乐观地假设在历史中可一劳永逸地消除所有的罪恶，为此，尼布尔把马克思称作人性理论上的"光明之子"。光明之子相信人性的善良，从光明的一面理解人和社会，他们正直热忱，勇于自我牺牲，是道德上的楷模。与光明之子正相反对的是"黑暗之子"，他们不受任何道德约束，除了扩张自我权力别无所求，他们从黑暗的一面理解人和社会，深谙光明之子的弱点，善于利用光明之子的道德信念追逐自我利益，所以他们险恶而有力，在与光明之子的交锋中往往占据上风。[94]光明之子若想扭转这种不利局面，应该向黑暗之子学习，充分了解人性的复杂和自私之心的顽固，兼备蛇的智慧和鸽子的善良。

尼布尔十分赞赏马克思的强烈的道德正义感和救世情怀[95]，认为马克思的这一基本精神得自于犹太—基督教传统，是马克思主义和犹太—基督教传统的共通之处。尼布尔是最早将马克思主义和基督教信仰进行类比的人之一，他认为马克思的历史唯物论中包含有基督教信仰的基本成分："马克思关于历史过程的叙述，将历史创造性的推动力归于人的意志，并且将支配历史的原则归于统御意志的超人原则,这一历史辩证法的逻辑,可视为基督教认为上帝安排一切的概念的理性化与机械化的表达。"[96]这里所谓支配历史的超人原则指的是历史发展决定于经济基础的历史唯物论原则。由于马克思在解释历史时公平地兼顾到了人的生机冲动、理性自由和超出人的意识因素的历史逻辑,所以尼布尔认为马克思的社会历史理论比之理性主义、浪漫主义和弗洛伊德的自然主义更接近基督教真理。在尼布尔看来,马克思主义对资本主义的批判不只是一场关注社会罪恶的政治运动,实际上是一场自以为可以解决人类生存的基本问题的宗教运动。马克思主义的"神话学"将人类历史归结为社会阶级之间一系列不可避免的剧烈冲突,但现状的混乱并未导致马克思主义走向绝望,因为它怀有一种从这种混乱中将诞生理想的新社会的弥赛亚期望。[97]但是不管它如何使我们联想起《旧约》中的先知预言,实际上它还是一种世俗化的现代主义,因为它分享了启蒙运动以来现代文化对历史进步的乐观信仰。只不过这里的乐观主义不是通过信仰而是通过希望来保持的,生命不是因为它的现状而是因为它能够成为它所期望的而具有意义。这正是马克思主义的乌托邦情节。

尼布尔区分了两种形式的乌托邦主义,他把自由主义称为温和的乌托邦主义,把马克思主义称为强硬的乌托邦主义,"所谓强硬的乌托邦主义是这样一些人的信条,他们宣称自己代表着完善的社会,因此他们觉得自己在道德上有理由使用任何强制手段来反对那些不赞成他们的人。而温和的乌托邦主义则是这样一些人的信条,他们并不宣称体现着完善,但却期待着完善会从持续不断的历史进步中产生。"[98]二者的共同之处在于相信历史是其自身的拯救者,即社会的进步可逐渐消除罪恶,确立正义,最终能够在历史之中实现上帝之国的理想。马克思主义的乌托邦主义表现在它不仅把无产阶级视为历史进步的推动者和新的社会制度的建立者,它还把它视为道德上的完美者。它对无产阶级,尤其是无产阶级政党的领袖在推翻资产阶级政权之后的权力不加任何限制，这样在无产阶级政党执政的国家必然产生权力的独裁。没有权力制衡的社会是危险的社会，因为依照人的本性权力必然导致腐败。尼布尔认为，苏俄的斯大林专制不是无产阶级取得政权后的偶然现象，它里面含有一定程度的必然因素。因为阶级对权力的垄断总是通过阶级的先锋——政党对权力的垄断表现出来的，而政党对权力的垄断又是通过领导政党的寡头集团表现出来，而从寡头集团到惟一的独裁者已经只有一步之遥。除政治因素以外，造成新的权力垄断的另一个原因是因为马克思把财产的所有权等同于全部的经济权，没有看到财产的管理权同样也是一种权力。[99]尼布尔总结说，正是由于这种种原因，马克思终于未能避免它自己的理论所强烈批评的乌托邦主义，丧失了马克思理论本来具有的深刻洞见。为了恢复和保持这一洞见，在《现代乌托邦》一文中，尼布尔提出，必须把马克思主义置于基督教思想的监督之下，只有这样，才能既合理利用了其现实主义因素，又避免了无产阶级的狂热和道德自义。

同处理自由主义思想时一样，尼布尔在思想发展的中后期对马克思主义的激烈批判往往使人们忽略了他在思想和方法上对马克思主义理论的继承和借鉴。实际上，不论是从现实主义伦理学还是从他的政治哲学，我们都不难发现来自马克思主义的种种影响。比如，在政治哲学中，尼布尔以平等作为正义的一个调节性原则，早期甚至是正义的惟一的调节性原则，从此我们即可以看到马克思主义对尼布尔的影响。尼布尔对马克思的批判集中在马克思的人性理论和所谓乌托邦主义上，但我们知道这两部分并不构成马克思本人的理论重点。马克思关心的是如何克服资本主义固有的社会矛盾，消除资本主义的极度不公平，而对于资本主义之后的社会结构只是提出了一些基本构想。在政治和经济的具体问题上，尼布尔把当时的苏俄作为马克思主义精神的具体化，把马克思主义实践同苏俄式的社会主义等同起来，把当时苏俄存在的社会政治问题看做马克思主义固有的问题，这当然是一种片面的理解。尼布尔忽略了这样一个基本事实，有些以马克思主义为名或来自马克思主义的社会制度和社会实践实际上比非马克思主义离马克思主义更远，就像基督教历史上那些以基督为名的敌基督者一样。而且，思想发展后期的尼布尔对资本主义太宽容而对社会主义则太苛刻了，正像资本主义有自己的发展过程一样，社会主义同样也在发展，而且可以通过发展解决自身存在的问题。与当时成熟的资本主义相比，社会主义不过短短几十年的发展历史。不过，尽管如此，作为一个熟悉社会主义理论，关注社会现实的思想家，尼布尔的观点，尤其是他对乌托邦主义的分析，对于我们重新思考社会主义，总结历史的得失不乏借鉴警醒的意义。

第七节　捍卫民主

尼布尔思想上的马克思主义阶段主要是在 20 世纪 20 年代和 30 年代，这时他积极投身于社会主义政党的活动，激烈批评美国的社会制度，呼唤无产阶级革命的到来。随着他对马克思主义的兴趣衰减，更重要的是随着纳粹法西斯主义的兴起和斯大林专制统治的加剧，尼布尔对西方的政治制度尤其是民主制度发生了戏剧性的转变。他逐渐认识到民主制度相对于前两者的优越性，并开始为西方民主面临的威胁和挑战而忧心忡忡。

对民主的威胁首先来自曾经孕育民主的现代文化所遭遇的危机，"由于历史的原因，对人性和人类历史的过于乐观的估价和民主的信条联系在一起。现代历史经验对这一乐观估价的拒斥隐含着对民主理想的拒斥。"[100]但是成长于现代文化中的理想主义者觉察不到民主面临的危险，他们对自己和对手都存有过多的幻想。他们是只看到人性光明的一面，低估了自我利益在个人和集体行为中的破坏能力的"光明之子"。而他们的对手，那些威胁民主制度的专制主义者却是一群不受道德限制，熟谙权力斗争，有精确的现实敏感性的"黑暗之子"。[102]二战期间轴心国的法西斯主义者们是这些黑暗之子的典型代表，他们的行为是对理想主义的乐观主义的最大嘲讽。尼布尔认为现代历史中最具启示意味的是，由于光明之子的过多的幻想和黑暗之子的精明残暴，民主国家有屈服于那些在道德上低于它的国家的危险。[102]这是现代社会中民主面临的外来威胁，但更危险的还是民主制度的拥护者，那些理想主义者们没有意识到这种威胁，因为他们信奉的文化使他们对潜在的危险视而不见。为克服民主面临的内外威胁，提起人们的警惕，尼布尔感觉有必要为民主制度提供"更为充分的理由，和更为现实的辩护。"[103]

尼布尔致力于为民主辩护的另一个原因是希望借此对民主做出全面的评价。二战期间，一些学者和报人出于盲目的爱国热情和民族骄傲对美国式的民主大加颂扬，他们把民主制度当成一种世俗化的宗教，把民主等同于生活的终极价值。一种新形式的偶像崇拜由此诞生。尼布尔本人是民主制度的拥护者，因为民主允许公民对政府的批判，这就从理论上破除了政府的自义。但如任何政治制度一样，民主也未能尽善尽美，对民主的正确态度应该是既要客观肯定它的价值，又不能无视它的弊病。否则它的价值就会随着过分的自我崇拜而丧失。尼布尔没有对民主制度的弊病进行过系统的批判，但他的神学伦理学的立场保持着对任何制度的原则上怀疑态度，"政府的腐败不可避免，因为维持共同体统一和秩序的强制力量绝非纯粹、公正的权力。政府权力是从社会中的某一特殊中心出发由某一特殊集团实施的。自由社会自认为民主制度已经粉碎了任何强加于政府之上的特殊权力中心，但这是一个幻觉。现代社会中的不公正就是工商寡头们权力太大造成

第五章 正义的理想和正义的实现

的，无产阶级革命就是社会不公的明证。"[104]在具体的政治体制之中，尼布尔欣赏英国式的体制多于美国自己的体制，因为在他看来英国的君主立宪制体现了时代进步和历史连续性的统一。君主是国家的权力和统一的象征，保留君主有助于加强国民对国家的亲切感。这一优点是美国式的民主制度所没有的。尼布尔同时还认为，美国在战时和危机时期过于倚重一位强有力的总统，这包含一定的危险性。二战以后，尼布尔不赞成在当时的亚非国家推行美国式的民主，他认为，民主制度需要相当程度的经济、文化基础，在西方，民主文化是在几个世纪的时间发展起来的，而亚非的许多国家没有这种文化积淀。对这些国家来说，经济和文化援助比政治制度的输出更及时。尼布尔认为美国在越南的失败就是忽略了这些因素。

完成于1944年的《光明之子和黑暗之子》一直被认为是尼布尔最系统的政治哲学著作。在它的副标题"对民主的证明和对其传统辩护的批评"中，尼布尔表达了此书的写作意图。这部著作被看做此前尼布尔在《人类的本性和命运》以及《信仰和历史》中所表达的对人性和社会的基本观念的具体应用。在这部著作中，尼布尔以人性的两个基本特征，即自由和对自由的败坏作为捍卫民主，批判光明之子的最有力论据。从这里可以再一次看到人类学在尼布尔思想体系中的作用。

尼布尔相信，任何伦理和政治哲学体系都或明或暗地以对人性的理解或假设为前提。关于人性和民主之间的关系，尼布尔有一句广为流传的格言，"人类实现正义的能力使民主成为可能，人类败坏正义的趋向使民主成为必须。"[105]尼布尔认为，即使在一个全部由圣徒组成的社会里，政府的强制也是必要的，因为不管人类的智慧和同情心达到多么高超的境界，不管历史发展到何等完美的阶段，"从来都不会有任何不被过度的自爱而或多或少败坏的道德和社会成就。"[106]近代以来的社会哲学试图否认这一点，它们认为人本质上是善良的，人的自私自利纯粹出于自我保存的自然冲动。这种乐观主义相信个人或集团的利益与普遍的利益是一致的。尼布尔认为，在终极的意义上个人或集团的利益与普遍的利益应该是一致的，但是在每一具体的条件下这种一致性都不是绝对的。近代社会哲学没有看到这一点，所以总是为特殊利益和普遍利益的冲突设定简单的解决方案。在资本主义上升时期，由于尚有丰富的资源和充分的发展空间，集团间的利益竞争不十分剧烈，这些理论缺陷的危害性相对较小。但是随着资本主义的发展，利益竞争日趋激烈，这些理论上的缺陷就有可能带来灾难性的后果。为拯救民主，纠正现代文化的错误，避免历史倒退，光明之子需要吸取黑暗之子的智慧，同时抵制后者的恶毒。他们必须了解自我利益的巨大力量，同时又不能在道德上认可它。只有如此，民主制度才能经受住来自对手的巨大压力和无情竞争。总之，民主国家的政策必须建立在对个人和群体自私性的充分了解上。

一般认为，近代民主制度是在资产阶级反对封建制度和教会统治的过程中建立起来的，在此观点下，人们往往把基督教和民主制度对立起来，忽略了基督教对民主制度的贡献。尼布尔认为，民主制度其实是由基督教文化和近代世俗文化共同孕育而来的。基督教为民主提供了三个基本观念，没有它们民主的诞生就没有可能。首先是基督教的原罪观念，它使霍布斯等政治哲学家对人性怀有深深的怀疑和戒备，使他们认识到限制个人权力的绝对必要性。其次是基督教对独立的个人的认识。在以希腊哲学为代表的古典文化和东方文化中都没有个人的观念。现代文化中的个人观念来自基督教的传统。因为基督教认为每一个人都不是通过他人而是独自面对着上帝。另外，基督教所倡导的对他人的宽容态度也是民主生活必不可少的因素，虽然基督教文化自身常常失却这一精神。除了肯定性方面的贡献以外，基督教传统对民主的诞生还有否定性方面的影响：因基督教内部冲突而起的宗教战争和宗教迫害从反面促发了自由、民主的诞生。

当然民主的最主要来源还是近代的世俗文化。不容否认的历史事实是，民主制度是在世俗文化反对基督教的过程中产生的。基督教为民主提供了基本的人性观，这是它的一大贡献。但西方历史中的宗教权威主义和宗教狂热主义曾经是民主发展的最大障碍，因为它们压制思想自由，干涉世俗生活，赋予不公正的社会制度以神圣的权威。这曾经是人类历史上最惨痛的一页。尼布尔反对把个人和社会伦理中一切规范追溯到基督教传统的作法，他在批评世俗文化的同时，承认世俗文化的巨大贡献。[107]尼布尔认为，世俗文化对人性的理解有错误的一面，但它对许多问题的认识超过基督教传统。一种新的社会历史观应该建立在基督教文化和世俗文化的结合上，否则将导致信仰上的蒙昧主义。

针对把民主当作一种新的偶像崇拜的倾向，尼布尔指出，民主制度只是"为不可解决的问题寻找一个近似的答案的方法"，[108]所谓不可解决的问题，指的是如何在历史中实现正义，它的不可解决是因为历史本身的模糊性。"民主社会的最大成就在于它体现了这样一个原则，即在政府自身的原则之中抵制政府"。[109]保持社会的平等和秩序必须通过政府的权力，但政府的权力必须加以抑制，否则必然走向专制和腐败。民主的任务就是在保障秩序的前提下逐渐达到权力的平均分配，实现社会正义。通过这种方式，国家的管理者的滥用权力的危险得到有效的遏制。通过民主制度，我们获得了我们要求于政治生活的自由、平等和秩序。尼布尔认为，民主主义虽然不来自于《圣经》，但民主制度体现的精神与《圣经》传统不相违背，因为《圣经》教导人们以如此的态度对待他们的政府，"从一方面说，政府是上帝所设立的，它的权威体现了神的威严；从另一方面说，国家的统治者和法官因其压制穷人违反神意而更要听候神的审判和愤怒。

这两种方式正确处理了政府的两个方面。政府是秩序的原则,政府的权力防止了无政府状态,但它的权力不能等同于神的权力。"[110]既承认政府的威严,又避免政府把这种威严演变为偶像崇拜,这种态度正是尼布尔对人们的劝导。

仅有民主的制度未必能够保证民主生活,除了外部的压迫以外,民主社会也经常受到内部的威胁。它必须在无政府状态和专制主义的张力中小心翼翼地保持平衡,"社会的最重要的任务是压制混乱、创造秩序,另一个同样重要的任务是防止创造秩序的权力趋于专制"。[111]在这一要求下,我们必须学会创造性地处理政治问题,以全部的精神和才智投入其中,以宽容和谦卑的态度对待别人和别样的见解。民主的制度不是民主的最终保证,民主的精神之下的民主的生活方式比民主制度更基本、更重要。

注 释:

[1] Harlan Beckley, *Passions for Justice*, p. 235.

[2] *An Interpretation of Christian Ethics*, p. 18.

[3] 在柏拉图和亚里士多德那里,正义既可以是城邦或法律的德性,也可以是个人的德性。实际上,正义的这两种用法延续至今,比如我们在说一种社会制度正义的同时,也可以说某个人是正义的,但无疑,在我们今天的用法里,正义首先指向社会制度的道德属性,个人则是因为遵守或符合了这一制度,而被称为正义。

[4] Gordon Harland, *The Thought of Reinhold Niebuhr*, p. 23. Harland 对尼布尔在著作中所表述的爱与正义两种规范的辩证关系做出了准确简练的概括,即爱要求、否定和完成了正义(love demands justice, love negates justice and love fulfills justice)。本文沿用了 Harland 从这三个方面的概括。尼布尔自己的论述散见于《人类的本性和命运》,《信仰和历史》等著作中。

[5] ibid. p. 23.

[6] *The Nature and Destiny of Man*, vol. I, p. 295.

[7] *Faith and History*, p. 179.

［8］ *The Nature and Destiny of Man*, vol. II, p. 248.

［9］一种观点认为，正义是理想社会所不需要的某种东西，因为正义的要求出自需要正义的环境，而所谓需要正义的环境以下列两个条件为前提：首先，社会成员追求的目标不一致；其次，社会共同体占有的资源有限。如果消除两个条件中的任何一个，这一社会就不再是需要正义调节的社会。这种观点特别以家庭为例说明自己，认为在理想的家庭中，成员之间利益高度一致，家庭的目标一致，人们出于爱而不是出于正义的责任或互利的期望对别人的需要做出反应。如果社会像家庭一样，同样也不需要正义。这种把爱和正义对立起来的观点受到坚持爱与正义互补观点的批判：爱与正义不是对立排斥的关系，而是互补的关系。在我向他人要求帮助的时候，只有通过正义的标准，我才可以确定在何种基础上，基于何种理由我可以拥有某物，这样就避免了利用他人对我的爱提出过分要求的危险；在我确定如何帮助处于需要冲突的许多个他人的时候，只有通过正义的标准，我才能合理分配我对他人的关怀。更详细的论证请参见 *Contemporary Political Philosophy* 一书的第五章。这里尼布尔的论述和例子同样十分有力地纠正了这一观点的偏颇。

［10］Paul Ramsey 指出，尼布尔的爱可分为主观和客观两个方面，从主观方面来讲，爱超越于律法；从客观方面来讲，爱就是生命的律法。见 *Love and Law*, 载于 *Reinhold Niebuhr——His Religious, Social and Political Thought*, p. 153。

［11］ *Faith and History*, p. 183.

［12］ *An Interpretation of Christian Ethics*, p. 149.

［13］ *Moral Man and Immoral Society*, p. 258. *Faith and History*, p. 193.

［14］尼布尔在吉弗德讲座中对罪的诠释很大程度上得益于布鲁纳于 1937 年出版的 *Man in Revolt* 中的思想，无论是尼布尔本人还是布鲁纳都曾指出过这一点，参见 *Reinhold Niebuhr——His Religious, Social and Political Thought*, p. 86 和 p. 507。关于尼布尔和布鲁纳在正义理论上的异同，见 Gordon Harland 在 *The Thought of Reinhold Niebuhr*, p. 34 中作出的比较。

［15］Emil Brunner, *Reinhold Niebuhr's Work as a Christian Thinker*, 载

于 Reinhold Niebuhr——His Religious, Social and Political Thought, p. 84。

[16] 比如，Gordon Harland 认为，若采用布鲁纳的方法将破坏至少也是模糊正义的真正性质，因为正义总是存在于圣爱和具体的历史条件的有机关系中，离开圣爱和历史条件，人们根本无法确切说出正义为何物。The Thought of Reinhold Niebuhr, p. 28。

[17] An Interpretation of Christian Ethics, p. 65.

[18] 尼布尔认为，正义的各种体系和规则的制定都应该受到这三个原则的支配。The Nature and Destiny of Man, vol. II, p. 254。

[19] An Interpretation of Christian Ethics, p. 149. 同样内容的论述在尼布尔的著作中出现多次，比如，Faith and History, p. 189。

[20] ibid. p. 108.

[21] ibid. p. 149.

[22] ibid. p. 109.

[23] The Children of Light and the Children of Darkness, p. 5.

[24] ibid. p. 78.

[25] Judith Vaughan, Sociality, Ethics and Social Change, p. 190.

[26] The Nature and Destiny of Man, vol. II, p. 254.

[27] 尼布尔在一九三七年的"牛津会议"提交的论文中首次把平等作为惟一的调节原则。Gordon Harland, The Thought of Reinhold Niebuhr, p. 55。

[28] 指中世纪欧洲教会审判异端的审判官。

[29] 尼布尔称过于强调平等，甚至把平等当作绝对的标准是受到了社会中"底层"阶级的意识形态的污染。Faith and History, p. 191。

[30] R. W. Lovin, Reinhold Niebuhr and Christian Ethics, p. 72.

[31] 在基督教伦理中，爱似乎既是义务又是目的。为澄清爱的规范作用，1964 年，弗兰克纳在一篇题为"爱和基督教伦理学的原则"的论文中，以义务论和后果论的二分法对过去几十年间重要的基督教伦理学家分别予以归类。但尼布尔却令弗拉克纳十分为难，因为"他几乎具有我所描述的各个立场的每一特征。至于这代表着他思想的丰富还是混乱，还是交由别人去判断吧。"既然弗兰克纳不曾因为尼布尔这一例外而怀疑自己的分类标准，他对尼布尔学说的判断肯定不会是"思想丰富"，里面蕴含的批评

意味非常明确。

[32] 尼布尔下面的一段话清楚阐明了他对以牺牲之爱为道德理想和以自爱为人性常范的两种思考方式之间的差异的理解:"把爱理解为最终的命令,但却不了解自爱在全部生活中,尤其是在人类的集体关系中的顽固性,必将产生一种与生活的严酷现实不相关的理想主义的伦理。了解自爱的力量但却不知道自爱并不因为它的力量而具有规范性,这样的立场必将取消伦理标准,堕入冷嘲和讥诮之中 (cynicism)。只有在既把爱的律法作为最终的标准,又了解自爱是持续的力量的基础上才能建立一种实用主义的伦理,这种伦理能够利用权力和自我利益为建立正义和秩序的社会服务。这正是基督教政治学的核心问题:乐于运用权力和利益以为爱的理想服务,但却不会对其中固有的罪恶无动于衷。如果不了解权力的危险性,任何正义的制度和理论都无法防止权力失控。", Christian Faith and Social Action, 载于 Hutchison J. A. ed. Christian Faith and Social Action, New York, Scribners, p. 1953, 转引自 The Thought of Reinhold Niebuhr, p. 53。

[33] 从元伦理角度的细致说明如下:在社会伦理领域,尼布尔同样认为道德判断存在着对错之别。根据上面的介绍,道德判断的对错独立于我们的认识,取决于相关各因素之间的相互作用,原则上可通过社会科学式的客观考察获得,尽管操作起来十分困难。我们已经知道,在个人伦理领域,尼布尔采取的也是自然主义立场。

[34] Judith Vaughan, Sociality, Ethics and Social Change, p, 57.

[35] Reinhold Niebuhr, The Quality of Our Lives, 载于 The Christian Century (May 11, 1960).

[36] 尼布尔早期没有在理性和精神之间做出区分,如在《道德的人和不道德的社会》中,理性同时意指后来著作中的精神和理性,在《人类的本性和命运》中,尼布尔明确区分出理性和精神,但除此之外,在此书后的《光明之子和黑暗之子》中他又以理性统指精神和理性。见 The Children of Light and the Children of Darkness, p. 67。

[37] Henry Nelson Wieman, A Religious Naturalist Looks at Reinhold Niebuhr, 载于 Reinhold Niebuhr——His Religious, Social and Political Thought, p. 412。

[38] Faith and History, p. 53. 对科学和宗教的关系,尼布尔有独树

一帜的理解。尼布尔不反对科学,但反对任何形式的科学主义。因为科学主义已经超出了科学的方法和应用范围,构造出一套形而上学的世界观和方法论体系,而它们自身不能获得科学的验证。尼布尔认为,科学主义关于自然科学的发现过程和结论完全客观、不需要任何前提假设的观念明显不符合科学发现的事实。实际上,包括自然科学在内的一切学说都先天地(a priori)设定了自己的前提,在这一点上宗教和科学没有区别。我们所以取基督教立场、弃其他信仰和学说的理由在于,它为人类的普遍经验提供了正确分析的基础,它导向适当的态度和方法。在尼布尔最系统的著作《人类的本性和命运》的开篇,尼布尔为自己提出了解释人类本性的两个否定性标准,其一是不能违反逻辑,其二是必须与人类的整个经验相符。对尼布尔来说,检验理论正确与否的标准就在于它导向我们所期望的道德和政治行为的有效性。我们看到,在这里尼布尔又一次显现出自己与实用主义真理观的渊源。

[39] Reinhold Niebuhr, *Christian Faith and Social Action*, 转引自 Kenneth Thompson, *The Political Philosophy of Reinhold Niebuhr*, 载于 *Reinhold Niebuhr——His Religious, Social and Political Thought*, p. 225。

[40] *Moral Man and Immoral Society*, p. 30.

[41] *The Children of Light and the Children of Darkness*, p. 125.

[42] *Moral Man and Immoral Society*, p. 255.

[43] *The Children of Light and the Children of Darkness*, p. 144.

[44] E. A. Burtt 批评尼布尔仅仅把目光局限于基督教,而且是明显带有尼布尔个人之见的基督教,对整个世界的宗教资源,尤其是东方宗教在改变信徒的人格、达到基督教同样要求达到的境界方面重视不够。*Some Questions about Niebuhr's Theology*, 载于 *Reinhold Niebuhr——His Religious, Social and Political Thought*, p. 437。在著作中尼布尔对基督教以外的其他宗教论述不多,而且,出于护教的考虑,尼布尔有时不免以其他宗教的"缺陷"为例,证明基督宗教优于其他信仰之处。比如,在《文明需要宗教吗?》、《基督教伦理释义》和《人类的本性和命运》等著作中,尼布尔都曾以东方的神秘主义信仰为参照,论证基督教在保持个性、维持人格的统一性方面的作用。但他并未因此否定其他宗教的道德功能。实际上,在多种著作中,比如在《人类的本性和命运》中,尼布尔强调爱的律法并

非为基督教所独有,因为爱的律法乃是"生命的律法",它为人类的经验普遍感觉到。基督教的特异之处只在于通过基督的启示将爱的律法明确表达出来。尼布尔肯定"隐藏的基督"在非基督徒人群中的作用。在《道德的人和不道德的社会》中,尼布尔甚至认为甘地将非暴力运用于政治是当时的东方宗教比西方宗教更具活力的标志,因为西方的工业文明已经使基督教的洞察力几乎荡然无存,失去基督教信仰的"白人较东方人来说是更残忍的野兽"。*Moral Man and Immoral Society*, p. 255。

[45] D. D. 拉斐尔,《道德哲学》,第 62、63 页。辽宁教育出版社,1998 年。

[46] 以下的论述特别清晰地表明了尼布尔的立场:"当考察历史情况时,所有的道德家都变成了实用主义和功利主义者……每一行为都以最终目标为参照进行评判。""手段的选择以及介于动机和最终目标之间的直接目标的选择,提出了实用主义的问题……如果一项政策被证明是达到良好道德目标的有效手段,那么它就不可能在本质上是邪恶的;同样也不能仅仅因为它最终能获得善的结果,就把它说成是尽善尽美的。直接结果必须以最终结果来权衡。生命被毁灭或自由被镇压,都将直接导致道德价值的毁灭。希望通过这样的直接毁灭来实现终极的善,这种牺牲是否值得,是需要经过多方面考虑才能回答的问题。"*Moral Man and Immoral Society*, pp. 170 - 171。译文采用该书中文译本(贵州人民出版社,1998 年)译法。

[47] Reinhold Niebuhr, *Christianity and Power Politics*, p. 26.

[48] *The Nature and Destiny of Man*, vol. II, p. 284.

[49] *Moral Man and Immoral Society*, p. 240.

[50] ibid. p. 242.

[51] ibid. p. 251.

[52] ibid. p. 252.

[53] ibid. p. 220.

[54] 尼布尔不曾参与到一般规范伦理学的讨论中去,他的基本伦理立场可以从他对具体伦理问题的论述中发现,所以只能"就其基本精神而论"。

[55] *Moral Man and Immoral Society*, p. 170.

[56] ibid. p. 170.

[57] John C. Bennett, *Christian Social Ethics*, 载于 H. R. Landon 编 *Reinhold Niebuhr : A Prophetic Voice in Our Time*, p. 58。

[58] Daniel D. Williams, *Niebuhr and Liberalism*, 载于 *Reinhold Niebuhr——His Religious, Social and Political Thought*, p. 270。

[59] Niebuhr, *Reply to Interpretation and Criticism*, 载于 *Reinhold Niebuhr——His Religious, Social and Political Thought*, p. 517。

[60] 见第一章第四节。

[61] Niebuhr, *The Blindness of Liberalism*, 转引自 Arthur Schlesinger, *Reinhold Niebuhr's Role in Political Thought*, 载于 *Reinhold Niebuhr——His Religious, Social and Political Thought*, p. 193。

[62] 尼布尔后来承认自己对自由主义和基督教自由主义的界定不够准确，他是根据"自由主义的美国版本"来定义整个自由主义。但他认为自由主义的特征在于对理性的人的德性和历史发展的信仰的观点并没有改变。美国的自由主义通常与历史乐观主义相连，这一特征在里奇尔等欧陆神学家身上并不明显。Niebuhr, *Reply to Interpretation and Criticism*, 载于 *Reinhold Niebuhr——His Religious, Social and Political Thought*, p. 517。

[63] 尼布尔只在不多的场合提到过里奇尔，比如在《人类的本性和命运》中认为里奇尔"是基督教自由主义的最权威的支持者"。*The Nature and Destiny of Man*, vol. I, p. 178。在 *Faith and History* 的一处注释中，认为里奇尔"和19世纪许多自由派神学家一样，错误地认为基督教信仰是获得如下信念的一种途径：人不是自然的一部分，而是世界的神圣目的的合作者。"见 p. 121。

[64] Harlan Beckley, *Passion for Justice*, p. 190.

[65] Reinhold Niebuhr, *Reflections on the End of An Era*, p. 135.

[66] Walter Rauschenbush, *Theology for the Social Gospel*, p. 148.

[67] "将社会秩序基督教化"来自饶申布什的著作《将社会秩序基督教化》(1912)。

[68] *Reflections on the End of An Era*, p. 48.

[69] *The Nature and Destiny of Man*, vol. II, p. 122.

[70] Ronald H. Stone, *Reinhold Niebuhr——Prophet to Politicians*, p. 37.

[71] Daniel D. Williams, *Niebuhr and Liberalism*, 载于 *Reinhold Niebuhr——His Religious, Social and political Thought*, p. 278。

[72] 尼布尔强调上帝在基督身上完成的历史启示的重要性，对自然神学持怀疑批判的态度，认为"那些把信仰的真理和理性体系简单联系起来的神学，在最好的情况下是接近通过一般启示所获得的知识；在最差的情况下很难和泛神论体系分别开来。"*Faith and History*, p. 166。

[73] 对诸如"处女生子"等神迹，尼布尔认为这其实反映了试图战胜贯穿于整个基督教历史的怀疑主义的努力。这些看法表明了尼布尔与自由神学的一致性。见 *Faith and History*, p. 148。

[74] John C. Bennett, *Reinhold Niebuhr's Social Ethics*, 载于 *Reinhold Niebuhr——His Religious, Social and Political Thought*, p. 118。

[75] 门诺派原为新教再洗礼派的一个分支，因其创建者荷兰天主教神父门诺·西蒙斯（Menno Simons, 1496—1561）得名。门诺派认为暴力本身即为罪恶，因为暴力的运用剥夺了一些人得救的机会，因此他们反对任何诉诸暴力的行为，拒绝以暴力手段解决社会中的不公正问题。门诺派不参加国家的军事和司法服务，并积极致力于国际间和平、合作事业。由于他们的主张和一贯表现，门诺派被视为和平主义和不抵抗主义的突出代表和坚定执行者。

[76] *Christianity and Power Politics*, p. 31。

[77] Reinhold Niebuhr, *Why The Church Is Not Pacifist*, 载于 *Christianity and Power politics*, p. 4。

[78] *Moral Man and Immoral Society*, p. 234。

[79] Reinhold Niebuhr, *Leaves from the Notebook of a Tamed Cynic*, p. 47。

[80] Gordon Harland, *The Thought of Reinhold Niebuhr*, p. 215。

[81] *Faith and History*, p. 174。

[82] *Christianity and Power Politics*, p. 2。

[83] *Moral Man and Immoral Society*, p. 264。对耶稣的主张到底为何，历来有许多争论。有人认为耶稣主张的是完全的不抵抗，有人认为是非暴力不抵抗，还有人则认为耶稣主张通过革命手段颠覆当时的政治制度。

[84] *Christianity and Power Politics*, p. 12。

[85] 比如，在 Reflections on the End of An Era 中，尼布尔预言说，"另一次世界大战看来是不可避免的，我们不能确定的只是何时它会到来。" p. 247。

[86] *Christianity and Power Politics*, p. 15

[87] 在大萧条时期，尼布尔支持罗斯福旨在恢复经济，抑制萧条的新政，而他的社会主义者同伴认为经济萧条有利于工人的觉醒和社会革命的爆发，因此不支持罗斯福新政。这造成尼布尔和他们的思想、政治分歧。

[88] 三十年代尼布尔有过一次苏联之行。斯大林政治上的大清洗和当时苏联的社会现实使自由主义氛围中长大的尼布尔产生一种本能的怀疑和反感。二战前夕，苏德签订互不侵犯条约，尼布尔认为苏联的这一举动足以说明它的自私性。所有这些使他对斯大林式的社会主义持谨慎、提防的态度。

[89] 比如，尼布尔在1949年的著作 *Faith and History* 中仍然表达了对财产公有的支持。P. 212。

[90] Reinhold Niebuhr, *Moral Man and Immoral Society*, p. xxiv.

[91] Reinhold Niebuhr, *The Children of Light and the Children of Darkness*, p. 149.

[92] ibid. p. 7.

[93] Reinhold Niebuhr, *Modern Utopian*, 载于 *Christian and Power Politics*, p. 155。

[94] *The Children of Light and the Children of Darkness*, p. 32.

[95] 尼布尔认为，马克思视为科学结论的劳动价值论虽然未必正确，但马克思以此提高无产阶级的社会地位的做法体现了他的高尚情怀。*Moral Man and Immoral Society*, p. 154。

[96] Niebuhr, *The Nature and destiny of man*, p. 43.

[97] 尼布尔曾在多处提到马克思主义和基督教的相似性，在 *Faith and History* 中，尼布尔在二者之间进行了比较细致的类比。P. 210。

[98] 尼布尔，《两种形式的乌托邦主义》，转引自利文斯顿《现代基督教思想》，第915。同样的论述见于 *Faith and History*, pp. 206–208。

[99] Reinhold Niebuhr, *Christian Realism and Political Problems*, p. 36.

第五章 正义的理想和正义的实现

[100] *The Children of Light and the Children of Darkness*, p. xii.

[101] 尼布尔把"光明之子"定义为"那些试图把自我利益置于更普遍的法规约束之下,以与更普遍的善相谐调的人们",尼布尔认为自由主义者和马克思主义者都属于光明之子;所谓"黑暗之子"指的是"那些除了自己的意志和利益之外不承认任何规则的人们。""黑暗之子是罪恶的,因为他们除了自己之外不承认任何规则。但他们也是聪明的,因为他们知道自我利益的力量。光明之子是善良的,因为他们承认超出自我意志的更高的规则。但一般说来他们是愚蠢的,因为他们不了解自我意志的力量。" ibid. pp. 9, 11。

[102] 尼布尔认为以色列建国以后与阿拉伯国家的冲突也包含着道德冲突的原因,而不仅仅是由于土地和经济的原因。在他看来,以色列的民主制度是对当时阿拉伯国家落后的封建君主制度的挑战。尼布尔从一开始就支持以色列的复国计划,他认为以色列的建立为该地区带去了先进的农业技术和政治制度。

[103] *The Children of Light and the Children of Darkness*, p. x.

[104] *Faith and History*, p. 221.

[105] *The Children of Light and the Children of Darkness*, p. xi.

[106] ibid. p. 16.

[107] 尼布尔与卡尔·巴特的分歧之一在于,巴特企图从《圣经》中引出整个社会伦理,但尼布尔反对这一作法。尼布尔经常以世俗文化中的男女平等观念来说明基督教伦理的不充分。

[108] *The Children of Light and the Children of Darkness*, p. 118.

[109] *The Nature and Destiny of Man*, vol. II, 268.

[110] *The Nature and Destiny of Man*, vol. II, 269.

[111] *The Children of Light and the Children of Darkness*, p. 178.

第六章

历史的道德意义

所谓"历史"有两层意义,首先它指的是过去的事件,以及对过去事件的记载。这是作为一个学科的历史学研究的对象。就过去的事件已经完成,不可改变而言,历史具有一种类似于自然的客观性,历史学也因此具有某种自然科学的性质,正像通过化石研究生物进化过程的古生物学属于自然科学一样。历史的另外一种意义指的是人类社会或自然界的发展过程和发展模式。这种意义上的历史不仅涵盖人类社会或自然界的过去,而且更多指向它们的未来,是对未来命运的关注。这种意义上的历史研究"试图在历史中(在事件的过程中)发现一种超出一般历史学家视野的模式或意义",因此是一种"思辨的历史哲学"。[1]这样一种历史研究受到人们的普遍怀疑和拒斥,因为认为历史本身有意义,人类历史的发展通向某种目的的观点是一种未经检验而且也不可检验的假设。对于反对者而言,一个明显的事实在于,追问历史意义的每一个人都在历史之中,占据时间长河中的一个短暂瞬间,历史对他来说是一个未完成的无尽的序列。我们说某一事物或某一过程有意义,必定是就这一事物或这一过程相对于其他参照而言的。我们可以面对个人生命的终结而赋予生命以意义,但我们又如何面对历史的终结而赋予历史以意义呢?正像有神论者可以相对于无限的神设定自己生命的意义,但无法继续追问神存在的意义一样。追问历史意义和设定自然的目的论一样,是认识论上的越界的问题，落入了一种"范畴错误"中。

但是这种反对理由对基督教信仰者未必有效。与希腊哲学传统以及佛教等"东方神秘宗教"不同，基督教不仅相信历史是有其起点和终点的有限过程，而且相信无限者上帝是历史的整个过程和历史中每一环节的审判者。历史有其确定的意义和目的，它们可以而且应该到人与上帝的关系中去寻找，而人与上帝的关系已经通过耶稣基督由上帝亲自启示给了人类。问题只在于，在新的历史条件和文化处境中，基督教信仰者如何保持并深化来自信仰的这一洞见，并将它们传达给世俗世界。

尼布尔谦称自己只是"半个学者"，[2]这"半个学者"在神学上为自己制定的全部使命就是把基督教的传统人性观和历史观与文艺复兴以来西方现代文化中的新见解综合起来，既克服现代文化的盲目乐观又避免信仰上的蒙昧主义，为精神上遭遇前所未有的困厄的现代人提供信念和指导。在《人类的本性和命运》中，尼布尔将大量篇幅用于对基督教人性论的重新阐释，同时也十分简明地论述了自己对历史意义的理解。二战结束后，面对国际社会的混乱局面以及西方精神世界的普遍危机，尼布尔感到有必要对《人类的本性和命运》中已经有所表达的历史观详加论述，以纠正人们在历史和道德认识上的误解。1949年出版的《信仰和历史》（*Faith and History*）就是这一工作的成果。由于观点、意图和写作时间上的接近，人们往往把这部著作看成《人类的本性和命运》的姊妹篇，有人甚至只把它看做对后者观点的简单重复。但实际上，在《信仰和历史》中，尼布尔对此前许多与他的整个思想体系不完全一致的观点和表述做了明确修正，比如对群体的精神性和道德属性的肯定，代表着尼布尔对历史的新的思考和对基督教传统，尤其是奥古斯丁神学的新的理解。更重要的，它代表着尼布尔建立一种基督教历史观的努力，是从信仰——道德角度解读历史的一次重要尝试。不论对其观点认同与否，尼布尔的成果都不容否认。在思辨的历史哲学中，他的理论体系自成一家并代表着来自基督教世界的声音。[3]对尼布尔自己的伦理体系来说，他在历史哲学方面的论述同样具有十分重要的意义，因为正是通过这一论述，使他把自己对基本人性理论的运用从个人生活和社会生活领域，扩展到了人类历史领域。这样一来，他的基督教伦理思想就获得了更广阔的视野和更广泛深入的意义。在尼布尔的学说中，历史哲学从属于伦理学，是他整个伦理体系的一部分。尼布尔一方面列举出道德手段的种种不足，反对以道德手段取代政治手段，一方面又构造出一种泛道德主义的社会—历史理论，这可说是他思想中的一大景观。这一景观虽颇有些吊诡，不过从中也折射出尼布尔的真正关心所在。

尼布尔认为，人的自由和有限的双重属性突出反映在人与历史的关系中：在历史中的每一时刻，人类似乎都有自主决定自己未来走向的可能性。每一完成的历史过程，当我们追忆其尚未完成的时候，我们都确信它本可以有另外的走向。所以历史来自人类的创造，历史过程中体现了人类的自由。但另一方面，当人类发挥精神的创造力书写自己的历史的时候，从过去的时间中传递过来的那些因素，比如他的种族、血统、地理环境、祖先的作为以及他自己的性格和思维习惯，等等这些他不管愿意与否都必须继承的东西又制约、限制着他下一步的行为选择。我们可以说人活在历史中，也可以说历史就是现实，因为历史并不仅是过去了的事件，它对现在发挥着影响。这是人无法超越的生存处境，是人的有限性的一部分。尼布尔举了一个有趣的例子：对美国人来说，贩卖黑奴不仅是他们祖先的罪恶，而且是他们的生活现实，看一看他们的黑人邻居就可以证明这一点。实际上，自由和有限的双重属性是历史之所以可能的条件，因为如果只有有限没有自由，那么人就只能像动物一样对环境做出被动的反应，人的生活就只能是简单的重复，就不可能有多姿多彩的个人历史、民族历史,而只能有自然种群的历史。另一方面,如果只有自由没有有限,在时间的每一点上我们都有无限的可能性,那么人类的生活就不会呈现出历史必须具有的连续性,人类历史也无从谈起。由于自由和有限既是历史的条件又是生命的处境,所以历史的意义和生命的意义之间存在某种类似性。[4]

像在阐明自己的神学伦理思想时一样,在对历史的模式和历史意义的考察中,尼布尔同样提出了否定和肯定两种证明标准,以此作为基督教历史观与非基督教历史观优劣比较的参照。在这里,尼布尔继续揭露科学主义的虚妄,认为科学主义所持的所谓科学的历史观来自对科学和自身的误解。科学主义认为,建立于经验观察和科学实验基础上的科学发现的模式是获得知识的惟一合法途径,除此之外的任何通过其他发现模式所获得的知识都不可靠,而且必将为科学知识所取代。科学主义不仅以科学发现的模式要求所有学科,它还坚持科学完全建立于逻辑和经验之上,科学没有也不需要任何未经证明的前提。尼布尔批评说,首先,对科学的上述理解是错误的,因为科学和任何融贯的体系一样,必须以自身不能提供证明的原则为前提,在这一点上,无论是科学理论还是信仰知识,都处于同等地位。现代人引以为骄傲的科学,其基础正是部分来源于犹太-基督教的创造观念:因为正是创造的观念使人们既不把自然视为神圣的,也不把它视为败坏的,只有这样,探索和分析自然才不至于被视为亵渎,或毫无价值。[5]其次,在自然领域成效卓著的科学方法不适用于历史模式和历史意义的研究,因为科学着眼于"自然和历史的细节的一致性,寻找特殊现象的特殊原因",而探索历史模式追寻历史意义却是将历史作为一个整体加以研究,科学方法不能胜任这一使命。另外,科学主义所宣称的历史研究的科学方法的客观性也大为可疑。因为如果不借助于超历史的意义框架,处于历史变迁之中,受到阶级、国家、历史发展阶段等种种偶然因素限制的个人、民族或文化又如何能够获得充分的智慧和客观公正的态度描绘历史事件呢？尼布尔认为，历史中的每一"事实"都处在与其他"事实"的复杂关系网络中，它既是各种在前的社会因素的后果，又是其他因素的前因，所以在历史研究领域，不存在自然科学领域那种相对单纯的事实。尼布尔说，纯粹的事实只可能是历史事件发生的日期。除此之外，哪怕是一场战役的胜负都会有不同的说法。对历史事件的解释、定性依赖于观察评论者所立足的意义框架。这种说法并没有抹煞诚实的历史学家和欺世盗名的学术骗子之间的明显差别，因为前者愿意为某些足够顽固的历史事实调整甚至放弃自己原先持有的意义框架，而后者为了维持原有的框架不惜牺牲甚至歪曲事实。但是，当历史研究的范围足够广阔足够复杂，我们知道历史学家所借以观察历史事件的意义架构也就变得有足够的弹性，可以容纳最顽强的事实的反对。这时候，即使最诚实的历史学家，也不免成为个人偏见的牺牲者。所谓的历史研究的客观性，也无从寻找了。[6]所有这些事实说明，"在总体性和统一性上，历史只能通过宗教信仰获得其意义，因为意义的概念只能来自关于时间和永恒的特征的最初设定，而这些设定不可能来自对历史事件的细致分析。"[7]显然，尼布尔这里的宗教信仰（religious faith）指的其实是任何理论体系的最初设定。之所以被称为信仰是因为它们未经经验验证而被信以为"真"并成为知识体系可能的条件。

  尼布尔上述的论述是出于维护信仰在历史领域中的作用的考虑，尽管如此，他确实道出了一个基本事实，这就是历史的意义只能通过信仰而不是科学研究或理性方法来赋予。我们看到，历史意义研究的反对者并不否认这一事实，他们与尼布尔的不同在于，他们正是因为这一事实所以放弃对历史意义的研究，因为在他们看来，对历史意义的研究既然必然落于信仰层面的讨论，那就不再是学术研究的问题，就不应该再对它进行学术研究。

对此，尼布尔回应认为，历史意义的讨论虽然属于信仰层面的讨论，但其意义并不限于信仰层面，相反，它对世俗文化和现代人十分必要。排斥基督教信仰的现代文化并非像它们所宣称的那样完全没有信仰，它们其实只是以一种隐蔽的信仰取代了传统的信仰，它们同样相信历史有其确定的意义。因为个人和群体都不会满足于对过去事件的简单记录所提供给他们的历史连续性，他们需要一个更深或更高的意义维度，借以理解自己的处境和命运。这就是他们对历史的信仰。如此一来，我们就可以通过比较两种对历史意义的信仰之间的效果选定我们应该采取的立场。尼布尔力图证明，基督教对历史意义的理解可以有效克服现代文化的弊病，帮助现代人走出困境。而一旦选定基督教信仰作为解释历史意义的框架，对它的"有限的理性证明也是可能的"：从否定的方面而论，基督教信仰能够通过发现历史中的智慧和德性的限度而得以证明；从肯定的方面而论，当信仰的真理和科学真理、哲学真理相关，而且能够表明自己是将它们纳入一个更深更广的融贯系统的资源的时候，信仰的真理就得到了证实。[8]

同处理人性观时一样，尼布尔以现代文化和希腊哲学为对照，在批判对立面的同时确立基督教的历史观。

第一节 现代文化的历史观

文艺复兴以来现代历史的基本特征可以用进步和发展这两个词来概括。进步和发展几乎表现于现代生活的每一方面。首先，科学的出现及其迅猛发展使人类眼界大开，在人类面前，自然的奥秘被纷纷破解。随着神秘性的丧失，自然在人类面前似乎也变得越来越没有尊严，人对自然的关系也从过去的"仆役和解释者"一跃成为拷问自然并"为自然立法"的审判者和征服者。时至20世纪，人类几年间的知识增长可以超过过去几千年的知识积累。在现代科学的发展历程中，已经有不止一代的科学家曾经预言过科学的终结和自然奥秘的最终揭开。与科学的发展相伴随的是技术的进步。生产、交通、通讯等技术的飞速发展不仅增强了人类的能力，为人类提供了舒适便捷的生活，使他们从过去繁重的劳动中解放出来，而且还彻底改变了人类的社会结构，改变了他们对待自身和生活的态度。通过科学和技术，人类逐渐分享了过去认为只有上帝才能享有的权力，他们不仅成为自然的主人，而且也越来越成为自己命运的主人。宗教世俗化的一个后果是，信仰中的上帝从云端降落到地面，而人类自身则从地面上升到了云端。

科技的进步以及由此而来的人在自然方面的成就如此巨大，以至很快成为现代历史发展的基调，为现代文化中诞生的各种思想提供了共同背景。在与基督教历史观进行比较的时候，尼布尔把现代文化看做拥有同一种历史观的一个整体，原因在于尼布尔坚信，透过现代文化中各种观点之间的对立分歧可以发现它们共同分享了现代文化的基本观念，这就是对历史进步的迷恋。它们不仅相信救赎就在历史中，而且相信历史本身承担着救赎的使命。所谓救赎，尼布尔指的是克服罪恶和实现完善。为了证明自己的观点，尼布尔列举出现代文化中互相对立的几种学说在历史观方面的一致立场。

尼布尔认为，现代历史观开始于中世纪晚期佛罗伦斯的约阿欣（Joachim of Flores），[9]是他首次把基督教末世论改造成了对历史中未来美好世界的向往。约阿欣之后，蓬勃兴起的文艺复兴运动尽管其初衷在于复兴古典文化，但"它恢复古典学科的热情很快就被它对人类不断增长的能力的热情所淹没"。[10]这一热情得到越来越多的证据支持，而且支持的证据不仅来自自然方面，还来自社会历史方面，因为从早期野蛮蒙昧的社会状态到如今的文明开化不正体现着历史的进步和人类自由的增加吗？随着证据的积累和历史的加速度发展,人类能力的无限提高和历史的不断进步似乎越来越成为不证自明的信念,19世纪以来人们对这一信念的持守更是达到前所未有的顶点。在这一信念面前,现代人似乎已经失去怀疑批判的能力,它开始成为现代人的集体无意识。我们看到,在这一点上理性主义者莱布尼茨和浪漫主义者海尔德消除了分歧。康德的批判唯心论虽然不像黑格尔的哲学那样充满现代性的历史意识,但他们对历史发展和人类理性的信心几乎同样坚定。在规范伦理层面尖锐对立的约翰·穆勒和康德都认为人类正走向普遍的和谐。在启蒙运动领域,法国唯物论者和德国唯心论者的分歧未能阻止他们对人类未来的乐观态度。在政治哲学领域同样如此,尽管分别从自由和平等定义历史进步的唯自由主义和唯平等主义在政治理论上并不相容,但它们都毫不怀疑历史确实在朝着其预定的目标行进。如果从整个历史走向来看这一景观就不那么不可思议了,因为它们实际上都是同一历史洪流中的人类理智浪花,它们的不同只是外部形态的不同,而它们生成的动力和时代背景是同一的。这一历史洪流以基督教为敌,其目的就是要挣脱中世纪基督教的思想桎梏。

现代文化中的一个特例似乎是马克思的学说,因为马克思以一种历史的灾变论挑战资产阶级的乐观情绪。在马克思看来,当今的历史必然以资产阶级和无产阶级的激烈冲突而告结束。但仔细分析可以看出,马克思所预言的冲突在他的理论中只是一个暂时阶段,不能掩盖他整个理论透露出的乐观情调。马克思预言了一个阶级和一个时代的失败,但对人类命运和整个历史持一种甚至比资产阶级更彻底的乐观态度。

现代文化中真正的异类是尼采的学说。尼采关于世界和历史永恒复归的说法因其摆脱了历史进步的假设而与现代文化格格不入。但尼采的学说并没有提供给人们新的历史观,它其实是古典学说的复兴,而且尼采不能解释历史永恒复归的动力所在。

与以希腊哲学为核心的古典文化相比，现代文化的优势在于对人的创造才能的重视，以及对自然和历史中新事物的关注和解释、预测能力。现代文化认识到自然和历史都处于变化发展的过程中，并且相信发展（growth）本身就是生命和历史的意义，以及意义实现的保证。但是在自然和历史的发展和确定发展是历史的意义之间存在一个跳跃，因为"如果不假定发展就意味着心智或同情心的发展，以及不断增长的理性所保证的奋斗目标的扩展，那么发展本身不会具有这一意义。更确切地说，在现代文化看来，发展意味着自由的发展；而自由又被等同于理性的自由。"这样，自由就成了心灵和世界的秩序原则。现代文化对历史意义的信念建立在两个基本的错误之上：首先，它夸大了人类自由和能力的发展程度，其次，它又将自由和德性混为一谈。[11]

尼布尔批评说，现代文化似乎全然没有注意到这样一个基本事实，那就是科技的进步、自由的增长在使人类驾驭自然的能力空前提高的同时，也为人类的自私之心提供了更广阔的施展空间，人的破坏能力也得到空前提高。当代的历史经验表明，人类每一新的自由既代表着新的机遇也蕴含着新的危机。比如现代工业社会消解了旧式的独裁统治，但并没有消灭政治独裁主义，而且现代形式的专制表现得更为野蛮。现代文化同样没有注意到另一个事实，这就是人的能力的提高更多来自知识的积累，而非自由或理性的增加。现代人的知识水平肯定远超过古人，但我们不能肯定地认为现代人的理智水平同样超过古人。实际上，每一学科的知识都在增加，但人的理性能力自身没有变化。在许多方面，柏拉图和亚里士多德的智慧甚至高于现代人。而且，能力的提高并没有改变他既有限又自由的根本处境。尼布尔认为，这一观点可以为生活中一些司空见惯的事实所证明。比如，没有证据表明智力发达的人与同伴相处起来比头脑简单的人与同伴相处得更融洽，同样也没有证据表明智力高超的人比头脑简单的人更

第六章 历史的道德意义

快乐。

在尼布尔看来,人类能力的发展既无限又有限。其无限性表现为不能为发展设定明确的界限,人类能力不论达到何种水平,我们总能找到进一步提升的可能。但另一方面,人的能力不论如何提升,也无法消除人的自然有限性。尼布尔从以下几个说明历史发展的极限。首先是人掌控自然过程,利用自然资源的能力。科技一直被看做发展最快成就最大的方面,而且科技的发展肯定远远超过目前人们的预想,但由此认定科技无所不能则显然是不符合科学的夸大其词。这就像是百米比赛。百米的世界纪录从来都不是不可打破的,人们可以合理地期待选手跑得更快,但同时每个人都知道,不论怎么提高,人类都不可能跑出猎豹的速度。发展的第二种极限表现在文化领域,其中包括宗教、哲学、艺术、社会组织,等等。文化的发展很大程度上依赖于科技的发展,比如,文化传播就依赖于造纸、印刷术的发明和革新。但是技术的进步并不必然促进文化的发展。比如从鹅毛笔到钢笔到打字机,书写工具的改进对散文诗歌水平的提高贡献寥寥。最后是人的自然性质的发展极限。社会达尔文主义和现代自然主义都试图从自然的角度解释历史的发展和人类的社会行为,他们假定人会随自然的发展而无限进化,但他们的解释框架恰恰表明了人的生物性的有限性。人类不断显示自己在自然方面的胜利,但在自然生物性的映照下,他的自夸显得十分苍白。医学和生物学的发展可以延长了人的寿命,但是不能战胜衰老和死亡。无论科技如何发达,生物性的死亡永远是人类不可抗拒的自然规律。除死亡以外,人还受到性别和种族的限制。技术社会为妇女提供了过去只有男性才能享有的择业的自由,女性在社会中的地位因此也获得相应的提高。但尼布尔认为,人们不应从这一历史进步中得出进一步的结论,认为男女的性别差异对于他们的职业选择和社会角色可以毫无影响,实际上,男女的社会角色差别有其不可改变的生物性基础，这就是"父亲的角色对于男性是兼职，而母亲的角色对于女性却是专职。"[12]除了做母亲，女性当然可以选择其他的职业，但她为此付出的艰辛却是男性所不必面对的。种族方面的情况与此十分相似，人们曾经期望人口流动和社会共同体的扩大将会使人类超越种族界限，让种族差异只保留生物学的意义。但是现代历史发展与人们的预想相反，在国际关系和国内政治事务中，种族的作用不是趋向消失而是越来越大。世界大同人人平等的普遍理念依然不能取代人们对自己所属群体的忠诚。历史上最残酷最大规模的种族灭绝不是发生在古代或史前蒙昧时期，而是发生在20世纪的文明国家，而且得到了全民包括世界上第一流哲学家的首肯。而按照犹太裔政治哲学家列奥·斯特劳斯的说法，犹太人遭受迫害的全部原因只是因为他们是犹太人。[13]

既然以发展作为历史的意义，把发展视为解决历史模糊性的救赎之路，现代文化也就很自然地把历史中的罪恶归因于发展不够充分或尚未发展，归因于尚未纳入理性秩序的自然冲动或政治制度、社会习俗的原始遗存。尼布尔认为，现代文化只能发现具体罪恶的具体原因，却不能理解罪恶的根本原因，因为它拒绝从罪恶的发生根源——人的意志深处理解罪恶。社会制度的完善和人的理智水平的提高只能克服因无知而生的罪恶，但不能如现代人所期望的那样解决历史中的全部问题，因为罪恶产生的根本原因没有受到丝毫触动。如此一来，人类在历史中每解决一个问题，就会产生另一个问题，问题环环相扣，罪恶循环不已。对现代人来说，十分不幸的是，罪恶的破坏力已经不是像古典时代那样在同等程度和规模上重复，而是随人类能力的提高不断扩大。一战以来，悲剧性的历史事件接连出现，似乎专为否定人们的乐观情绪而来。对此毫无心理准备的现代人顿时陷入精神的混乱之中，而"精神的混乱又引发了我们时代的文化危机，其影响大大超过我们的文化所卷入的政治危机。"[14]

现代历史观的理论盲点以及现代人的精神和文化危机，都促使我们寻找另外的历史观，以弥补修正现代历史观的不足。在西方文化中，现代历史观之外是古典的历史观和基督教的历史观。下面首先来看以希腊哲学为代表的古典历史观。

第二节 古典时代的历史观

古典时期的历史观主要表现于古希腊哲学传统中，但并不限于古希腊哲学，以婆罗门教和佛教为代表的东方神秘文化持有的同样是古典的历史观，但是在西方文化传统之外独立发展而来的，而且，时间上应该早于西方文化。古典历史观的特点在于把历史与自然等同起来，认为历史和自然一样，都严格遵循着自然的生灭法则循环往复。人类一切作为的目的就在于借助意识或理性的力量从流变的世界中解脱出来，在永恒静止的世界获得生命的意义。在这一点上东西方古典文化完全一致，不同的只是它们采取的进路。其中东方神秘文化是从自我意识（consciousness）着手，寻求超越有限存在的宇宙本体。而西方古典文化则是从理性能力，尤其是形成概念知识的理性能力中寻求神圣不朽的因素。在古典历史观看来，现世的世界是一个充满偶然、变幻的世界，现世世界的历史只有从无穷循环的角度才能加以理解。与现代历史观不同，古典的历史观表现出非历史的特征。原因可能在于古典时期历史发展得十分缓慢，历史学本身也不发达，东西方的哲人不论是从自己的生活经历中还是从历史记载中都不易觉察到人类的生活和能力的进步，因此不约而同地采取了以时间循环解释历史意义的方法。

在古典历史观中，尼布尔相信西方历史观比东方历史观发展得更为成熟，因此他所说的古典历史观多数情况下指的是古希腊的历史观。尼布尔认为，古典历史观以自然界中万物生灭变化、往复循环的模式理解世界，这导致了它在把握历史中新事物时的无能为力。因为在它的理解中本就没有为新事物留下空间，一切都是重复，一切都是循环。古典文化把关注的目光更多放在了理性的超越能力上，把理性视为解决生存和历史模糊性的关键。古典文化派给理性以如此重要的任务，那么理性也就必须具有超乎寻常的能力完成这一使命。与现代文化和基督教传统相比，古典文化对理性能力的评价最高，但它们"都倾向于把人的自由从他作为自然受造物的本性中太绝对地区分出来，掩盖了人的自由与自然冲动的互相渗透。"[15]失去了自然的必然性的限制，生存也就失去了历史性的维度。

　　古典历史观的形成有其深刻的形而上学基础，它与希腊哲学的理性精神是一致的。从巴门尼德开始，希腊哲学即致力于把现实世界的偶然性和动变性纳入理性的明晰性，"对古典文化而言，运动变化的世界只有当其通过再生循环（a cycle of changeless recurrence）参与到不变的世界中，才是可理解和真实的。"[16]这种观念的典型表达在柏拉图、亚里士多德和斯多亚学派的哲学中。他们以轮回或封闭的圆周运动解释世界的运动，其中亚里士多德虽然承认现实世界中偶然性的存在，但他认为偶然的事物不能成为科学考察的对象，只有必然的存在才有资格进入科学的视野。在希腊哲学中，自然主义与理性主义在本体论和认识论上有许多分析，但在对时间和历史的理解上两者却并无根本不同。希腊哲学中历史循环的观念在罗马斯多亚学派那里得到最极端的表达，比如晚期斯多亚的代表马可·奥赫留不但肯定世界的循环，而且认为新生的世界和过去的世界除了生起的次序不同，其余一切完全相同。现在发生的一切过去全都发生过，并且在下一个世界还会原封不动的再发生一次。希腊早期自然哲学家克塞诺芬尼和恩培多克勒都曾以进化的模式解释地球的变迁和宇宙的演变，但他们都把进化的观念限制在对世界局部过程的解释上，在这个过程以外，他们又回到整个过程的循环解释模式。

古典文化把融入无限设定为生命的意义，同时把有限性视为罪恶。因为人的肉体最明显地提示着生命存在的有限性，所以希腊哲学倾向于把来自肉体的自然冲动对理性秩序的干扰看做罪恶产生的原因。尼布尔认为，希腊哲学超越现世的出世特征与基督教的末世论期望有很强的亲和性，这成为两种文化传统后来融合的基础之一。其消极后果是，自此以后，以有限性为罪的非《圣经》观念渗入到了基督教传统中，给基督教神学造成一定混乱。古典历史观和现代历史观的一致性在于解释生命和历史时的理性主义，区别在于古典文化认为意义在世界之外，而现代文化认为意义在世界之中，所以现代文化对待历史的态度比古典文化更积极。

以理性体系统摄历史的意义，缺陷在于无法处理历史的复杂性。我们知道，历史与自然的不同首先在于自然可以具有相当程度的可预测性，而历史没有。这是因为自然界中不存在自由，自然事件完全按照因果规律发生发展。只要我们的理论体系建立在充分的观察和正确的归纳之上，一般说来，我们就能够准确预测自然的下一步状况。斯宾诺莎所谓自然界中不存在偶然，偶然是无知的代名词的说法可谓道破了自然的天机。历史与自然不同，历史是由必然和自由交织而成的，自由来自人的意志和理性。历史中的自由因素使历史的发展充满偶然和变动，从而使历史脱离了自然式的简单重复。历史中的矛盾和偶然超出了任何以一致性为基本要求的理性的意义体系的涵盖能力，如果坚持以后者统摄前者，结果必然是削足适履，强奸历史。

希腊哲学不能完全代表希腊的智慧，在哲学中被掩盖的事实在文学中得以保存。尼布尔认为哲学传统之外的希腊悲剧对生活真实性的认识超过了哲学，因为从悲剧所描绘的英雄身上，我们看到了人对命运的反抗,看到了人的精神性的冲突,而且这种冲突从来都不能以哲学所设想的简单方式来了结。

因为基督教真理是象征的真理,所以不论是在古典文化还是在现代文化中,以感性的语言表达自己的文学往往比哲学离真理更近。

第三节 基督教的历史观

《圣经》历史观萌生于以色列人试图理解自己民族命运的努力中,它的形成经历了一个缓慢演化逐渐清晰的过程。在时间上,基督教历史观早于现代文化历史观,实际上,现代文化历史观正是在吸收古典文化和基督教文化的因素的基础上诞生的。所以相对于现代历史观,基督教历史观是人类儿童时期的产物。但儿童时期的认识并不一定就是幼稚的,成年时期的认识也不一定就是真理。正如每个人都需要不断回到儿童时期寻找在成长过程中失却的童真,人类同样也需要回到历史早期寻找祖先的智慧。历史经验表明,复活历史中的真理也不是轻而易举的事,因为"以过于简单的方式回到儿童的纯真状态将导致文化上的蒙昧主义和道德生活上的复古主义(primitivism)"。[17]

基督教以希伯来文化中先知主义和弥赛亚主义的交织为背景,以耶稣在历史中的言行为线索,确立了基督教历史观的神学架构。尼布尔认为,基督教历史观所要处理的首要问题是人的自由和历史结构之间的关系,它既不能无视人的自由的超越性,也不能听任历史事件处于混乱、断裂的状态,而是要兼顾历史的独特性和统一性。在基督教历史观中,历史的统一性是由上帝来保证的,因为上帝既在历史之中又在历史之外,他关注着人类的一切作为和历史中的所有事件,并将在历史的终点审判、赏罚曾经生活过的所有的人。因为创造和统管世界的上帝是惟一的,所以上帝治下的历史也是统一的。

在时段上,基督教把历史理解为从上帝创世到末日审判之间的过程,而把耶稣降生以后的历史理解为等待基督重新降临的间隙或过渡阶段(interim)。基督教信仰认为,生命和历史的意义已经由十字架上的基督启示了出来:历史的意义不在于上帝帮助某一个正义的国家或民族战胜它的敌人,也不在于帮助义人战胜不义的人,因为历史中的义和不义是相对的,以绝对的标准衡量,所有的民族都有罪,所有的人都是罪人。所以,罪与义不是人与人之间的区别,而是人与上帝的区别。历史就是上帝与所有人争胜的舞台,是上帝以他的爱和恩典战胜所有人的罪的场合。这就是历史的意义所在。我们知道,罪是人的骄傲,是人自以为神。上帝战胜人的罪就是粉碎人的骄傲,使他知道,他所骄傲夸口的原不值得他无限的信赖和崇拜。尼布尔认为,历史中一个国家或民族的衰亡固然可能由于它的处境不利,国力不济,但更多的是来自它的骄傲。它的灭亡是上帝借他国之手对它的骄傲的惩戒。以信仰的眼光来看,连绵不断的盛衰兴亡正是上帝的权力在历史中的显现。但是使人不解的是,上帝借以为讨伐骄傲民族的国家往往更暴虐,更无道,在道德上低于它讨伐的民族。对此,尼布尔的解释是,历史有其确定的规则和意义,但对历史意义的解释框架必须能够容纳暂时的隐晦和无意义(meaninglessness and obscurity),因为人的自由往往打破历史的规则。历史的规则最终必然有效,新势力的兴起即代表着上帝的审判在历史中的实施,"当新阶级、新国家诞生,或从前的被统治阶级获得了新技术、新力量,对原有的权力等级秩序发起挑战的时候,传统的权力平衡、正义的既定制度、被神化的社会规范体系,都得接受历史的审判。"[18]那些暂时充当上帝的工具的暴虐国家终究逃脱不了灭亡的命运。

上帝对不义的惩罚体现了上帝的公义。基督教历史观认为,历史意义的澄清部分是通过上帝的惩罚,部分是通过上帝的怜悯。上帝的恩典体现了上帝的最高自由,也为历史中的个人和群体提供了新生的机会。罪是历史中的常态,但罪并非历史必然的命运。对那些诚心悔罪的人,上帝将施恩典赦免他们的罪,使他们获得新生。所以,在信仰者看来,历史同时也是一个信仰者获得新生命的过程,是无止境的新生和再生。

尼布尔论证说,基督教历史观以神话和象征的方式说明自身,它把历史看做人与上帝合演的戏剧。这样就避免了理性化的意义体系不能恰当说明自由,或者太简单地肯定历史的意义,或者干脆否定历史意义的做法。与现代历史观不同,基督教历史观认为,澄清了历史的模糊性的上帝在世界之外,这表明历史的解释原则在历史过程之外,而不像现代文化所设想的那样在历史的发展中,即在历史过程自身。基督教信仰肯定历史的发展,因为历史的发展赋予人类更多脱离自然限制的能力,使更大规模的人类和谐成为可能。但基督教信仰并不认为道德随历史的发展而进步,因为自由的增加同时也意味着破坏能力的提高,"自由的增长就像早熟的季节,催熟麦子的同时也催熟了稗子"——尼布尔以这样一个机智的比喻说明这一论点。[19]基督教历史观超越现代历史观之处在于前者对自由的创造性和危险性都做出反应。基督教设想越是在世界的末日越是人性堕落道德败坏的时候,这就从根本上否定了现代文化的道德乌托邦梦想。

与古典历史观的不同在于,基督教历史观肯定历史的意义,同时也肯定历史中的生命和道德差别的意义,因为背负了人类的罪恶,揭示出生命和历史意义的上帝的启示发生在历史中,而不是历史之外。

尼布尔认为,科学的发现是现代文化突破古典历史观的关键。因为人们首先是从历史的变迁中认识到社会形态的发展的,相比而言,自然界中的发展缓慢微妙,不易为人察觉,仅当科学证实自然界中也存在发展时,现代文化才确立了发展的观念。科学的发现和发展是确定不移的事实,基督教的观念不属于科学,但与科学并不冲突,而且能够弥补科学解释的不足。因为两者解释的范围不同,科学解释的是现实世界的因果联系,而基督教关注超越现实世界的真理。自然因果观所不能解释的自身的基础和自身以外的东西需要基督教观念补足,所以信仰没有取消科学真理,而是丰富了它们。这是信仰的肯定性证明。

尼布尔对基督教历史哲学的阐释得到许多基督教内人士的推崇、喝彩,同时也受到多方面的质疑,尤其来自"现代文化"方面的质疑。受过批判理性主义洗礼的人们一旦领会了尼布尔的历史学说,首先闪现出来的念头就是:这种既不能得到历史经验证实又不接受经验证伪的历史意义学说有意义吗?尼布尔喋喋不休地要告诉人们的可以归纳为这么一句话,"如果历史机构兴盛,那便是上帝感化的证据。如果它凋零,则是上帝报应的证据"[20]这种认识在历史机构的兴盛和凋零之外为我们增加了什么新的知识呢?对此,尼布尔在书中预先备下的辩护是它可以改变我们对历史的态度,使我们既不否定也不轻易肯定历史的意义,从而既避免了对待历史的冷漠态度,也避免了乐观情绪受挫之后的灰心失望。总而言之,历史意义的基督教解读帮助我们获得了适当的态度,其证明的重点不在正反两面的经验,而在实际达成的后果。但是,问题依然是,如果我们的目的在于保持对历史的恰当态度,真的有必要在现有的知识之外设定那么一套信仰的体系吗?显然,尼布尔需要为自己的历史观添加更多的东西才能避免类似的究问。

注 释:

[1] 威廉·德雷,《历史哲学》,第一页。三联书店,1988 年。

[2] Charles C. Brown, *Niebuhr and His Age*, p. 250.

[3] 比如在威廉·德雷的《历史哲学》中，尼布尔的历史哲学是与黑格尔"形而上学的探讨"和汤因比"经验的探讨"并列的"宗教的探讨"。

[4] "历史意义的问题常常就是生命自身的意义问题，因为人是一个既陷于自然和时间的流变之中，又超然于自然和时间的流变之外的历史性的存在物。" *Faith and History*, p. 140。

[5] ibid. p. 53.

[6] ibid. p. 117.

[7] ibid. p. 118.

[8] ibid. p. 152.

[9] 约阿欣，12世纪下半期意大利修道僧。约阿欣把世界历史分成三个相互重叠的阶段。首先是圣父时代，开始于亚当，结束于耶稣被钉十字架。其次是圣子时代，开始于旧约先知后期，在基督的生活时期达到顶峰，并将一直持续到敌基督者的获胜。最后是圣灵时期，开始于6世纪修道院生活的兴起，延续到世界的终结，并在世界终结之日达到顶峰。约阿欣预言，在历史的最后阶段将有一种人们不必通过教会而直接与圣灵交流的新式灵性生活。约阿欣的看法改变了人们对世界终结的认识，他的观点在一些秘传圈子内十分流行，直到20世纪。

[19] *Faith and History*, p. 2.

[11] ibid. p. 68, p. 69.

[12] ibid. p. 75.

[13] 见列奥·斯特劳斯，《我们为什么还做犹太人？》一文。

[14] *Faith and History*, p. 12.

[15] ibid., p. 17.

[16] ibid., p. 38.

[17] ibid., p. 54.

[18] ibid., p. 224.

[19] ibid., p. 232.

[20]《历史哲学》，第217。

结　语：

问题与启发

　　在前面的章节中我们分别介绍了尼布尔的个人伦理和社会伦理思想，对它们涉及的概念及相关的问题给予了说明和澄清，对来自神学家和伦理学家们的批评质疑也进行了分析和辨别。我们看到，尼布尔的思想影响大，争议也多。引起争议的原因部分来自尼布尔思想的创新性，部分来自他所强调的理论的现实相关性。他的思想的创新性要求我们在理解他的学说时不能囿于旧有的神学和伦理学框架，而应该从一种新的视角做出整体的把握。我们看到，在对他的思想的解释评论中，相当数量的批评正是出于对他的误解，出于未能全面把握他的整个思想，只着眼于某一时期的思想或思想的某一方面而产生的。公允地说，在对尼布尔的误解中，尼布尔本人同样负有一定的责任，因为他思想的多变和语言表述上的不清晰给别人理解他的学说带来了相当的困难，尤其是那些想从他的一两本著作中把握他的思想的人。还有一些批评针对的是尼布尔学说的固有缺陷，比如批评他很少给出概念的定义，没有系统的神学理论和正义理论，对一些伦理学和神学应该涉及的问题未曾涉及，等等。

　　上述两种批评针对的都是尼布尔学说中牵涉的具体问题，可以通过对尼布尔的进一步解读来解决。比如，对他思想的许多误解都可通过全面阅读得以避免，而他学说中未曾涉及的问题甚至也可通过他对相关或类似问题的论述为我们提供补足他的理论体系的线索。这部分的工作不应该看做简单的修修补补，它同样也包含了创造性的工作，因为这是通过与尼布尔的思想对话完成的。实际上，不只是对尼布尔，对每一位思想家的理解都包含着这一对话修补工作。只有通过这一工作，我们才能把握对话者的思想特点，知道其短长，既避免了求全，也不至于盲从。

除上述这种局部的批评以外，另有一些批评是针对尼布尔的整个伦理体系做出的，涉及爱的要求与正义原则的断裂，自我在整个伦理学说中的一致性，以及爱在基督教伦理中的地位等问题。这些批评分别来自他学术和工作中的朋友，他思想的权威诠释者，以及他理论的批判怀疑者，代表着来自各种背景的学者对他的学说的反应，值得认真对待。

首先是来自同属基督教现实主义阵营的学者的评论。约翰·本尼特是尼布尔在协和神学院的同事，也是他多年的朋友。作为基督教现实主义的代表人物之一，他对尼布尔思想提纲挈领的陈述和客观公正的评价为理解尼布尔的学说提供了一条清晰的线索。本尼特不同意以悲观主义来定义尼布尔的思想，提醒人们注意尼布尔对上帝恩典的论述和对正义发展的无限可能性的强调，认为这是尼布尔思想中与原罪的悲观一端形成张力的乐观一端。本尼特从乐观的一面解读尼布尔有力扭转了人们的原有印象。但本尼特并不完全赞同尼布尔对基督教伦理学的处理方法，他从道德和信仰的关系角度对尼布尔提出了批评，认为尼布尔"从未找到连接人以及社会制度和社会方案与宗教维度的令人满意的方法。"[1]我们知道，在基督教伦理学中，所谓宗教的维度指的是神学处理的问题，包括人与神的关系、爱、罪和自由，等等。这是尼布尔个人伦理学中的人类学部分所涉及的主要内容；而所谓人以及社会制度和社会方案指的是他的社会伦理学所讨论的人与社会以及群体与群体之间的关系。本尼特的批评针对的是尼布尔学说中神学与伦理学的断裂。通过分析我们已经知道，尼布尔的学说中神学实际上处于从属地位，是为伦理学服务的。这种以伦理问题为核心的处理方法可能更有助于实现尼布尔的学术和现实关怀，但与其他基督教伦理体系相比，未能体现伦理学对神学的依赖关系。从道德神学的学科要求来看，未能充分体现基督教伦理学不同于一般伦理学的特质。本尼特从基督教伦理传统的角度对尼布尔的批评从另一个角度揭示了尼布尔的学说与其他基督教伦理学的不同。

来自基督教现实主义之外的学者对尼布尔伦理学中爱与正义的关系问题提出了疑问。首先是卡兰·利柏科奎兹。他认为，尼布尔把神学规范中的爱和理想的正义相等同带来了一系列困难。按照尼布尔的思想，当他论述说爱要求正义并完成正义时，似乎表明爱和正义的原则在本质上是相容的，正义的要求最终就是爱的要求。但是另一方面，当尼布尔论述说爱要求牺牲自我的利益，而正义承认自我的权利时，就很难看出它们在本质上是如何同一的了。尼布尔悖谬式的表述使人们在处理自我利益时无所适从：因为自我利益从一方面看起来是合法的，但从另一方面看起来却是不合法的。这意味着，至少在涉及与自我的关系时，爱和正义不可能要求同一种行动。总之，"尼布尔的学说使基督教伦理学徘徊于两个世界，它在所有的道德决定上都处于一种分裂状态。"[2]

哈兰·贝克莱进一步指出了爱与正义的要求在对待他人时候的不一致，以及因此在道德决定方面造成的困难。贝克莱认为，尼布尔的牺牲之爱赋予他人的生命以绝对价值的同时，并不同等地看待自己的生命（因为它是牺牲自我以成全他人），这样就把无私的原则绝对化了。根据这种对无私的拔高的看法，所有自我利益都包含了罪的因素，而所有抵制非正义的自我维护都成了一种罪。这样一来，在尼布尔的理解中，无私不只是对自我利益的否定，也不只是避免在两个人中偏向于某一个人（这是公正的要求),而是禁止任何通过抵制他人的利益要求,哪怕是不正义的利益要求,来维护自己权利的行为。用尼布尔自己的话来表述就是"爱服从任何要求,不管多么不合理,多么过分,爱不是维护自我利益。"[3]贝克莱指出,这种爱在历史中是自相矛盾的,从它出发不能得出任何有价值的行为指导。其矛盾之处在于,一方面,作为无私的爱,它超越正义。因为正义要求在不同的利益间做出分别,实现正义需要抵制一些利益,促进另一些利益,而无私的爱超越利益之间的竞争,放弃抵制。另一方面,作为对每一个体的超越价值的承诺,爱促使基督徒为他人获取正义。这样,在历史的冲突中维护他人的价值的爱要求正义,但是无私的爱又禁止采取为保护他人免除非正义侵害而必须采取的行为。爱要求正义,但又禁止获取正义的行为,那么爱除了造成一种心理的冲突外,不能有任何实际表现。贝克莱认为,尼布尔对爱以及爱所伴随的社会理想的理解割裂了爱和正义的紧密关系。[4]

与贝克莱的细致分析相比,丹尼尔·威廉姆斯的评论简明直接得多,可以看做上述批评的总结。他认为,尼布尔在爱和正义两种规范间的断裂使历史中所有的道德决定都处于左右为难的境地:从尼布尔那里我们不知道自己是应该在承认社会问题不可能直接以牺牲之爱的方式得到解决的前提下服从牺牲之爱的要求,还是应该在互爱和正义的引导下谋求包括我们自身的利益在内的正义的实现。[5]三种批评指向了同一问题:一旦道德决定涉及自我利益,尼布尔的伦理学不能提供确定的行为规则。由于所有的行为都与行为者的利益相关,实际上在所有的行为选择上,尼布尔都不能提供确定的规则。为避免这一两难境地,留给尼布尔的路似乎只能是在爱和正义两者间选择一个,舍弃另一个。

对于上述的批评,从尼布尔的理论出发不乏辩解反驳的可能。在尼布尔的论述中,牺牲之爱从来都不是现实生活的行为规范,用尼布尔的话来说,它具有非历史性,是生命的律法。生命在这里仅指灵性生命,不是身灵合一的现实生命。生活中的律法是互爱,互爱有牺牲之爱的超越因素,但互爱设定了自我利益的存在。所以尼布尔为现实中的人提供的规范没有否定而是肯定了自我利益,尽管他为了保留神学的"洞见"依然以自我利益为罪。从这一点来看,正义和互爱是一致的(正义是扩大了的、理性化的互爱),都肯定了自我利益在道德上的合法性。不仅如此,尼布尔强调说,尽管正义是社会的规范,互爱是个人的规范,但实际上正义和互爱的界限比原来想象的要模糊得多,离开正义原则的互爱是不存在的。尼布尔理论中的这些论述表明,他在自我利益的态度上的不一致来自他的神学和伦理学之间的不一致,而不是伦理规范间的不一致。仅从寻求行为原则而论,尼布尔的伦理学不会如批评者所言陷人于无所适从的境地。不过,对牺牲之爱和自我利益的处理确也是尼布尔思想的含混模糊之处,有许多修改的必要。尼布尔肯定牺牲之爱的超越价值,一方面为的是保持对正义和互爱的批判性,另一方面是为了赋予正义和互爱以超越的价值。在他的眼里,正义虽然设定了罪的存在,但正义不只是为了共同利益而达成的休战。这样就避免了单纯从爱或罪某一方面解释正义的做法。在现实层面肯定自我利益,同时又在超越层面排斥自我利益。尼布尔留下的问题是,什么样的和多大程度的自我利益才符合正义的要求,如何根据自我利益的合法标准决定对他人的行为。由于尼布尔的正义体系缺乏自我利益的判定标准,而他本人又不断强调理论的现实相关性,试图影响公众立场和政府态度,这就使得他的理论在现实政治问题上显示出很大的随意性,既可以用来批评群体的自私,又可充作某种集体自利的辩护理由。尼布尔的基督教现实主义本来持相当激进的政治和经济观点,主张通过重新分配权力和财富重建社会结构,实现最大限度的社会平等。但随着社会历史条件的改变,他的政治态度渐渐趋于保守,除了在宗教层面上重复以前对国家和政府的抽象批判以外，在许多事务尤其是国际问题上都选择站在政府一边。他的论敌也从政治、经济和神学上的自由主义者变成了和平主义者和社会主义者。在尼布尔态度转变的影响下，基督教现实主义的批判锋芒日钝，爱的理想在社会伦理中的作用日减。来自后起的解放神学的学者查尔斯·坎默批评80年代的基督教现实主义过多强调人类的罪恶，过于看重权力均衡之下的社会秩序，放弃变革社会的努力，"成为现存资本主义制度和政策上的保护伞，成为美国和西方社会不完善的民主政治制度的保护伞"，并把西方社会的经济政治制度"说成是世界上可能存在的最好的折中方案"。[6]虽然针对的不是尼布尔本人，但追根溯源，其思想的苗头在尼布尔后期的态度转变中已初现端倪。

自我利益界定不清，过分倚重权力均衡，缺乏系统的正义理论和对未来社会的设想，所有这些因素加在一起决定了尼布尔的冷战思维。这也是尼布尔的思想中争议最大的部分之一。在二战以后的国际政治中，尼布尔和他的现实主义几乎成为美国利益的代言人，他的现实主义为冷战哲学提供了理论基础，他的支持和鼓吹使冷战政策获得了神学和伦理学上的依据。接受过社会主义思想的尼布尔对苏联怀有相当的戒备，但他把戒备的原因归于苏联一方。他认为，苏联信奉的意识形态决定了他们对资本主义国家的不信任态度，因为他们相信资本主义和社会主义两大阵营的最后决战不可避免。在这种信仰前提下，美苏两国间的任何合作都只能是暂时的、试探性的，而不可能是深入永久的。尼布尔不排除两国合作的可能和必要，但他认为两国的合作必须是在力量均衡，尤其是军事力量均衡的前提下的合作。尼布尔认为，脆弱的世界和平就来自两个超级大国之间互相忌惮之下不得不采取的合作。为维持和平，延续合作，保持军事力量的平衡是必须的。为保持军事力量平衡，军备竞赛是必须的，因为裁减军备以紧张关系的消除为前提，而非相反。这就是所谓和平的核保护伞。在这一思路下，尼布尔发展出一套遏制苏联的策略：军事上对抗，但避免发生冲突；经济上发挥美国之长，以经济的发展压倒并拖垮苏联，同时辅以文化和意识形态的渗透。尼布尔告诫美国人，要适应新的历史形势，不要企望稳固的和平，核武摄之下的和平是现时代惟一的选择。尼布尔的思想通过报刊书籍，通过他的朋友汉斯·摩根索、乔治·科南（George Kennan）以及肯尼斯·汤普逊（Kenneth Thompson）等人的工作传达给世界，对冷战哲学的形成起了重要作用。

尼布尔把在全球范围内建立美国的权威和遏制苏联看做同步的工作。他认为，随着英国的衰落和美国的崛起，在国际事务中发挥美国的作用，确立美国的权威，成了美国必须学习的功课和必须担负的使命。尼布尔对英国政治制度的评价一直很高，认为英国在内政和外交领域的高度技巧是美国亟须学习但又不可能很快掌握的。尼布尔分析说，权威的确立离不开权力，但不能单纯依赖于权力。权威的建立来自权力和道德正当性的结合，没有道德支持的权力只能压服别人，这样的服从随时面临挑战。不过，尼布尔依然提醒人们不要对国家的道德能力寄予过高期望，因为国家的道德行为不会超出它的利益考虑。比如，有人称赞二战以后美国援助欧洲的马歇尔计划是无私之举，尼布尔撰文指出，马歇尔计划的实行有助于推进美国的利益，这只是美国利益和道义要求的一次巧合。

从二战以后一直到去世之前，尼布尔始终关注着美国对内对外政策的走向。在国内事务中，他基本上和代表更高道德要求的潮流站在一起，比如他批评麦卡锡主义，支持黑人民权运动，支持美国青年反对越战的活动。但在一系列的国际事务中，他的立场和态度是不是当时条件下惟一可行的方案则大可置疑。从美国利益的角度，他的冷战哲学无疑取得了成功，而且成功到来的比尼布尔预想的还要早。但从全人类的角度，从爱的理想的角度来看，冷战哲学恐怕就不那么成功了。考虑到核战对人类的灭绝性的威胁，考虑到三十多年的时间里任何一次技术性的失误都可能导致核战的爆发，人们有充足的理由怀疑尼布尔在冷战问题上的正确性。和全人类一样，尼布尔对核战的后果也不寒而栗，但他仍然寄希望于核威慑之下的和平。在《人类的本性和社会》及一些文章中，尼布尔也曾提醒人们注意苏联政府和国家的理性和合法性，不要把苏联当作完全的对手。但总的来看，正是尼布尔自己把苏联想象得过于邪恶，而把美国想象得过于纯真了。[7]当人类中的一部分掌握了足以毁灭全人类的致命武器的时候，在冒着丧失人类生命的风险进行意识形态的对抗和放弃意识形态的差异保全人类生命两者之间尼布尔选择了前者，但我相信更理智更现实的选择应该是后者。当此之时，和平主义是最现实的选择。尼布尔的问题在于没有充分考虑战争的破坏性因素的根本变化，延续了二战以前批判和平主义的思路。另外，他对道义的力量和人类解决困难的能力缺乏想象力。当然，尼布尔不是国家政策的制定者，不应该让他承担国家政治的责任，但是，他为冷战政策提供的神学和伦理学支持降低了公众和政坛人物对此政策怀有的道德不安。卡特总统称尼布尔的著作是他政治生涯的《圣经》，来自这位政治家的评价恰当指出了尼布尔对当时美国政治的双重作用：他为美国政治提供了智慧，也安顿了他们的政治良心。人们一直称赞尼布尔继承了《圣经》中不断挑战人类自私和骄傲的先知传统，但是我们看到，缺乏系统的正义理论支撑的先知态度面对社会政治问题容易或者流于空疏，或者逐渐丧失。二战以后，放弃了马克思主义理论转向自由主义—实用主义立场的尼布尔也正是在这两点之间徘徊不前。尼布尔的例子表明，对关注正义的人来说，仅仅采取一种立场和态度是不够的。

20世纪20年代到70年代的五十年间，世界经历了经济大萧条、法西斯的兴起、第二次世界大战以及二战后旷日持久的冷战。这是人类有史以来最为动荡的一个阶段，也是尼布尔的现实主义伦理思想从诞生到发展到成熟的时期。作为一个强烈关注现实的社会活动家和思想家，尼布尔的学说明显地带有这一时代的历史烙印，是对现实危机的理论回应。

但这并不等于说尼布尔伦理思想的现实相关性以及他在分析社会问题时所展现的理论智慧会随历史条件的改变而消失并逐渐被人淡忘。尼布尔去世以后，对他思想的关注和研究经历过短暂的沉寂阶段，但很快人们就发现需要重新回到他的思想中寻求对人性和现实的理解。必须承认，现实因素的变化使尼布尔的许多方案已经不合时宜，但这并不表示基督教现实主义的基本思路也已经过时了。基督教现实主义强调的是对社会和政治的积极参与，与此同时，它又要求这种参与处于爱的最高理想的审判之下。对基督教现实主义者来说没有任何时候可以松懈，没有任何行为能够免遭挑战，没有任何方案和制度能够免遭质疑，因为他们相信历史中没有完美，任何善行都有更善的可能。"基督教现实主义要求不断重新检查道德行为所涉及的各种社会历史因素和每项政治措施，它时刻向新的经验、新的方法开放。"[8]具体方案的多变正来自它自身的要求。

不可否认，尼布尔的学说存在着种种弱点，他从未致力于自己学说的系统化和体系化，但从另一个角度来看，他的弱点可能也正是他的力量所在。批评家们在尼布尔的正义理论中找到两个基本的欠缺：他没有正义的清晰定义，他过分强调了罪和权力均衡。对那些寻求清晰的定义和方法的人来说，尼布尔的理论不能令人满意，但对那些在具体的正义体系之外寻求元理论、元态度支点的人来说，尼布尔满足了他们的要求。在一个人们因为彼此正义理论的具体差异而争执到遗忘了他们共同的基础和出发点的世界，尼布尔理论对人们的提醒绝不是可有可无的：它是建立更广泛共识的起点。

尼布尔的思想脱胎于西方文化，尤其是基督教文化，但尼布尔相信他的学说建立在对基本人性的分析上，无论是对爱、罪还是对正义的理解都适用于所有的人。前面的分析表明，尼布尔的学说是否有跨越文化的普适性，仍然是一个有待进一步讨论的问题。但同时应该看到，在西方文化的全球化浪潮席卷世界每一个角落的今天，在西方文化的价值观逐渐取代非西方文化的价值观的时代，尼布尔的理论也获得了越来越多的适用性。他对罪，不论是个人之罪还是群体之罪的深入分析，为我们理解人性、观察社会提供了一种全新的视角，有助于我们更敏锐更清醒地发现自己和他人身上表现出的罪恶，而如果没有类似尼布尔这样的分析，我们对于许多罪恶往往习而不察、习以为常。尼布尔对耶稣伦理的不妥协性的坚持显示出了他思想中的完美主义倾向，实际上这种倾向同样也表现在他关于罪的理论上，因为他是以神性的完美为参照来证明人性的不完美和恶的。尼布尔的完美主义倾向或许会使人觉得他对人的要求过于严格，但无可否认，这种完美主义的要求为社会批判提供了清晰的角度，同时也是人们不断趋向道德完善的持久动力。

注 释：

[1] John C. Bennett, *Reinhold Niebuhr's Social Ethics*, 载于 *Reinhold Niebuhr——His Religious, Social and Political Thought*, p. 108。同样性质的评论来自基督教现实主义的另一代表保罗·兰姆赛，参见 Paul Ramsay, *Love and Law*, ibid. p. 71。

[2] Karen Lebacqz, *Six Theories of Justice*, p. 93.

[3] *Moral Man and Immoral Society*, p. 264.

[4] Harlan Beckley, *Passion for Justice—Retrieving the Legacies of Walter Rauschenbusch, John A. Ryan and Reinhold Niebuhr*, p. 253.

[5] Daniel D. Williams, *Niebuhr and Liberalism*, 载于 *Reinhold Niebuhr——His Religious, Social and Political Thought*, p. 287。

[6] 查尔斯·坎默,《基督教伦理学》,第 230 页。坎默同时提出了解决贫困、单方面主动裁军等设想。

[7] 1946 年,尼布尔在一篇题为《国与国之间的冲突以及国家与上帝之间的冲突》的文章中,认为"西方世界与苏联的冲突是正义与非正义的冲突,至少也是自由与专制的冲突。在政治—道德判断的层面,我看不出苏联和我们之间的道德差异如何能够被否认。"转引自 *Niebuhr and His Age*, p. 125。

[8] Richard Fox, *The Living of Christian Realism*, 载于 *Reinhold Niebuhr and The Issues of Our Time*, p. 22。

主要参考书目

英文部分

Niebuhr, Reinhold,

——*Beyond Tragedy*: *Essays on the Christian Interpretation of History*, London Nisber, 1938.

——*The Children of Light and the Children of Darkness*, Charles Scribner's Sons, New York, 1960.

——*Christian Realism and Political Problems*, Charles Scribner's Sons, New York, 1953.

——*Christianity and Power Politics*, Scribner's, Now York, 1940.

——*Discerning the Signs of the Times*: *Sermons for Today and Tomorrow*, Living Age Books, New York, 1956.

——*Does Civilization Need Religion*? Macmillan, New York, 1927.

——*The Essential Reinhold Niebuhr*, (Robert McAfee Brown ed.), Yale University Press, New Haven and London, 1986.

——*Faith and History*, Scribner, New York, 1951.

——*The Irony of American History*, Scribner's, New York, Macmillan, New York, 1987.

——*An Interpretation of Christian Ethics*, Meridian Books,

New York, 1956.

―― *Leaves from the Notebook of a Tamed Cynic*, Harper and Row, San Francisco, 1957.

―― *Man's Nature and His Communities*, Charles Scribner's Sons, New York, 1965.

―― *Moral Man and Immoral Society*, Charles Scribner's Sons, New York, 1960.

―― *The Nature and Destiny of Man*, Charles Scribner's Sons, New York, 1953.

―― *Reflections on the End of an Era*, Charles Scribner's Sons, New York, 1934.

―― *Reinhold Niebuhr ―― Theology of Public Life*, (Larry Rasmussen ed.), Fortress Press, Minneapolis, 1991.

―― *The Self and the Dramas of History*, Charles Scribner's Sons, New York, 1955.

Beckley, Harlan, *Passion for Justice ―― Retrieving the Legacies of Walter Rauschenbusch*, John A. Ryan, and Reinhold Niebuhr, Westminster/ John Knox Press, Louisville, Kentucky, 1992.

Bingham, June, *Courage to Change: A Introduction to the Life and Thought of Reinhold Niebuhr*, Charles Scribner's Sons, New York, 1961.

Boulton, Wayne G. (eds.), *From Christ to the World*, William B. Eerdmans Publishing Company, Grand Rapids, Michigan, 1994.

Clark, Henry B., *Serenity, Courage, and Wisdom ―― The Enduring Legacy of Reinhold Niebuhr*, The Pilgrim Press, Cleveland, Ohio, 1994.

Dengerink, Jan, *The Idea of Justice in Christian Perspective*, Wedge Publishing Foundation, Toronto, 1978.

Diener, Paul W., *Religion and Morality: A Introduction*, Westminster John Knox Press, Louisville Kentucky, 1997.

Fox, Richard W., *Reinhold Niebuhr: A Biography*, Pantheon Books, New York, 1985.

Gardner, E. Clinton, *Justice and Christian Ethics*, Cambridge University Press, 1995.

Handy, Robert T., *The Social Gospel in America 1870 - 1920*, New York Oxford University Press, 1966.

Harland, Gordon, *The Thought of Reinhold Niebuhr*, Oxford University Press, New York, 1966.

Harrie, Richard (eds.), *Reinhold Niebuhr and The Issues of Our Time*, William B. Eerdmans Publishing——Company, Grand Rapids, Michigan, 1986.

Hofmann, Hans, *The Theology of Reinhold Niebuhr*, Charles Scribner's Sons, New York, 1956.

Kegley, Charles W. (eds.), *Reinhold Niebuhr——His Religious, Social and Political Thought*, The Pilgrim Press, New York, 1984.

Landon, Harold R. (eds.), *Reinhold Niebuhr: A Prophetic Voice in our Time*, Greenwich Connecticut, 1962.

Lebacqz, Karen, *Six Theories of Justice*, Augsburg Publishing House, Minneapolis, 1986.

Long, Jr., Edward Leroy, *A Survey of Christian Ethics*, New York, Oxford University Press, London, 1967.

Lovin, Robin W., *Reinhold Niebuhr and Christian Realism*, Cambridge University Press, 1995.

MacIntyre, Alasdair, *A Short History of Ethics*, Routledge & Kegan Paul Ltd, 1995.

Merkley, Paul, *Reinhold Niebuhr: A Political Account*, McGill-Queen's University Press, Montreal and London, 1975.

Outka, Gene and Reeder, John P. Jr., *Religion and Morality*, Anchor Press / Doubleday, Garden City, New York, 1973.

Patterson, Bob E., *Reinhold Niebuhr*, Word Books Publisher, Waco, Texas, 1977.

Pergerink, Jan, *The Idea of Justice in Christian Perspective*, Wedge Publishing Foundation, Toronto, 1978.

Pinckaers, Servais, O. P., *The Sources of Christian Ethics*, The Catholic University of America Press, Washington D. C. 1985.

Plaskow, Judith, *Sex, Sin and Grace*, University Press of America, Washington D. C., 1980.

Rudman, Stanley, *Concepts of Person and Christian Ethics*, Cambridge University Press, 1997.

Singer, Peter, ed. *A Companion to Ethics*, Basil Blackwell Ltd, 1994.

Smith, Ruth Lynette, *The Individual and Society in Reinhold Niebuhr and Karl Marx*, Boston University, Graduate School, Ph. D, 1982.

Stone, Ronald H., *Professor Reinhold Niebuhr: A Mentor to the Twentieth Century*, Westminster/John Knox Press, Louisville, Kentucky, 1992.

Stone, Ronald H., *Reinhold Niebuhr——Prophet to Politicians*, University Press of America, Lanham, New York London, 1981.

Theodore Minnma, *The Social Ethics of Reinhold Niebuhr*, Wm. B. Eerdmans Publishing Company Grand Rapids, Michigan, 1956.

Thomas, Geogre Poole, *Contemporary Christian Realism: The Ongoing Relevance of Reinhold Niebuhr*, The Pennsylvania State University, Ph. D, 1984.

Vaughan, Judith, *Sociality*, *Ethics and Social Change*, University Press of America, Lanham, New York London, 1983.

Wurth, G. Brillenburg, *Niebuhr*, Presbyterian and Reformed Publishing Co. Philadelphia, Penna, 1960.

中文部分

尼布尔著，谢秉德译，《人类的本性和命运》，基督教文艺出版社，1959年。

尼布尔著，蒋庆等译，《道德的人与不道德的社会》，贵州人民出版社，1998年。

詹姆斯·C. 利文斯顿著，何光沪译，《现代基督教思想》，四川人民出版社，1992年。

汤姆·L. 彼彻姆著，雷克勤译，《哲学的伦理学》，中国社会科学出版社，1990年。

万俊人，《现代西方伦理学史》，北京大学出版社，1990年。

威廉·弗兰克纳著，关键译，《伦理学》，三联书店，1987年。

张志刚、M. 斯图尔德主编，《东西方宗教伦理及其他》，中央编译出版社，1997。

章海山，《西方伦理思想史》，辽宁人民出版社，1984年。

赵敦华，《当代英美哲学举要》，当代中国出版社，1997年。

赵敦华，《基督教哲学1500年》，人民出版社，1994年。

卓新平，《尼布尔》，台湾东大图书公司，1992年。

卓新平，《当代西方新教神学》，上海三联书店，1998年。

威廉·德雷著，王炜等译，《历史哲学》，三联书店，1988年。

吕大吉，《人道与神道：宗教伦理学导论》，上海人民出版社，1993年。

亨利·西季威克著，廖申白译，《伦理学方法》，中国社会科学出版社，1993年。

乔治·摩尔著，长河译，《伦理学原理》，商务印书馆，1983年。

麦金太尔著，龚群等译，《德性之后》，中国社会科学出版社，1995年。

查尔斯·斯蒂文森著，姚新中等译，《伦理学与语言》，中国社会科学出版社，1991年。

王海明，《伦理学原理》，北京大学出版社，2001年。

查尔斯．L．坎默著，王苏平译，《基督教伦理学》，中国社会科学出版社，1994年。

张岱年，《中国伦理思想研究》，上海人民出版社，1989年。

朱伯崑，《先秦伦理学概论》，北京大学出版社，1984年。

霍布豪斯著，朱曾汶译，《自由主义》，商务印书馆，1996年。